Cornelius Boersch
Thomas Middelhoff

Zukunft verpasst?

Warum Deutschland die Digitalisierung
verschlafen hat. Und wie uns die Krise hilft,
den Anschluss doch noch zu schaffen

CORNELIUS BOERSCH   THOMAS MIDDELHOFF

Zukunft verpasst?_

Warum Deutschland die Digitalisierung verschlafen hat. Und wie uns die Krise hilft, den Anschluss doch noch zu schaffen.

adeo

INHALT

Einige persönliche Anmerkungen zu diesem Buch.......	9
Projekt „Global Lift"	12
Ein fiktionaler Weckruf – oder bald Wirklichkeit?.......	15
Haben wir den Anschluss verpasst?	22
Das verlorene Jahrzehnt: Und wieder ist die Elite nicht schuld	29
Das große Monopoly-Spiel: Wie Deutschland auf den „Bahnhöfen" sitzen blieb	35
Deutschlands Vorzeigeunternehmen: Vier Beispiele dafür, wie man den Anschluss verliert	39
Blick zurück: Wie der Zusammenbruch des Neuen Marktes eine ganze Nation wieder zu digitalen Anfängern machte	65
Rückwärtsgang als Zukunftskonzept..................	73
Der Gegenentwurf: Warum wir beim Monopoly gegen das Silicon Valley verlieren mussten	80
Wie schlecht es um unsere Digitalisierung wirklich steht .	85
Verlässlich im Abseits – gerade im internationalen Vergleich	87
Fazit: Wie tief schläft Deutschland wirklich?	90
Wer heute wirklich Vorreiter ist......................	92

Wie Innovation richtig gefördert wird:
das Beispiel der USA 95

Was wir lernen müssen: „Dinge können gleichzeitig besser
und schlecht sein." 99

Der Exportweltmeister kurz vor der Ablösung 100

Sind unsere Ausbildung und unsere innere Haltung
zeitgemäß? 105

Geschichten aus Tausendundeiner Nacht:
„Die Renten sind sicher" und „Wir besitzen das richtige
Handwerkszeug". 107

Transformation – warum fällt uns das so schwer? 111

Der leichte Weg: Corporate Venture Capital 113

Der Mittelweg: Aufbau eines digitalen
Geschäftsbereichs 115

Der beschwerliche Weg: Vollständige Transformation
des Stammgeschäfts 117

Der hohe Preis der Weltmarktführerschaft.............. 123

Das „Konformitäts-Phänomen" oder: Warum kann es in
Deutschland keinen Elon Musk geben? 125

Die politischen Rahmenbedingungen:
Mehr Schatten als Licht 128

Ein Generationswechsel ist überfällig! 130

Amazon & Co.: Die Ohnmacht der Politik 133

Gute digitale Infrastruktur? Noch immer Fehlanzeige! ... 134

Gut gemeint, schlecht gemacht: Die *Deutsche Telekom* ... 136

Die deutsche Utopie vom digitalen Global Champion ... 144

Konservativismus und Digitalisierung –
ein Gegensatz?....................................... 147

Die Qualität deutscher Technologien aus
japanischer Sicht................................... 153
Angela Merkels Vermächtnis 158
**Die Manager – Ein offener Hemdkragen
macht noch keinen digitalen Unternehmer** 161
Die typischen Reflexe von Managern 163
Controlling als Totengräber für Start-ups 169
Wie Corporate Governance Innovationen ersticken kann 171
Disruption unerwünscht! 173
Deutschland AG: Der Klüngel setzt sich fort 175
Die Bedeutung von Timing und Momentum
bei Innovationen................................... 177
„Wollt ihr auf ewig in den Gremien sitzen?" oder:
Der Club der alten Herren 180
Die Suche nach der neuen Rolle – Die Gewerkschaften
in der digitalen Welt................................ 183
Professionelle Investoren dringend gesucht! 189
Zwei Welten prallen aufeinander 201
Eine neue Generation digitaler Unternehmer 203
Die deutschen Universitäten: Und sie bewegen
sich nicht 205
Banken, Handel, Automobilindustrie und Medien:
Quo vadis post Corona? 206
Das späte Erwachen der deutschen Automobilindustrie .. 213
Deutsche Konzerne weit abgeschlagen!................ 219
**Was Covid-19 uns über die Digitalisierung
gelehrt hat** 222

Digitalisierung und Globalisierung:
Müssen wir unsere Perspektive post Corona ändern?..... 228

Schöne neue Arbeitswelt?............................. 234

Kommunikation in einer zunehmend digitalen Welt..... 238

Das Virus schaffte, was Greta nicht erreichte............ 250

Warum es in Deutschland so schwer ist, mit der Realität
umzugehen... 255

Wie eine Krise uns zur Disruption verhelfen kann –
und wir wieder in die falsche Richtung marschieren..... 258

Ermutigende unternehmerische Beispiele im
Überlebenskampf................................... 267

Deutschland als digitales Tollhaus: Die Corona-App..... 269

China und die USA im Kampf gegen Covid-19......... 271

Ein Bündnis mit China oder den USA –
gibt es einen dritten Weg?........................... 274

Die Sicherung unserer digitalen Zukunft:
Das 10-Punkte-Programm........................... 280

10 Punkte für ein digitales Durchstarten in Deutschland . 282

Epilog – Gut Steinbach: Zurück in die Zukunft.......... 291

Anhang... 301

Teil 1: Studien...................................... 301

Teil 2: Connys Key-Learnings für Start-up-Investoren.... 312

Teil 3: Tabellen..................................... 316

Teil 4: Links.. 319

Danksagung.. 323

Über die Autoren................................... 325

Anmerkungen 327

EINIGE PERSÖNLICHE ANMERKUNGEN ZU DIESEM BUCH

Die Thematik dieses Buches beschäftigt uns, Conny Boersch und Thomas Middelhoff, schon seit vielen Jahren. Angesichts der Chancen, die uns allen durch die Digitalisierung geboten wurden, durften wir persönliche Sternstunden erleben – und ebenso entsprechende Niederlagen. Wir sind dankbar, dass wir die einmalige Gelegenheit hatten, bei der Digitalisierung von Anfang an „dabei zu sein" und an dieser Entwicklung unternehmerisch gestaltend mitzuwirken.

Dies hindert uns allerdings nicht daran, Kritik zu üben. Kritik vor allen Dingen daran, dass in der Bundesrepublik in den zurückliegenden 20 Jahren falsche Weichenstellungen in Sachen Digitalisierung vorgenommen oder die richtigen unterlassen wurden. Wie immer sieht sich hierfür niemand in der Verantwortung, oder man weist die Verantwortlichkeit für die Fehlentwicklungen bei der Digitalisierung anderen zu.

Wir stellen uns die Frage: Wie konnte es in den beiden zurückliegenden Jahrzehnten zu einem solchen kollektiven Versagen der Manager, Unternehmer, Politiker und Investoren kommen? Wir trugen ebenfalls Verantwortung und beziehen uns selbst deshalb ausdrücklich in unsere Kritik mit ein.

Vor dem Hintergrund unserer persönlichen Erfahrungen in den zurückliegenden zwei Jahrzehnten in verschiedenen Funktionen – Conny als Unternehmer und Politikberater und Thomas als Manager – hatten wir, Monate bevor so etwas wie ein Ausbruch von Covid-19 auch nur zu ahnen war, bereits den Entschluss gefasst, über unsere Beobachtungen und Erkenntnisse bezüglich der unzureichenden Digitalisierung unseres Landes zu schreiben. Wohl wissend, dass wir uns möglicherweise hierfür öffentliche Prügel und die heftige Kritik unserer Kollegen einhandeln würden.

Nach dem Ausbruch der Corona-Pandemie ist dieses Anliegen um ein Vielfaches dringlicher geworden. Offensichtlich teilen auch andere Beobachter unsere diesbezüglichen Sorgen. So nahm zum Beispiel die EU-Kommission die Erfahrungen, die während des durch Covid-19 bedingten Lockdowns gesammelt werden konnten, zum Anlass, in einem Grundsatzpapier den digitalen Ausbau der Europäischen Union bis 2025 zu planen. Ebenso fordert der deutsche Digitalrat neuerdings eine digitale Ausbildung für alle.

Wir sehen jedoch die große Gefahr, dass es sich hierbei um halbherzige Forderungen handelt und dass dieser dramatische Einschnitt, den wir durchleben – ein ganzes Land, nein, nahezu die ganze Welt wird in einen Stillhaltezustand versetzt, dessen Konsequenzen im Augenblick der Entscheidung wohl in keinster Weise überschaubar sind –, dass also dieser dramatische Einschnitt nicht als das verstanden wird, was er auch ist: nämlich nicht nur eine Katastrophe für sehr viele von den Auswirkungen eines Lockdowns direkt Betroffene, die um ihre wirtschaftliche Existenz fürchten müssen. Sondern auch und vielmehr – im Blick auf die wirtschaftliche Zukunft Deutschlands insgesamt – eine Chance, endlich aus dem digitalen Dornröschenschlaf zu erwachen, in den wir seit dem Zusammenbruch der New Economy versunken sind, und Deutschland zu einer führenden digitalen Nation zu entwickeln. Das wäre die große Chance der historischen Stunde. Werden wir sie nutzen?

Was wir um uns herum wahrnehmen, lässt uns allerdings daran zweifeln und weckt Befürchtungen. Wir befürchten, dass, auch politisch motiviert, an alten Industriestrukturen festgehalten werden soll, die – und das ist schon heute deutlich erkennbar – keine Zukunft mehr haben. Wir befürchten, dass durch diese erneute

Fehlsteuerung die nachfolgenden Generationen mit der Abzahlung von Hypotheken auf die Zukunft belastet werden, ohne dass man sie heute fragt, ob sie die Subventionen überhaupt befürworten. Diese werden verteilt, als gäbe es ein Füllhorn, für das niemand später einmal den Gegenwert erwirtschaften müsste.

Persönliche Angriffe sind nicht das Anliegen dieses Buches. Sollten sich Einzelne durch unsere Kritik verletzt fühlen, bedauern wir das sehr. Wir möchten niemanden persönlich angreifen. Vielmehr wollen wir Fehlentwicklungen in der Haltung zur Digitalisierung in Deutschland und deren Ursachen aufzeigen. Wir wollen gesellschaftliche Fragestellungen, die sich mit der Digitalisierung verbinden, im Licht unserer Erfahrungen diskutieren – Erfahrungen, die wir auch während der Corona-Pandemie sammeln konnten. Mit einem 10-Punkte-Plan wollen wir zudem zeigen, wie die Bundesrepublik zu einer der führenden digitalen (Wissens-)Nationen entwickelt werden kann – und zwar bis zum Jahr 2030.

Mit diesem Buch möchten wir einen Beitrag dazu leisten, dass dieses Land sich nicht länger von schlechten und schlecht bewältigten Erfahrungen der Vergangenheit mit sogenannten New Economy-Unternehmen lähmen lässt. Und dass Deutschland den Anschluss an die Weltspitze im Bereich Digitalisierung schafft, den wir in anderen Bereichen nicht verloren haben. Denn unsere Zukunftsfähigkeit hängt davon ab. Dies sind wir ganz besonders den nachfolgenden Generationen in Deutschland schuldig.

PROJEKT „GLOBAL LIFT"

12. Juni 2021, 7:00 a. m., Mountain View, Kalifornien

Es ist noch ruhig auf den Straßen von Mountain View an diesem frühen Samstagmorgen. Einige Jogger sind bereits im Charleston Park unterwegs, bei noch milden Temperaturen und einem dunkelblauen, wolkenlosen Himmel. Nur wer wichtige Dinge zu erledigen hat, ist im Silicon Valley an diesem Samstagmorgen geschäftlich unterwegs.

Fast geräuschlos rollt der weiße Tesla, Modell S, über die Zufahrtsstraße zum Headquarter der *Alphabet Inc.*, dem Mutterkonzern von *Google*. Das große Tablet im Armaturenbrett zeigt – neben allen technischen Kontrolldaten der Limousine – den Schlusskurs der *Tesla*-Aktie am 11. Juni 2021 an der NASDAQ und die rasante Kursentwicklung der Aktie im nachbörslichen Handel an. Der Blick des Fahrers verweilt nur kurz auf dem Indexwert, während er die Limousine vor dem Hauptportal der *Alphabet Inc.* anhält.

Mit einem höflichen „Good Morning, Mr Musk" wird er im Empfangsbereich von vier Security-Mitarbeitern begrüßt, die an diesem Samstagmorgen Dienst haben. „Sundar erwartet Sie bereits im Konferenzraum."

Elon Musk, der Gründer und CEO von *Tesla Inc.*, dem weltweit führenden Automobilproduzenten im Bereich der E-Mobilität, folgt wortlos zwei Security Mitarbeitern zum Aufzug.

Der Konferenzraum ist bis auf den letzten Platz gefüllt, als Elon Musk den Raum betritt. Er wird von Sundar Pichai begrüßt, der sich im Gespräch mit einem Investmentbanker von *Goldman Sachs* befindet. „Ich denke, wir haben einen Deal", flüstert der CEO der *Alphabet Inc.* dem *Tesla*-Chef ins Ohr, während sich die beiden Männer per Handschlag begrüßen. Elon Musk wendet sich Sergey Brin zu, dem Co-Founder von *Google*, der bereits mit ausgestreckter Hand neben ihm steht.

„Manchmal benötigen wichtige Entscheidungen Zeit, Elon. Wahrscheinlich wäre es damals, 2012, für alle Beteiligten noch zu früh gewesen, einen solchen Schritt zu wagen." Der sonst so zurückhaltende *Google*-Gründer schüttelt mit einem breiten Lächeln die Hand von Elon Musk. „Ich denke, heute schreiben wir Industriegeschichte."

„Ja, das stimmt. Ein neues Kapitel Industriegeschichte für die Automobilindustrie und für Amerika", murmelt Elon Musk.

Alle im Konferenzraum scheinen an diesem frühen Samstagmorgen angespannt, übernächtigt oder mental erschöpft zu sein. Dennoch herrscht beste Laune. Die letzten Stunden waren Stress pur, wie immer bei Transaktionen dieser Größenordnung. Immer wieder konnten sich die Verhandlungsteams von *Alphabet* und *Tesla* bei wichtigen Bewertungsfragen nicht einigen und mussten Elon Musk und Sundar Pichai, die Prinzipale auf beiden Seiten, bitten, persönlich nach Lösungen zu suchen.

„Ich habe gestern Nacht ein einstimmiges Board Approval für unseren Deal erhalten. Damit sind bei *Tesla* alle notwendigen Voraussetzungen für die Transaktion erfüllt", raunt der *Tesla*-Chef dem *Google*-Gründer ins Ohr.

„Gentlemen, ich bitte Sie, Platz zu nehmen", erklingt in diesem Moment die Stimme von Sundar Pichai. „Hiermit eröffne ich das außerordentliche Board Meeting der *Alphabet Inc*. Das Board ist vollzählig vertreten. Wir begrüßen Elon Musk als Gast. Der einzige Tagesordnungspunkt der heutigen außerordentlichen Sitzung ist die Genehmigung des Projekts ‚Global Lift' durch das Board *der Alphabet Inc*."

Noch in letzte Gespräche vertieft beginnen die Anwesenden, ihre Plätze einzunehmen. Einige füllen zuvor noch Obststücke und Brownies vom Frühstücksbüfett auf Teller, die sie zusammen mit einem Becher Kaffee zu ihren Plätzen tragen. Geschäftsmäßige Routine wie bei jedem anderen Board Meeting eines amerikanischen Unternehmens auch.

Sundar Pichai bittet den Leiter des Teams von *Goldman Sachs*, das *Alphabet* bei dieser Transaktion beraten hat, die Eckpunkte des Projekts „Global Lift" vorzutragen. Der Investmentbanker erläutert sachlich die Ziele und die Strategie der Transaktion. Er erklärt die Vorteile dieses Deals für die *Alphabet*-Aktionäre und weist ausdrücklich auf mögliche Risiken hin.

Anschließend fasst ein Investmentbanker von *Morgan Stanley*, der vom *Alphabet* Board mit der Erstellung einer Fairness Opinion beauftragt wurde, die wesentlichen Ergebnisse des Gutachtens zusammen: „Kurz gesagt, die geplanten Transaktionen werden den inneren Wert der *Alphabet*-Aktien unter Berücksichtigung aller Risiken signifikant erhöhen."

Sundar Pichai, der *Alphabet*-CEO, ergreift wieder das Wort, ohne eine Pause entstehen zu lassen: „Abschließend fasse ich zusammen: *Alphabet Inc.* unterbreitet den *Tesla*-Aktionären am Montag, den 13. Juni 2021, vor Börsenbeginn ein Übernahmeangebot in eigenen Aktien. Der Wert entspricht einem Zuschlag auf den *Tesla*-Schlusskurs vom 11. Juni 2021 in Höhe von 35 Prozent. Gleichzeitig wird *Alphabet* am 13. Juni 2021 vor Börsenbeginn in Frankfurt ein Übernahmeangebot in cash in Höhe von 41,5 Milliarden Euro auf die *Daimler AG* abgeben. Mit den Großaktionären von *Daimler*, den Kataris und den Chinesen, haben wir gestern Einigkeit erzielt, dass wir zu diesen Werten ihre Pakete außerbörslich übernehmen werden. Mit der erfolgreichen Umsetzung von ‚Global Lift' entsteht das weltweit führende Automobilunternehmen im Bereich E-Mobilität, autonomem Fahren, Assistenzsystemen und On-Board-Entertainment. Der für 2021 erwartete Umsatz beträgt über 360 Milliarden US-Dollar und die Wachstumsraten werden, getrieben durch die Entwicklung im Bereich *Tesla*, positiv sein. Das Management des Gemeinschaftsunternehmens wird bei Elon und seinem *Tesla*-Team liegen. Der *Daimler*-CEO wird nach einer sechsmonatigen Integrationsphase zu Konditionen ausscheiden, die heute ebenfalls zur

Genehmigung vorliegen. Ein 100-Tage-Programm zur Zusammenführung und Integration der beiden Firmen ist fertiggestellt und wird von *McKinsey* später vorgestellt."

Der *Alphabet*-CEO macht eine kurze Pause. Es herrscht Stille im Konferenzraum. Sergey Brin schaut zu Elon Musk hinüber, der ihm zunickt. „Elon", sagt Sergey mit leiser Stimme. „Vor zwanzig Jahren waren *Google* und *Tesla* noch nicht existent. Und heute werden wir zum führenden Automobilproduzenten der Welt. Wir haben einiges erreicht in den zurückliegenden Jahren."

Elon Musk wirft einen kurzen Blick auf die *Alphabet*-Board Members, die ihm am Konferenztisch gegenübersitzen, und nickt. „Ja, wir haben viel erreicht. Wir werden die Geschichte der Automobilindustrie ab jetzt neu schreiben. Und das sollte uns allen eine Warnung sein. Im gleichen Zeitraum, in dem wir den Durchbruch schafften, haben die Deutschen ihre Vormachtstellung in der eigentlich einzigen Schlüsselindustrie verloren, die sie über Jahrzehnte weltweit beherrscht haben."

EIN FIKTIONALER WECKRUF – ODER BALD WIRKLICHKEIT?

Keine Sorge, liebe Leser, natürlich ist all dies pure Fiktion. Aber die derzeitige Positionierung Deutschlands im weltweiten Wettbewerb um Zukunftstechnologien lässt uns fragen: Ist diese Fiktion wirklich komplett undenkbar?

Unsere jüngeren Mitarbeiter, allesamt studierte Köpfe mit internationalen Abschlüssen, bewerten das Szenario als „denkbar", „möglich", „cool" oder „spannend". Keinesfalls aber als unmöglich. Und Conny hatte bereits kurz nach der Übernahme von *WhatsApp* durch *Facebook* in einem Interview mit dem *Focus* am 19. Februar 2014 festgestellt, dass *Facebook* oder auch *Google* jederzeit *BMW* oder andere namhafte deutsche Firmen kaufen könnten. Damals erntete er für diese Aussage viel Kritik.

Wir sind uns dennoch sehr sicher: Würden wir mit diesem Szenario an breite Schichten der deutschen Bevölkerung herantreten, würde man uns als völlig irre bezeichnen. Dessen ungeachtet weckt diese Fiktion in uns sorgenvolle Erinnerungen an den Zeitraum zwischen 1995 und 2002, als vieles und für manche alles möglich schien und es zu Übertreibungen bei Zukunftsperspektiven, Unternehmensbewertungen und Firmenübernahmen kam, die sich für alle Beteiligten und für Deutschland rächten. Kann sich eine solche Entwicklung in der Zukunft wiederholen?

Die ersten Thesen zur Digitalisierung aus Sicht der Wissenschaft hat Thomas Anfang der 80er-Jahre als Assistent an der Universität Münster erarbeitet. Sie waren aus heutiger Sicht noch sehr allgemein gehalten. Promoviert hat Thomas später beim „Handelspapst" Professor Dr. Bruno Tietz über den Einsatz von Bildschirmtext, dem damaligen Vorläufer von *T-Online*, im Handel. Mit den zwischenzeitlich gewonnenen Erkenntnissen zur Bedeutung und weiteren Entwicklung von Bildschirmtext und Online Services für den Handel muss man heute sagen: Fast alle Aussagen zu diesen Themenfeldern waren richtig, wenn auch einiges etwas länger gedauert hat.

Dieses Beispiel unterstreicht: Die Auswirkungen neuer Technologien werden in ihrer Anfangsphase ihrer Diffusion, also der Ausbreitung in einem sozialen System, häufig überschätzt. Später kommt es dann zu einer systematischen Unterschätzung – in der Regel auch als Reflex auf die Übertreibungen in der Anfangsphase. Zudem werden häufig das Beharrungsvermögen und die Reaktanz von Personen und vorhandenen Prozessen unterschätzt.

Fallbeispiele: Auch globale Konzerne können in der digitalen Welt untergehen

Ohne Frage könnte *Google* von seiner Finanzkraft und den Barreserven in Höhe von 121 Milliarden US-Dollar (Stand Q4/2019[1]) her ohne Bankfinanzierung oder fremde Hilfe die Übernahme der *Daimler-AG* und der *Tesla Inc.* sogar in cash und sozusagen aus der Portokasse finanzieren. Wäre es völlig ausgeschlossen, dass ein Manager und Unternehmer wie Elon Musk die Übernahme der *Daimler AG* erfolgreich choreografieren könnte?

Was wäre, wenn er die Teile von *Daimler* weiterveräußerte, die nicht zu seinem Verständnis eines modernen und nachhaltigen Mobilitätsunternehmens passen, wie es im Jahr 2000 Jean-Marie Messier, der damalige *Vivendi*-CEO nach der 34-Milliarden-Dollar-Übernahme[2] von *Seagram* durch *Vivendi* getan hat? *Seagram* war einer der führenden Getränke- und Entertainment-Konzerne der Welt und wurde nach seiner Übernahme durch *Vivendi* in seine Einzelteile zerlegt. Das Stammgeschäft, nämlich die gesamte Getränke-Division des nun größten Spirituosenherstellers der Welt, wurde für 8,1 Milliarden US-Dollar an *Pernaud Ricard* und *Diageo* verkauft. Das Musikgeschäft und die *Universal*-Filmstudios hingegen wurden in *Vivendi* integriert.

Oder wie es Chris Gent tat, der legendäre CEO von *Vodafone*. Er des-investierte nach der Übernahme der *Mannesmann AG* durch *Vodafone* alle Portfolio-Bereiche, die keinen Bezug zum Mobilfunkgeschäft hatten. Darunter das Stahl- und Röhrengeschäft, durch das *Mannesmann* über mehr als 100 Jahre zu einem der führenden deutschen Industriekonzerne aufgestiegen war. Von den alten industriellen Wurzeln blieb nach der Übernahme durch *Vodafone* nichts mehr übrig.

In der Rückschau war die feindliche Übernahme von *Mannesmann* durch *Vodafone* allerdings ein unnötiger oder – je nach

Sichtweise – tragischer „Unfall". Das *Mannesmann*-Management hatte in den letzten Stunden der Verhandlungen mit *Vivendi* über einen Merger der beiden Konzerne entscheidende taktische Fehler begangen und war zur Klärung der in letzter Sekunde aufgetretenen offenen Fragen für Jean-Marie Messier nicht mehr erreichbar. Es war ein Wochenende.

Thomas war als Board Member von *Vivendi* Zeuge, wie Jean-Marie Messier am Samstag, den 29. Januar 2000, seinem Board zwei Deals zur Abstimmung vorstellte: einen Merger mit *Mannesmann* – zu den von dessen Vorstand in letzter Sekunde aufgestellten Forderungen – und alternativ eine Kooperation mit *Vodafone*.

Das Board entschied sich aufgrund von Irritationen über das Verhalten des *Mannesmann*-Managements zu einer Zusammenarbeit mit *Vodafone*. Noch am selben Abend flog Chris Gent nach Paris und unterschrieb die entsprechenden vertraglichen Vereinbarungen. Diese Entscheidung kostete *Mannesmann* letztendlich die wirtschaftliche Unabhängigkeit, mit dem Ergebnis, dass der Name *Mannesmann* ebenso wie *Seagram* im heutigen Wirtschaftsleben keine Rolle mehr spielt.

Denken wir noch einmal an das Szenario einer Übernahme von *Daimler* durch *Tesla* und *Alphabet*. Was wäre, wenn Elon Musk den Sitz des Gemeinschaftsunternehmens von Stuttgart nach Kalifornien oder Texas verlagern würde? Was wäre, wenn er mit der alten *Daimler*-Unternehmenskultur und den hierarchisch tief gestaffelten Managementebenen dort radikal aufräumen würde?

Was wäre, wenn *Tesla* das *Daimler*-Portfolio ab dem fiktiven Datum 14. Juni 2021, also unmittelbar nach der Übernahme, nicht mehr als Automobilhersteller definieren würde, sondern den Gesamtkonzern *Tesla-Daimler* als „Verkehrstechnologie-Entwickler" verstehen würde? Der Umsatz, den ein derart aufgestelltes Unternehmen mit dem „Automobilsoftware- und Service-Geschäft" erzielt, würde höchstwahrscheinlich zukünftig den Umsatz, der mit dem Verkauf der Hardware (Autos) erwirtschaftet wird, deutlich übersteigen. Ähnliche Entwicklungen konnten wir in vielen anderen Bereichen der Wirtschaft beobachten.

Wir sind uns sicher: Würde dieses Szenario Realität, dann käme es in der deutschen Öffentlichkeit zu einem gewaltigen Aufschrei. Deutschland würde sich zunächst im kollektiven Schockzustand wiederfinden, danach in einem Aufruhr, um dann in Resignation zu verfallen. Die *BILD*-Zeitung befände sich in einem permanenten Erregungszustand, und die Politiker würden in gewohnter Manier versuchen, sich gegenseitig mit opportunistischen und populistischen Forderungen nach Schutz der deutschen Wirtschaft zu überbieten.

Die Wahrheit ist: Solche Reaktionen versuchen die Realitäten unseres Wirtschaftslebens zu verdrängen. Denn die Mehrheit unserer DAX-Konzerne liegt bereits heute in der Hand ausländischer Investoren.[3] Dem Wirtschaftsprüfungsunternehmen *EY* zufolge beträgt dieser Wert zurzeit mehr als 55 Prozent.

Nach der Meinung zahlreicher Experten befinden wir uns nach der Phase 1 (Online Services) und 2 (Social Media) heute am Anfang der dritten Phase der digitalen Entwicklung (Digitalisierung aller relevanten Prozesse im privaten und wirtschaftlichen Bereich). Diese Phase wird in ihrem Verlauf in den nächsten Jahren vermutlich ähnliche Entwicklungen nehmen und damit verbunden Übertreibungen erleben, wie wir sie vom Übergang von der Phase 1 auf die Phase 2 kennen.

Mit einer relativ hohen Wahrscheinlichkeit werden die neuen Internet Player versuchen, mit ihrer starken Marktkapitalisierung, ihren hohen Cash-Reserven und hohen Wachstumsraten die Transformation voranzutreiben, um in neue Branchen und Geschäftsmodelle vorzustoßen. Diese Entwicklung verstärkt nochmals zusätzlich den grundsätzlichen Trend zur Digitalisierung. Darüber hinaus wird sie durch die Tatsache verstärkt, dass die geringe Refinanzierungskraft der großen deutschen und europäischen Unternehmen bereits heute aufgrund ihrer niedrigen Marktkapitalisierung einen entscheidenden Nachteil im Wettbewerb mit amerikanischen und chinesischen Wettbewerbern darstellt.

Nach Meinung von Steve Case, dem Gründer von *AOL*, stehen wir am Beginn des „Internet 3.0", wie er es in seinem Buch *The Third Wave: An Entrepreneur's Vision of the Future* beschrieben hat. *AOL* hatte im Jahr 2000 unter der Führung von Steve das damals weltweit größte Medienunternehmen *Time Warner* für 165 Milliarden US-Dollar übernommen; bis heute ist diese Akquisition nach der Übernahme von *Mannesmann* durch *Vodafone* die zweitgrößte Firmenübernahme aller Zeiten.[4] Bei aller späterer Kritik wurde Steve für seinen unternehmerischen Mut, seine Entschlossenheit und seine Weitsicht zum Zeitpunkt der Übernahme von *Time Warner* rund um den Globus wie ein Rockstar gefeiert.

Steve glaubt, dass wir uns heute, 20 Jahre später, in einer vergleichbaren Entwicklung befinden wie damals, die dadurch gekennzeichnet ist, dass die großen Tech-Konzerne ihre Kapitalkraft ausnutzen, um in andere Branchen vorzudringen, diese dann zu konsolidieren und zu transformieren. Ebenso wie wir sieht er in den vor uns liegenden Jahren unternehmerisch einmalige Chancen – eine Entwicklung, bei der aus seiner Sicht gerade jetzt Tatkraft und Mut gefordert sind, um neue Geschäftsmodelle und die Transformation von Konzernen und ganzen Branchen voranzutreiben. Hierbei geht es nicht nur um die Automobilkonzerne und Medienunternehmen.

Es ist nach allen vorliegenden Daten nicht ausgeschlossen, dass es so oder so ähnlich kommen könnte. Wir haben in Deutschland im Jahr 2000 und in den nachfolgenden Jahren kollektiv darin versagt, mit Augenmaß die Chancen zu ergreifen, die uns die Digitalisierung bietet. Vor dem Hintergrund dieser Erfahrung fragen wir uns: Ist die deutsche Gesellschaft heute auf diese Entwicklung vorbereitet, sodass sie die Digitalisierung tatsächlich als Zukunftschance begreift?

Sind es die Politiker, die Unternehmer und die Manager in den Schlüsselbranchen unseres Landes? Und wo stehen wir im Vergleich zu anderen führenden Wirtschaftsnationen? Wir versuchen, diesen Fragen nachzugehen.

HABEN WIR DEN ANSCHLUSS VERPASST?

21. November 2019, 8:00 am, Peking

Dichter Smog hängt seit Tagen über Peking, alles scheint wie verschleiert. Es ist grau, diesig und kalt an diesem Tag im November 2019, an dem es bis zum Abend nicht richtig hell werden wird.

Die Weihnachtsdekoration im Eingangsbereich des Hotel *Peninsula* an der 8 Goldfish Lane Wangfujing in Peking ist imposant und bezeichnend zugleich: Sie stellt dar, wie es aus chinesischer Sicht im Westen zu Weihnachten aussehen muss. Neben zwei üppig illuminierten und dekorierten Weihnachtsbäumen ist in der eleganten Lobby ein kleines „westliches" Wohnzimmer aufgebaut: eine kleine, gemütliche Wohnstube mit viel Holz, einem Sofa, auf dem zwei rot-grün karierte Wolldecken drapiert sind, einem englischen Ledersessel, neben dem ein rundes Tischchen steht, auf dem einige Bücher liegen, und an den Wänden viel Weihnachtsdekoration. Dieses „westliche Weihnachtszimmer", das sich ebenso gut im ostwestfälischen Paderborn befinden könnte wie in London, steht im eindrucksvollen Kontrast zu der modernen, kühlen Architektur des Hotels und den eleganten Luxusgeschäften in dessen Eingangsbereich.

Die Stimmung am Frühstückstisch des Hotels ist an diesem Morgen gelöst wie auch an den Tagen zuvor. Wir – Conny Boersch und Thomas Middelhoff – erwarten den ersten chinesischen Gesprächspartner zu einem Meeting, danach wollen wir zu einem Gespräch an der Tsinghua-Universität aufbrechen.

Unser chinesischer Gast erscheint pünktlich. Er trägt ein elegantes blaues Maß-Sakko, ein weißes Hemd, die beiden obersten Knöpfe geöffnet, Chinos und Sneakers. Er begrüßt uns freundlich mit einem kräftigen Händedruck. Es ergibt sich ein angeregter Small Talk, dessen Themen von Fußball – unser chinesischer Gast bewertet die Leistung der englischen Premier League deutlich besser als die der Bundesliga – bis hin zu den Lebensbedingungen der Wirtschaftselite in den USA reichen.

Unser smarter Gesprächspartner ist Professor, einer der führenden und einflussreichsten Köpfe der Pekinger Wissenschaftsszene. Von seiner Erscheinung her könnte man ihn auch für einen Venture Capital-Investor halten, der seinen Sitz irgendwo im Silicon Valley hat.

Nach kurzer Zeit kommt er zum Kernthema unseres Treffens. Nur am Rande erwähnt er zuvor noch, dass er kürzlich ein gigantisches Infrastrukturprojekt mit seiner Universität erfolgreich abgeschlossen habe. Von der Dimension her entspricht dies ungefähr dem Umzug des deutschen Regierungsapparates von Bonn nach Berlin in den Jahren nach der Wiedervereinigung. Unser chinesischer Gast benötigte hierfür knapp 24 Monate – und in deutlichem Unterschied zum deutschen Pendant, bei dem man mehrere Jahre gebraucht hatte und Teile des Verwaltungsapparates bis heute in Bonn verblieben sind, machte er dabei keine Kompromisse.

Er ist interessiert an uns Deutschen, er will von uns lernen, und er gesteht offen ein, dass China Know-how benötigt, um die eigenen Technologien schneller und erfolgreicher internationalisieren zu können. Hierfür sieht er eine enge Kooperation der führenden chinesischen Universitäten und deren Inkubationszentren mit westlichen, erfahrenen Venture Capitalisten als eine wichtige Voraussetzung – in Form einer räumlichen Konzentration zwischen Wissenschaft und

Unternehmen unter einem gemeinsamen Dach zur Förderung von Unternehmensgründungen durch Studenten. Er signalisiert Unterstützung für die Zusammenarbeit einer chinesischen Spitzenuniversität mit einem westlichen Unternehmen für ein solches Projekt.

Wenig später sitzen wir in der Tsinghua-Universität einem weiteren chinesischen Gesprächspartner gegenüber. Die Tsinghua-Universität zählt zusammen mit der Peking-Universität zu den führenden chinesischen Hochschulen. 1911 gegründet, werden dort seit 1978 auch Volkswirtschaftslehre, Management und Jura gelehrt. Die Universität vereint rund 30.000 Studenten, 15 Forschungszentren, etwa 3.000 Doktoranden und 2.600 Dozenten unter einem Dach. Das an der Tsinghua-Universität angesiedelte „Schwarzman Scholars Program", das von Steve Schwarzman, Gründer und CEO der US-amerikanischen Investmentgesellschaft *Blackstone*, gestiftet wurde, zählt zusammen mit der Yenching Academy an der Peking-Universität zu den weltweit anspruchsvollsten Stipendienprogrammen.

Wir werden begleitet von Alexander Hornung, einem jungen Senior Associate bei *Mountain Partners*, der zusammen mit weiteren 130 Stipendiaten an ebendieser Yenching Academy der Peking-Universität „Management and Economics" studiert hat. Alex spricht fließend Mandarin und ist mit einer „American-born-Chinese" liiert, die in Los Angeles geboren wurde, in Hong-Kong aufwuchs und an der Harvard University Jura studiert. Mit dabei ist auch der ehemalige deutsche Wirtschaftsminister und Vizekanzler Philip Rösler, der unsere Verhandlungen unterstützen soll.

Ebenso wie die Peking-Universität belegt die Tsinghua auch in den internationalen Rankings Spitzenplätze. In den *Times Higher Education World Reputation Rankings* stehen sie weltweit auf den Plätzen 14 (Tsinghua) und 17 (Peking) – deutlich vor der nach diesem Ranking am besten abschneidenden deutschen Ludwig-Maximilians-Universität in München auf Platz 49.

Bei einer Führung durch einen Showroom der Tsinghua-Universität lernen wir, dass diese an 980 chinesischen Start-ups beteiligt ist, von denen einige bereits erfolgreich ein Listing (IPO) an der New Yorker Technologiebörse NASDAQ absolviert haben. Viele der chinesischen Start-ups, die sich zu Milliardenkonzernen entwickeln konnten, wurden ursprünglich an der Tsinghua oder der Peking-Universität gegründet; auch der chinesische Internetgigant *Tencent* hatte hier seine Wurzeln. Und Chinas Präsident Xi Jinping gehört ebenso wie andere einflussreiche Politiker zu den Alumni dieser Universität.

Einen Showroom wie diesen würde man an einer deutschen Universität vergeblich suchen. Auch die Grafiken, die dort auf Displays in ansprechend animierter, moderner und systematischer Form über die Bedeutung der Kooperation von Forschung und Venture Capital informieren, wären an einer deutschen Universität in dieser Form nicht vorstellbar.

Wir lernen auch, dass diese Universität einen der größten Investment Fonds betreibt, der seinen amerikanischen Counterparts in nichts nachsteht. Aber unseren chinesischen Gesprächspartnern geht es nicht um Größe, sie wollen vor allem internationalisieren, Wege finden, wie die Universität noch innovativer arbeiten kann. Es geht ihnen darum, die richtigen Instrumente zu finden und zu nutzen, um international Best in Class zu sein. Hierfür wollen sie von anderen Ländern lernen und mit ihnen kooperieren.

Auf der Rückfahrt von diesem Treffen zum Hotel, wo wir zu einem Dinner eingeladen haben, diskutieren wir die Eindrücke dieses Tages an der Tsinghua-Universität. Der Smog hängt jetzt noch dichter über Peking, während sich unser Van zur Rush Hour durch den Verkehr quält. Für eine Strecke von knapp fünf Meilen benötigen wir mehr als 90 Minuten. Alexander prüft den aktuellen Smog-Grad über eine App. In China gibt es für fast jeden Bedarf eine App.

Alex rechnet auf Basis der Messdaten seiner App aus, dass wir während der knapp 90 Minuten, obwohl die Fenster des Vans geschlossen sind, mit dem Smog Luft eingeatmet haben, die dem Rauchen von vier Packungen Zigaretten entspricht. Und genauso fühlen wir uns, als wir endlich das Hotel erreichen.

Wir stellen uns die Frage, wie stark der eindrucksvolle wirtschaftliche Aufschwung zu Lasten der Umwelt und damit verbunden auch der Lebensqualität geht. Wurden in dieser Hinsicht nicht bereits Grenzen überschritten, und wird sich dies in Zukunft noch korrigieren lassen? Andererseits investiert Conny bereits seit Anfang der 2000er-Jahre in chinesische Start-ups, wie zum Beispiel in das heutige Unicorn *Ctrip*. Als Unicorn wird ein Unternehmen bezeichnet, das bereits im Start-up-Stadium eine Unternehmensbewertung von über einer Milliarde Euro erreicht hat. Conny beeindruckte bereits damals vor allen Dingen die Geschwindigkeit der wirtschaftlichen Entwicklung und das ungewöhnlich große gesellschaftliche Interesse an Technologie und Start-ups in China.

Die Stimmung lockert sich während des Abendessens auf. Unser Gesprächspartner im hervorragenden japanischen Restaurant des *St. Regis* ist Gao Xiqing, ebenfalls ein Professor, diesmal der Rechtswissenschaften, und zudem einer der führenden Venture Capitalisten des Landes. Ein Rockstar in der chinesischen Finanzszene, aber ein bescheidener. Andere Gäste im Restaurant, die ihn erkennen, kommen zu unserem Tisch und bitten sehr höflich um ein Foto mit ihm. Beiläufig erwähnt Gao Xiqing, dass er nicht nur der ehemalige Präsident und Chief Investment Officer der *China Investment Corporation* war, sondern darüber hinaus der erste Chinese überhaupt, der das New York Bar Exam bestand und in den USA als Anwalt zugelassen wurde. Heute hält er an der Tsinghua Vorlesungen in chinesischem Finanz- und Zivilrecht.

Wir sind zutiefst beeindruckt von dem, was wir heute gesehen und erlebt haben, daran kann auch der Smog nichts ändern: das Tempo der Veränderung, die eindrucksvollen Bedingungen an den Universitäten, die Masse an hervorragend qualifizierten Studenten, der Ehrgeiz und der Wille, sich durchzusetzen, die enge Verzahnung zwischen Wissenschaft, Forschung, Inkubationszentren und Politik. Dass diese Entwicklung in einem Zeitraum von weniger als 15 Jahren möglich war, zeigt, dass auch Gesellschaften mit tausendjähriger Tradition und Kultur wandlungsfähig sein können.

Wir haben das nicht zum ersten Mal erlebt: Auch unser Partner Professor Jiren Liu, der legendäre Gründer von *Neusoft*, dem größten chinesischen Softwareunternehmen, gründete drei eigene Universitäten in Dalian, Chengdu und Guangzho nach dem gleichen Muster wie die Tsinghua: enge Verzahnung zwischen Forschung, Lehre, Inkubatoren und Start-ups. Knapp 40.000 Studenten lernen, forschen, entwickeln und vor allen Dingen gründen an den *Neusoft*-Universitäten und sind so letztendlich eine verlängerte Werkbank des Unternehmens. Ein Ansatz, der in Deutschland undenkbar wäre.

Uns alle bewegt eine Frage: Wie will Europa – und vor allen Dingen, wie kann Deutschland – in Zukunft mit dieser „Mega-Nation" eigentlich noch mithalten? Ein Land, in dem allein die fünf größten Städte zusammen mehr Einwohner haben als Deutschland insgesamt. Städte, ausgestattet mit einer perfekten digitalen Infrastruktur, die man in deutschen Zentren in dieser Qualität vergeblich sucht! Andererseits verursacht das schnelle Wachstum ohne Frage Probleme in verschiedenen infrastrukturellen Bereichen wie zum Beispiel Energie, Luftverschmutzung oder innerstädtischer Verkehr.

Zum Dinner ist unser Gesprächspartner wie zu allen seinen Terminen in der Stadt mit dem Fahrrad gekommen. Seinen Helm hat er auf einen Stuhl hinter sich gelegt, daneben die Atemmaske, die im Mundbereich dunkel eingefärbt ist.

Er ist locker, witzig, intelligent und bescheiden, ja, fast demütig wirkt er auf uns. Aber wir spüren seinen entschlossenen Willen und seine Durchsetzungskraft. Kurz vor den ersten Trinksprüchen erfahren wir, dass er bereits für viele wichtige Deals auf chinesischer

Seite verantwortlich zeichnete. Als er erwähnt, dass er für die chinesische Regierung die Übernahme von 10 Prozent an *Blackstone*, dem weltweit führenden amerikanischen Private Equity-Unternehmen, verhandelt hat, wird uns allen klar: All das, was wir an diesem Tag in Peking erlebt haben, im positiven wie auch im negativen Sinne, wäre in dieser Form in Deutschland völlig undenkbar.

Vor allem deutsche Universitäten werden heute und noch viel mehr in der Zukunft nur begrenzte Chancen im Wettbewerb mit diesen chinesischen Elite-Universitäten haben. In China stehen Unternehmen und wohlhabende Alumni mit großen finanziellen Mitteln hinter den Hochschulen. Unsere chinesischen Gesprächspartner sind im Hinblick auf Offenheit, Fortschritt und Innovation deutlich weiter als der Durchschnitt der deutschen Universitätsprofessoren oder Politiker. Das Internet ist in China weiter verbreitet, es wird umfassender genutzt und vor allen Dingen ist es technisch besser ausgebaut. Zudem vollzieht sich die Digitalisierung in China mit einem deutlich höheren Momentum als bei uns.

Bereits im Jahr 2015 hat die chinesische Regierung ein Programm verabschiedet, das China bis zum Jahr 2025 zur führenden digitalen Nation dieser Welt machen soll. China hat erkannt, dass seine Tech-Giganten bislang nur wenige internationale Erfolge aufweisen können. Dies soll – und wir sind uns sicher: es wird – sich in der Zukunft grundsätzlich ändern.

Was bedeutet das für unser Land, das sich als Wiege der Dichter und Erfinder versteht, sich seiner Ingenieurskunst rühmt und in der Vergangenheit seine internationale Wettbewerbskraft mit seinem „besseren Bildungssystem" begründet hat?

Unser chinesischer Gast verabschiedet sich lächelnd mit der Bemerkung, in dem Pool dieses Hotels schwimme er jeden Morgen seine 500 Meter. Er winkt uns freundlich zu, nimmt seinen Fahrradhelm und die Atemmaske und verschwindet in die Dunkelheit. Wir blicken uns nachdenklich an.

Wir bleiben noch einige Minuten am Ausgang des Hotels stehen. Uns geht beiden dieselbe Frage durch den Kopf, die wir uns fast zeitgleich stellen: „Haben wir in Deutschland den Anschluss verpasst? Wie wollen und wie können wir in Zukunft mit einem Land wie China noch mithalten?"

Was wir in diesem Moment noch nicht wissen können: Die Antwort auf diese Frage wird in den kommenden Wochen in Europa und in Deutschland eine ganz neue, ungeahnte Dynamik bekommen. Nur wenige Tage nach unserer Abreise werden in Wuhan die ersten Infektionen mit Covid-19 öffentlich bekannt. Bei der Bewältigung dieser in ihrer weltweiten Dimension bislang nie gekannten Herausforderung für die Wirtschafts- und Arbeitswelt, das Gesundheitswesen und unsere soziale Interaktion werden wir in Deutschland lernen, in einem Ausmaß auf die Digitalisierung zu bauen, wie wir es vorher nie für möglich gehalten hätten.

DAS VERLORENE JAHRZEHNT: UND WIEDER IST DIE ELITE NICHT SCHULD

Alle verfügbaren Daten belegen, dass Deutschland vor allen Dingen in den Jahren 2000 bis 2010 den digitalen Anschluss an Länder wie die USA und China verpasst hat – ein Jahrzehnt, in dem Unternehmer, Manager, Investoren und Politiker im sprichwörtlichen Sinne glaubten, das Rad der technologischen Entwicklung wieder zurückdrehen zu können. Für diesen Sachverhalt haben wir bei der Erarbeitung dieses Buches den Begriff des „verlorenen Jahrzehnts" geprägt.

In diesem Zeitraum war man in den Managementetagen deutscher Unternehmen und Finanzdienstleister fest davon überzeugt, der Spuk der Digitalisierung sei vorbei und man könne zur altbewährten Tagesordnung zurückkehren. Vielfach hatten sich die führenden Köpfe in der deutschen Politik und Wirtschaft auch in ihrer persönlichen Bedeutung herausgefordert gefühlt, was, menschlich betrachtet, durchaus verständlich ist.

Die plötzliche und dramatisch überzogene Wertentwicklung der Digital Economy an den Börsen, die neuen, bislang unbekannten Millionäre und Milliardäre, die öffentliche Aufmerksamkeit für die neuen Internetunternehmer, die wie Rockstars gefeiert wurden – all das forderte ohne Frage das Establishment heraus. Gegenreaktionen konnten nicht ausbleiben.

In diesem verlorenen Jahrzehnt gingen führende Repräsentanten der deutschen Wirtschaft und damit der Old Economy nach unserem Eindruck eine kollektive Wette ein, deren Credo lautete: „Das Internet ist eine in seiner Bedeutung völlig überschätzte Modeerscheinung aus dem Silicon Valley. Geld verdienen kann man nur mit den bewährten Geschäftsmodellen der Old Economy mit echtem Cashflow."

Dies erklärt, warum viele Manager in dem Zeitraum von 2000 bis 2004 in Gesprächen mit uns außerordentlichen Wert auf die Feststellung legten, die sie möglichst in Hörweite anderer Personen in mahnenden Worten vortrugen: „Ich habe euch doch immer wieder gesagt, dass das Internet nicht so bedeutend sein wird, wie es von euch dargestellt wurde." Heute will sich allerdings keiner der damaligen Gesprächspartner mehr an diese Aussagen erinnern (lassen).

Interessanterweise sind heute viele Kinder dieser Managergeneration mit digitalen Geschäftsmodellen in der Start-up-Szene aktiv, zum Teil erfolgreich, zum Teil mit finanzieller Unterstützung ihrer Väter.

Auch wir haben in diesem Zeitraum Fehler gemacht und sind falschen Einschätzungen unterlegen. Und wir wissen auch nicht, ob wir es besser gemacht hätten als unsere Kollegen. Aber durch unsere frühen Investitionen in digitale Technologien hatten wir die Chance, zu lernen und die digitale Welt zu verstehen. Die zahlreichen und frühen Reisen ins Silicon Valley und andere Teile der Welt, die Investitionen in Start-ups und die Arbeit in deren Gremien haben dazu beigetragen, ein besseres Gefühl und Verständnis für digitale Geschäftsmodelle zu entwickeln.

Wir nehmen für uns in Anspruch, dass wir bis heute immer fest an die Bedeutung der Digitalisierung für die Bundesrepublik Deutschland geglaubt haben. Im Gegensatz zu vielen unserer Kollegen haben wir die Digitalisierung nicht mit missionarischem Eifer bekämpft. Conny hat beispielsweise bereits vor über 20 Jahren Vorträge vor Bankern gehalten, in denen er diese darauf hingewiesen hat, dass ihr herkömmliches Geschäftsmodell infolge der Digitalisierung in Zukunft keinen Bestand mehr haben würde. Häufig wurde dies belächelt oder in das Reich der Fabeln verwiesen. Fakt ist leider heute, 20 Jahre später, dass Banken wie die *Deutsche Bank* nur noch einen Schatten dessen darstellen, was sie in vergangenen, ehemals erfolgreichen Zeiten gewesen sind.

Sicherlich würden sich Hunderte mehr oder weniger bekannte Namen aus Wirtschaft und Politik auflisten lassen, die für das Kollektiv-Versagen der deutschen Wirtschaft im verlorenen Jahrzehnt mitverantwortlich waren. Wir nennen hier keine Namen derjenigen, die als führende Repräsentanten der sogenannten „Deutschland AG" tätig waren oder es noch sind oder ein (hohes) politisches Amt bekleide(te)n. Wir wollen aber dennoch sehr deutlich machen, dass die digitale Zukunft unseres Landes nicht dadurch gefährdet wurde, dass die breite Bevölkerung nicht auf den Zug aufspringen wollte, sondern vielmehr dadurch, dass die führenden Köpfe unserer Gesellschaft die Chancen dieser Entwicklung schlichtweg nicht erkannten.

Das Phänomen des kollektiven Versagens und das Phänomen der zeitlichen Entkoppelung zwischen Ursache und Wirkung

Unter den Erfahrungen, die wir beide – unabhängig voneinander – in den letzten 25 Jahren im Zusammenhang mit der Digitalisierung gemacht haben, möchten wir vor allem zwei Phänome hervorheben, die uns helfen, bestimmte Entwicklungen und Verhaltensweisen rund um die Digitalisierung zu beschreiben und die Ursachen für die heutige Situation besser zu verstehen.

Das erste Phänomen bezeichnen wir als das „Phänomen des kollektiven Versagens", das typischerweise einhergeht mit der Haltung der Verantwortlichen, keine Verantwortung für die Auswirkungen oder Ergebnisse einer Fehlentwicklung übernehmen zu wollen.

Dies betrifft bei der Digitalisierung den Sachverhalt, dass nicht einzelne Personen für die Tatsache verantwortlich sind, dass Deutschland im Bereich der Digitalisierung anderen Ländern hinterherhinkt. Vielmehr zeichnet für diese Entwicklung eine heterogene Gruppe von Wirtschaftsführern und Politikern verantwortlich, die sich in ihrem (Entscheidungs-)Verhalten wechselseitig beeinflusst haben, aufgrund welcher Ursachen auch immer. Als Konsequenz nahmen sie alle die gleiche unreflektiert ablehnende Haltung gegenüber der Digitalisierung ein.

Kommen wir zum zweiten Phänomen, dem „Phänomen der zeitlichen Entkopplung von Ursache und Wirkung". Die Folgen des verlorenen Jahrzehnts waren keineswegs unmittelbar messbar oder spürbar. Nach unseren Beobachtungen treten die Auswirkungen einer solchen Fehlsteuerung auf volkswirtschaftlicher oder technologischer Ebene mit einer Zeitverschiebung von etwa zehn Jahren zutage.

Genauso wie die konjunkturell positive Entwicklung während der Ära Merkel ganz überwiegend nicht auf „politische Hexenkünste" zurückzuführen war, sondern vielmehr auf die positiven Auswirkungen des zuvor eingeleiteten Reformprogramms „Agenda 2010" der Regierung Schröder, waren die Folgen des verlorenen Jahrzehnts nicht unmittelbar auf der Ebene der Unternehmen und der Volkswirtschaft feststellbar, sondern werden erst heute, zehn Jahre danach, mehr und mehr sichtbar.

Die damals verantwortliche Manager- und Politikergeneration stand für ein nicht mehr zeitgemäßes Verständnis der Wirtschaft und der damit verbunden Geschäftsmodelle. Zum Teil ist diese Haltung zurückzuführen auf fehlendes Einfühlungsvermögen für moderne Trends und mangelnde Bereitschaft, sich mit neuen Technologien auseinanderzusetzen. Daher kann man sie auch als „Bewahrer" bezeichnen.

Diese Kritik gilt auch für die führenden Beratungsgesellschaften, die ihrer Aufgabe nicht nachkamen, nachhaltige, zukunftsweisende Strategien zu entwickeln. Eine digitale Strategie sollte langfristig ausgerichtet sein und nicht nach den ersten Friktionen, wie sie sich beispielsweise nach dem Zusammenbruch des Neuen Marktes ergaben, zu einem entgegengesetzten Vorgehen führen. Aber genau so haben sich die Strategieberatungsunternehmen nach den Korrekturen an den Kapitalmärkten verhalten. Nicht der Verkauf von opportunistischen Beratungsleistungen mit dem Ziel der Maximierung der Stundensätze sollte das oberste Ziel eines Strategieberatungsunternehmens sein, sondern die langfristig richtige, nachhaltige Beratung des Klienten.

Heute haben sich vor allen Dingen die Manager aus dieser Riege in der Regel aus der Öffentlichkeit zurückgezogen, eifrig bemüht, ihren „guten" Namen zu schützen, während die ihnen nachfolgende nächste oder übernächste Generation „full time" damit beschäftigt ist, ihre Hinterlassenschaften in digitaler Hinsicht zu ordnen und die (digitale) Zukunftssicherung ihrer Konzerne in letzter Sekunde vielleicht doch noch sicherzustellen. Und einige der oben Genannten besitzen auch heute noch die Chuzpe, Aufsichtsratssitzungen oder Parteiveranstaltungen, die sich mit digitalen Themen befassen, zu leiten oder diese mit ihrem wohlfeilen Rat zu begleiten.

Unglücklicherweise trug ein großer Teil der Manager aus dieser Gruppe – interessanterweise überwiegend Männer – Verantwortung für führende deutsche Konzerne in Branchen, die ganz besonders durch die Digitalisierung herausgefordert waren. Oder besser ausgedrückt, denen die Digitalisierung ganz besondere unternehmerische Chancen bot: Banken, Medien, Telekommunikation, Handel, Autos. Andere, vor allen Dingen die in lobbyistischen Bemühungen geübten Repräsentanten alter Industriebereiche, nutzten ihren Einfluss auf die Politik und Verbände, um die Digitalisierung unseres Landes und den – aus ihrer Sicht – „Spuk der New Economy" so schnell wie möglich zu beenden. Im Rahmen der Corona-Krise erlebten wir zum ersten Mal, dass die starke Automobillobby beim Thema Kaufprämie kein unmittelbares Gehör mehr fand.

In diesem Zeitraum wurde in Deutschland nicht nur der Anschluss international verpasst. Viele Konzerne versäumten es darüber hinaus, sich frühzeitig auf die schon seit Mitte der 90er-Jahre absehbaren Effizienzsteigerungen einzustellen, die sich vor allen Dingen auf der Personalseite ergeben, wie zum Beispiel bei Banken und Versicherungen durch eine Digitalisierung ihrer Geschäftsprozesse.

So gesehen trägt eigentlich die Elite unseres Landes kollektiv Verantwortung dafür, dass Deutschland den Anschluss bei der Digitalisierung verpasst hat. Aber wir haben bis heute nicht gehört oder gelesen, dass auch nur eine der beteiligten Personen oder irgendeine Partei sich dazu bekannt hätte. Wie so häufig bei derartigen Fällen in Wirtschaft und Politik in unserem Lande ist wieder einmal „niemand" schuld. Und ebenso weiß „niemand", ob als unumgängliche Konsequenz des verlorenen digitalen Jahrzehnts nun das Jahrzehnt des „Ausverkaufs der deutschen Wirtschaft" folgt.

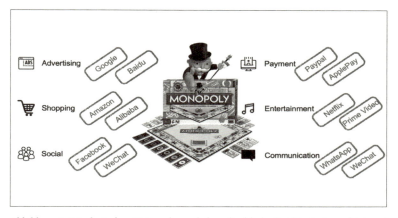

Abbildung 1: Die deutschen Unternehmen haben die falsche Spielstrategie verfolgt und können nicht mehr gewinnen.

Immer wieder hören wir von den oben genannten Personen: „Zu meiner Zeit waren wir noch richtig profitabel." Leider verstehen sie nicht, dass die Ursachen für das Dilemma von heute in der Zeit ihrer Verantwortung liegen. Erst in den folgenden Jahren und Jahrzehnten wird die volle Tragweite dieser Fehlentwicklung zutage treten, deren Ursachen im Zeitraum des verlorenen Jahrzehnts zu suchen sind.

DAS GROSSE MONOPOLY-SPIEL: WIE DEUTSCHLAND AUF DEN „BAHNHÖFEN" SITZEN BLIEB

Innovationen im digitalen Bereich haben in vielen Fällen das Potenzial, sich schnell mit dem sich entwickelnden Markt zu verbreiten. Marketingtechnisch wird eine solche Verbreitung als „Diffusion" bezeichnet. Häufig sind hierfür ein einheitlicher, in Teilen abgeschotteter Markt (China) oder ein großer, einheitlicher Sprachraum (englisch/USA/weltweit) eine wichtige Hilfe.

Dieses Phänomen konnten wir immer wieder beobachten. Beispielsweise vereinte *AOL* in dem Jahr seines Mergers mit *TimeWarner* knapp 80 Prozent des Internetverkehrs in den USA auf sich. Neben der Technologie und der leichten Zugänglichkeit, dem „ease of use", war hierfür der ungeheure Marketingdruck ein entscheidender Faktor. Man sieht an diesem Beispiel aber auch, wie schnell eine gewonnene Marktposition technologiegetrieben und aufgrund falscher strategischer Weichenstellungen wieder verspielt werden kann.

Aus deutscher Sicht ist es heute eine fast schon dramatische Feststellung, dass all die Unternehmen, die im Jahr 2020 den Markt der digitalen Endkundenkontakte unter sich aufgeteilt haben und faktisch kontrollieren, entweder amerikanische oder chinesische Wurzeln haben. Abbildung 1 stellt diesen Sachverhalt bildhaft am Beispiel des weltbekannten Monopoly-Spiels dar. Klassische Werbemedien wie TV und Print stoßen bei jüngeren Zielgruppen zunehmend an ihre Grenzen. Alternativ bleibt deutschen Unternehmen nur die Möglichkeit, den Zugang zu diesen relevanten Zielgruppen über Plattformen wie *Google* oder *Facebook* zu erreichen. Dieses Monopol lassen sich die Gatekeeper teuer bezahlen.

Jedem, der schon einmal Monopoly gespielt hat, ist eines deutlich: Man kann dieses Spiel nicht mehr gewinnen, wenn einer der Mitspieler die wenigen wichtigen Straßenzüge beherrscht. Die Miete, die fällig wird, wenn man zum Beispiel auf der mit Hotels bebauten Schlossallee landet, ist exorbitant. Deren Eigentümer hatten zu Beginn des Spiels nicht nur den Mut, diese Liegenschaften zu hohen Preisen zu kaufen, sondern haben diese anschließend unter Einsatz hoher Cash-Beträge durch den Bau von Hotels entwickelt. Und dank der starken Marktstellung kann der Eigentümer nun Nutzungsgebühren in exorbitanter Höhe aufrufen.

Ähnlich wie bei den absoluten Toplagen beim Monopoly gibt es im Internet nur wenige Top-Plattformen, die den Zugang zum

Endkunden kontrollieren. In diesem Sinne hat das Internet trotz seiner dezentralen Architektur eine Tendenz zur Monopolisierung (Beispiel *Amazon*). Konzerne wie *Amazon, Facebook, Alibaba, Google, Netflix, PayPal* oder *Tencent* besitzen die digitalen Endkunden-Kontakte und zwar weltweit. Nicht ein einziges deutsches Unternehmen spielt in dieser Liga heute noch eine Rolle. Selbst das deutsche Aushängeschild *Zalando* kennt in den USA und China kaum jemand.

Die deutschen Unternehmen haben den eigenen und direkten Zugang zu den Endkunden im verlorenen Jahrzehnt verspielt. Die Konsequenz dieses sträflichen Versäumnisses besteht darin, dass die Gatekeeper jederzeit die Preise und Konditionen verändern können, zu denen sie den Zugang zu „ihren" Kunden gewähren. Die aktuellen rechtlichen Auseinandersetzungen zwischen *Google* und deutschen Medienunternehmen sind hierfür nur ein Beispiel.

Statt an den zukünftigen Wert der „Schlossallee" zu glauben, haben sich deutsche Konzerne Anfang 2000 mit dem „Süd- oder Westbahnhof" begnügt und fanden das damals in ihrer Naivität auch noch „très chique". Allenfalls haben sich durch diese Vorgehensweise kurzfristig höhere Gewinne erzielen lassen. Aber selbst das stellen wir aufgrund unserer Beobachtungen infrage. Vielmehr wurden die handelnden Manager auf diese Weise zu Totengräbern ihrer eigenen Firmen, wie wir in den nachfolgenden Kapiteln zeigen werden.

Um bei der Monopoly-Analogie zu bleiben: Für die deutschen und europäischen Unternehmen sind in der digitalen Welt die billigen, aber wenig lukrativen „Bahnhöfe" geblieben. Auch wenn sie jetzt mehrfach über „Los" gehen, um ein wenig Cash zu generieren, können sie den Ausgang des Spiels nicht mehr zu ihren Gunsten verändern. Und wenn sie in dieser Spielphase die Ereigniskarte „Gehe ins Gefängnis" ziehen, wird sie das für einen kurzen Zeitraum sogar freuen, entgehen sie so doch der Gefahr, sehr schnell wieder auf der mit Hotels bebauten Schlossallee zu landen.

Der vorhersehbare Ausgang des Spiels und die heutige Situation vieler deutscher Konzerne lässt sich mehr wirtschaftlich ausgedrückt wie folgt beschreiben: Viel mehr Alternativen, als auf die Regulierung und Zerschlagung der chinesischen und amerikanischen Mitspieler durch die Kartellbehörden oder auf technologische Innovationen und damit verbunden neue Anwendungen zu hoffen, scheinen ihnen aus heutiger Sicht nicht zu bleiben. Dies ist nun wirklich keine komfortable Situation. Allerdings eine, in die sie sich durch eigenverantwortliches, aber fehlgeleitetes Handeln während des verlorenen Jahrzehnts selbst hineinmanövriert haben.

Bei den meisten Strategieüberlegungen deutscher Konzerne um die Jahrtausendwende ging es vor allen Dingen darum, genau diese Gefahr abzuwenden. Man wollte nicht in der Situation enden, dass die Erreichung der Endkunden von Plattformen abhängig werden könnte, die von Dritten kontrolliert werden. So galt es beispielsweise bei *Bertelsmann* als strategisch unverzichtbar, den direkten Endkundenzugang zu sichern. Dieses Prinzip hatte bis Anfang 2000 Gültigkeit, insbesondere für digitale Plattformen, und war damals ein wichtiger Grund für die Kooperation mit *Napster*. Auch die *New York Times* ist dieser Strategie gefolgt, Anders als bei *Bertelsmann* haben allerdings ihre Gesellschafter die digitale Ausrichtung des gesamten Unternehmens bis heute gegen alle externen Widerstände beibehalten. Der heutige Erfolg der *New York Times* in der digitalen Welt, auch im Wettbewerb mit *Google*, ist der verdiente Erfolg dieser konsequenten Strategie und zugleich ein Lehrstück für alle deutschen Medienunternehmen.

In dem alten Geschäftsansatz „Club" verkaufte *Bertelsmann* die Buchinhalte direkt an Club-Mitglieder. Die Denkweise, die mit diesem Geschäftsmodell verbunden ist, lässt sich ohne weiteres auf die digitale Welt übertragen. Ebenso wie in der alten Buchclub-Welt zahlten die *AOL*-Mitglieder auch in der digitalen Welt eine feste Monatsgebühr für die Nutzung ihres Services. Nichts anderes als genau dieses Geschäftsmodell betreiben heute Anbieter wie *DAZN* oder *Netflix*.

Ende März 2020 kommt beispielsweise *Amazon Prime* allein in Deutschland auf knapp 24 Millionen Mitglieder. Damit verfügt *Amazon Prime* in Deutschland nicht nur über einen größeren Mitgliederbestand als die Evangelische Kirche mit knapp 22 Millionen Mitgliedern, sondern ist auf diesem Wege an *Bertelsmann* vorbeigezogen, das vor noch 20 Jahren den Medienmarkt im Heimatland Deutschland beherrscht hatte.

Faktisch ist heute leider aufgrund der Verhaltensweisen der verantwortlichen Personen während des verlorenen Jahrzehnts genau das eingetreten, was strategisch als unbedingt zu vermeiden galt: Die deutschen Konzerne im Business-to-Consumer-Geschäft sind abhängig geworden von Gatekeepern, die sich, aus anderen Ländern kommend, nicht nur weltweit einen dominanten Marktanteil sichern konnten, sondern auch auf dem deutschen Markt. In einzelnen Teilbereichen haben sie zwischenzeitlich fast eine Monopolstellung erreichen können.

DEUTSCHLANDS VORZEIGEUNTERNEHMEN: VIER BEISPIELE DAFÜR, WIE MAN DEN ANSCHLUSS VERLIERT

Nach dem oben beschriebenen „Phänomen der zeitlichen Entkopplung zwischen Ursache und Wirkung" zeichnet sich erst heute in aller Deutlichkeit ab, ob Großkonzerne mit ihren internationalen Wettbewerbern Schritt halten können.

Um diese Frage zu beantworten, ist es sinnvoll, die Überlegung anzustellen, wo wir heute stehen würden, wenn die Verantwortlichen in Wirtschaft und Politik während des verlorenen Jahrzehnts sich anders verhalten hätten, wenn sie mit ausgewogenem Urteilsvermögen unterschieden hätten, was in der digitalen Welt gut und was auch problematisch oder schlecht ist. Wenn sie eben nicht zu Werke gegangen wären, als wollten sie die Geschehnisse von 1844 wiederholen. Damals verantworteten schlesische Weber den bis dahin ersten und bekanntesten Fall von „Maschinenstürmerei" in Deutschland.

Die deutschen Wirtschaftsführer haben den einfachen Weg gewählt und die kurzfristige Strategie der „Ergebnisoptimierung" einer langfristig ausgerichteten und mühevollen Digitalstrategie vorgezogen. Hierbei herrschte im Management häufig der Gedanke vor, dass die Kosten einer solchen Strategie und ihre Erträge zeitlich zu weit auseinanderfallen. Da die Kosten die eigene Amtszeit belasten, die Erlöse aber in den Verantwortungszeitraum des Nachfolgers fallen würden, wurde in den allermeisten Fällen die Entscheidung getroffen, dass dieser doch bitte auch die Kosten tragen soll.

Welche Konsequenzen ergeben sich aus dem verlorenen Jahrzehnt für deutsche Vorzeigeunternehmen? Und sind diese Konsequenzen heute sichtbar, wenn man denn genauer hinsehen will?

Wir konzentrieren uns auf deutsche Konzerne mit weltweitem Renommee, die 2000, zu Beginn des verlorenen Jahrzehnts, weltweit führend in ihren Märkten tätig waren. Wurden möglicherweise damals in verschiedenen Branchen ähnliche strategische Fehler gemacht? Und belasten diese die Unternehmen und ihre Aktionäre heute und noch stärker in der Zukunft: durch verpasste Chancen, durch fehlendes Wachstum, durch nur noch begrenzte Wettbewerbsfähigkeit oder durch Opportunitätskosten? War einer der wesentlichen Gründe für die verpassten Chancen dieser Konzerne in der digitalen Welt die Tatsache, dass viele deutsche Konzernführer das Internet als eine „Zwischenepisode" verstehen wollten?

Diesen Konzernen stellen wir die Strategie eines Wettbewerbers gegenüber, der während des verlorenen Jahrzehnts eine entgegengesetzte Strategie verfolgte: die Konzentration auf die konsequente Digitalisierung des Geschäftsmodells.

Metro und Amazon – Wie Jeff Bezos den Handelsriesen entzauberte

Bereits ab Mitte der 1990er-Jahre begannen sich Otto Beisheim, der legendäre Gründer der METRO, und Erwin Conradi, ein herausragender Manager, mit Internetgeschäften und den damit verbundenen Chancen für den Handel zu beschäftigen. Sie sahen im Internet ein großes Potenzial für unternehmerische Aktivitäten im Allgemeinen wie auch für die Geschäftsfelder der METRO im Speziellen, ähnlich wie Mitte der 90er-Jahre einem Reinhard Mohn das Potenzial des Internets für ein Medienunternehmen nicht lange erklärt werden musste.

Obgleich Beisheim dem Internet positiv gegenüberstand und mit der *Scout*-Gruppe das Zukunftsthema „Classified" – vergleichbar mit den früheren Kleinanzeigen – erfolgreich besetzte, bestand im Management der METRO AG, deren Vorstandsvorsitz auf Hans-Joachim Körber übergegangen war (1996 als der Sprecher des Vorstands, 2001 als dessen Vorsitzender), eine skeptische Haltung gegenüber der neuen Technologie. Das Beispiel Beisheim zeigt, dass Modernität nicht zwangsläufig etwas mit dem Alter zu tun hat. Wenn Beisheim ein neues internetbasiertes Geschäftsmodell vorstellte, spotteten Teile des METRO-Managements: „Der Alte bringt uns schon wieder so ein Ding an."

Das METRO-Management sah die Zukunft des Konzerns vor allen Dingen im Stammgeschäft Cash & Carry – dem Modell eines Abholmarkts für Firmen, Freiberufler, Gastronomie etc. – und wollte sich daher vornehmlich auf dessen Internationalisierung konzentrieren. Daneben warf die Beteiligung am stationären Elektronikhandel *Media-Saturn* zum damaligen Zeitpunkt hohe Gewinne ab.

Anfang 2000 zählte der METRO-Konzern mit einem Umsatz von knapp 47 Milliarden Euro zu den führenden Händlern weltweit. Er wurde in einem Atemzug mit *Walmart* und *Carrefour* genannt, seinen damals größten Wettbewerbern. Alles schien ausgelegt auf einen Dreikampf dieser Unternehmen mit amerikanischen, französischen und deutschen Wurzeln. Bis 2005 wuchs der weltweite METRO-Umsatz auf 55 Milliarden Euro. Im Jahr 2010 erreichte er ca. 67 Milliarden bei mehr als 280.000 Mitarbeitern weltweit.[5]

Die METRO-Welt wirkte zu diesem Zeitpunkt bestens geordnet. Der Fokus auf die Stammgeschäfte und die bewusste Zurückhaltung des Managements gegenüber dem Internet schien sich zu diesem Zeitpunkt noch als die richtige Strategie zu erweisen. Dennoch gab es erste Warnsignale: Die Umsatzentwicklung begann sich erkennbar zu verlangsamen. Wachstum war auf bestehender Fläche nicht mehr ohne größere Anstrengungen zu erwirtschaften.

Die Rückschläge im einstigen „Brot-und-Butter-Geschäft" Cash & Carry wogen immer schwerer. An der Börse wurde die METRO schließlich zu einem Übernahmekandidaten und erreichte Ende 2019 eine Marktkapitalisierung von nur noch 5,2 Milliarden Euro. Das einst stolze Unternehmen hat heute nach dem Rückzug der Familie Haniel einen neuen Großinvestor: Ein in Deutschland unbekannter tschechischer Unternehmer entscheidet jetzt, wie es mit der METRO weitergeht, die im Ranking der weltweit größten Handelsunternehmen auf die hinteren Plätze gerutscht ist,.

Das METRO-Management hatte viel zu lange an dem Irrglauben festgehalten, das Internet besäße keine Relevanz für ihr Handelsgeschäft. Dieser Fehler wurde vor allem zwischen 2000 und 2010 gemacht. Zu spät wurde die ganze Tragweite dieser Fehleinschätzung erkannt. Zumindest bei *Media-Saturn* versuchte man, die Versäumnisse durch den Aufbau einer Online-Strategie aufzuholen. Eine strategische Korrektur, die auch dort viel zu spät kam. Völlig überteuert und ohne Verständnis für eCommerce wurden Internetfirmen aufgekauft. *Amazon* war längst nicht mehr aufzuhalten. Die METRO AG hat, wie zahlreiche andere Unternehmen auch, ihre Zukunft während des verlorenen Jahrzehnts verspielt.

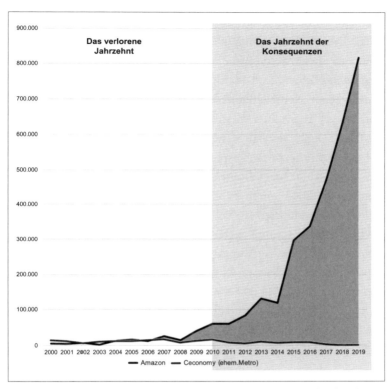

Abbildung 2: Aktienkursentwicklung *Amazon* und *METRO AG* im Zeitablauf der letzten 20 Jahre. Schraffierte Fläche: „Goodwill", der die Einschätzung des zukünftigen Wachstums von Umsatz und Ertragskraft des Geschäftsmodells widerspiegelt.

Der SPIEGEL fasste diesen Sachverhalt am 21. Februar 2020 unter der Headline zusammen: „Der Jahrhundertfehler, unter dem Karstadt und *METRO* bis heute leiden". Völlig richtig stellt der SPIEGEL hierzu in seinem Beitrag fest: „Vor 20 Jahren platzte die Dot-Com-Blase. Große deutsche Handelskonzerne machten damals ihre Internetshops dicht. Davon haben sie sich nie erholt."[6]

Dies wird ganz besonders deutlich, wenn man sich die Entwicklung von *Amazon* während eben dieses Jahrzehnts vor Augen hält.

Amazon wurde 1994 von Jeff Bezos in Seattle gegründet. Der Geschäftsbetrieb in Deutschland begann 1998, zunächst mit dem Versand von Büchern und wenig später von CDs und DVDs. Seit 2003 werden auf der *Amazon*-Plattform immer neue Shops gestartet, von Garten- über Heimwerkerbedarf bis hin zu Küchenmöbeln, Wein und Beauty-Produkten. Gleichzeitig entwickelte *Amazon* ab Ende 2000 sein Digitalgeschäft weiter. *Amazon Music* und *Amazon Prime* stehen hierfür heute als Beispiel.

Im Jahr 2000 beschäftigte *Amazon* weltweit noch keine 10.000 Mitarbeiter, 2005 waren es schon 12.000 und im Jahr 2010 über 33.000. Während die METRO seit 2010 beim Umsatz zunächst im Krebsgang abwärts und später im freien Fall unterwegs war, kennt *Amazon* nur eine Richtung: weit überwiegend organisches und exponentielles Umsatzwachstum. Heute beschäftigt das US-Unternehmen mehr als 840.000 Mitarbeiter, und der Umsatz wuchs von 15,7 Millionen US-Dollar im Jahr 1996 über 34,2 Milliarden 2010 bis auf 280,5 Milliarden 2019. Die Umsatzzahlen für das laufende Jahr 2020, in dem *Amazon* weltweit als größter Profiteur von Corona gilt, lassen wiederholt einen großen Sprung erwarten. In Deutschland allein betrug der Marktanteil von *Amazon* am Online-Handel im Jahr 2019 knapp 50 Prozent. Die Marktkapitalisierung des Konzerns hatte am 4. Februar 2020 bereits 1 Trillion US-Dollar überschritten und liegt am 17. Juni 2020 bei 1,3 Trillionen! Damit ist *Amazon* um den Faktor 250 wertvoller als METRO. [7]

Nach dem Zusammenbruch des Neuen Marktes im Jahr 2000 hätte die METRO ein Internetunternehmen wie *Amazon* ohne größere Anstrengungen übernehmen können, zur Not auch feindlich. Die damalige Fehleinschätzung, die wohl auch auf dem Hochmut des Managements beruhte, verhinderte, dass es überhaupt zu derartigen Überlegungen kam. Mit für die weitere Entwicklung des Konzerns dramatischen Folgen.

Amazon wächst weltweit und besitzt Skaleneffekte, die, abgesehen von *Alibaba*, kein anderes Handelsunternehmen der Welt erreichen kann. *Amazon* könnte die Übernahme der METRO heute sprichwörtlich aus der Portokasse finanzieren. Es ist sicherlich keine Arroganz von Jeff Bezos, dies nicht zu tun. *Amazon* steht unter wirtschaftlicher Perspektive mit seinem Geschäftsmodell weltweit für Zukunft und Wachstum, die METRO hingegen für eine untergehende Welt des tradierten Handels.

Allerdings sollte an dieser Stelle auch vermerkt werden, dass *Amazon* andererseits in kritischen gesellschaftlichen Debatten immer stärker für modernes Ausbeutertum hinsichtlich der Arbeitsbedingungen steht, für Rücksichtslosigkeit, Belastung der Umwelt und für fehlende Moral – unter diesem Blickwinkel also ein Geschäftsmodell betreibt, das Gefahr läuft, in diesem aktuellen Jahrzehnt rapide an Zustimmung zu verlieren!

Leider scheinen deutsche Handelsmanager aus den Fehlern der Vergangenheit bis heute nicht viel gelernt zu haben. Im Mai 2020 gab der Chef der deutschen *Otto Group*, früher *Otto Versand* genannt, einer deutschen Wirtschaftszeitung ein ausführliches Interview. Diese Gelegenheit der öffentlichen Aufmerksamkeit nutzte er, um eine aus Sicht des *Otto Versands* fundamental wichtige Sache klarzustellen: *Amazon* sei völlig überbewertet, sagte er sinngemäß, *Alibaba* sei technologisch deutlich weiter.

Was immer auch den Mann zu dieser kühnen Aussage verführt hat, so viel ist jedenfalls klar. Die *Otto Group*, die 2005 noch größer war als *Amazon*, ist in den letzten Jahren auf Rang 83 (!) der weltweit größten Handelsunternehmen abgerutscht.

Normalerweise sollte man annehmen, dass sich das Management, das für eine solche, sagen wir einmal „schwierige Entwicklung" verantwortlich ist, kritisch fragt, was man selbst vielleicht falsch gemacht hat. Nicht so in Deutschland. Hier wird lieber der Gegner schlechtgeredet, der einen in spektakulärer Weise überholt hat.

Unter den weltweit 100 größten Handelsunternehmen rangiert die *Schwarz-Gruppe* (*Lidl*) auf Rang 5, *Aldi* auf Rang 8, *EDEKA* auf Rang 17, *REWE* auf Rang 19, *METRO* auf Rang 26, *Ceconomy* (*Media-Saturn*) auf Rang 40 und *Otto* auf Rang 83. Der deutsche Discount-Handel (*Aldi* und *Lidl*) ist damit das erfolgreichste Exportmodell des deutschen Handels. Zwar spielte bislang das Internet im Discount-Bereich keine nennenswerte Rolle; es sind aber Entwicklungstendenzen erkennbar, die eine Übertragung des Discountprinzips auf das Internet wahrscheinlich machen: begrenztes Sortiment, schneller Umschlag, reduzierter Service, niedrige Kalkulationsspannen. Conny hat gerade in ein solches Modell in Mexiko mit dem Namen *Jüsto* investiert, das vor einigen Monaten mit 60 Millionen US-Dollar eine der höchsten Seed-Bewertungen (Wertansatz bei erster Finanzierung) erreichte, die bislang in Lateinamerika erzielt werden konnten.

Wir können uns bei allem Respekt vor der jeweiligen unternehmerischen Leistung nicht vorstellen, dass die *Schwarz-Gruppe* – auch wenn sie seit Mai 2020 interessierten deutschen Unternehmen Cloud Services anbietet – oder *Aldi*, die international vergleichsweise wettbewerbsfähig positioniert sind, als Konsolidierer auf dem Handelsmarkt der Zukunft auftreten werden. Diese Unternehmen haben keinen Zugang zum Kapitalmarkt. Der finanzielle Spielraum reicht zwar aus, um das organische Wachstum, Internationalisierung und Neueröffnungen zu finanzieren, gibt aber keinen Spielraum für größere Akquisitionen in einer zunehmend digitalisierten Handelswelt.

Naspers und *Bertelsmann*:
Was eine richtige Strategie bedeutet

Das südafrikanische Unternehmen *Naspers* wurde 1915 gegründet und war über Jahrzehnte als nationales Verlagshaus auf Zeitungen und Zeitschriften konzentriert, die zum Teil zu den Unterstützern der Apartheid zählten. 1985 erweiterte das Management das Portfolio um Aktivitäten im südafrikanischen Pay-TV, bevor es dann ab 1997 konsequent eine Digitalisierungsstrategie verfolgte.

2001 investierte *Naspers* in das bis dahin unbekannte chinesische Internet-Start-up *Tencent* und erwarb 30 Prozent des Unternehmens für 34 Millionen US-Dollar. Zum heutigen Zeitpunkt besitzt allein diese Beteiligung einen Wert von 130 Milliarden US-Dollar. *Tencent* ist trotz seines enormen Erfolges in China großen Teilen der westlichen Bevölkerung immer noch kaum bekannt. Das rasante Wachstum dieses Unternehmens wird vor allem beim Vergleich der Marktkapitalisierung mit *Facebook* deutlich. Abbildung 3 zeigt beeindruckend, dass *Tencent* weitestgehend mit Wachstumsvolumen und -geschwindigkeit von *Facebook* mithalten kann, obwohl der Konzern (heute noch) hauptsächlich in einem einzigen Land aktiv ist. Dieser Umstand verdeutlicht das scheinbar endlose Marktpotenzial Chinas und den hohen Stand technologischer und digitaler Entwicklungen dort, den man in Europa und Amerika scheinbar nicht wahrhaben will.

Naspers hat Ende 2019 seine Internet-Beteiligungen in der Holding *Prosus* zusammengefasst und an der Euronext in Amsterdam gelistet. Seitdem hat sich *Prosus* bei der Marktkapitalisierung zum zweitgrößten europäischen Technologieunternehmen entwickelt – hinter der *SAP AG*. Neben der Beteiligung an *Tencent* hält *Prosus* unter anderem Beteiligungen an Start-ups im Bereich der Food-Lieferdienste, etwa *Delivery Hero* oder *Lieferando*, aber auch an dem indischen Lieferdienst *iFood* und seinem brasilianischen Pendant *swiggy*. Zu weiteren *Prosus*-Beteiligungen zählen die russische Internet- und Satelliten-Plattform *Mail.Ru*, die wiederum an *Facebook* beteiligt ist.

Der Erfolg der *Naspers*-Strategie ist eindrucksvoll. Wir kennen kein anderes Medienunternehmen, das in der Lage war, gegen die

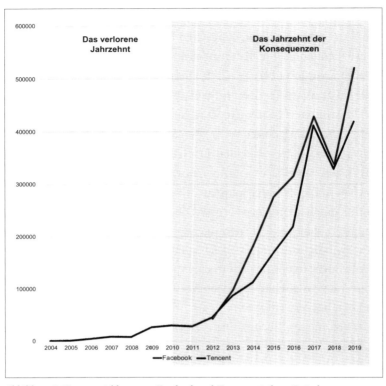

Abbildung 3: Kursentwicklung von *Facebook* und *Tencent* seit ihrer Gründung.

Vorherrschaft der amerikanischen und chinesischen Internetkonzerne auch nur ansatzweise vergleichbare Wertsteigerungen zu erzielen und sich eine Wettbewerbsposition zu erarbeiten, die es unabhängig macht von den amerikanischen Playern und deren Monopol bei den Endkunden-Kontakten. Die Wertsteigerungen entstanden ab 1997 mit dem Start von *Naspers'* erstem eigenen Internetservice *Mweb*. Heute ist das Unternehmen in mehr als 130 Ländern tätig und damit der am stärksten internationalisierte Medienkonzern der Welt.

Besonders erstaunlich ist, dass die Grundlage für die erfolgreiche *Naspers*-Entwicklung 2002 gelegt wurde, nämlich genau in jenem

Jahr, in dem die *Bertelsmann AG* konsequent fast alle Internetgeschäfte beendete und die dort beschäftigten Talente aus dem digitalen Bereich vom Hof jagte. Oder anders ausgedrückt: Die Grundlage für den heute so eindrucksvollen Erfolg von *Naspers* wurde genau zu Beginn des für die deutschen Konzerne verlorenen Jahrzehnts gelegt.

Ähnlich wie *Naspers* hat der mit Abstand größte deutsche Medienkonzern *Bertelsmann* seine Wurzeln im Printgeschäft und investierte später in Free- und Pay-TV. Drei Jahre früher als *Naspers*, nämlich schon 1994, hatte *Bertelsmann* erste Internetinvestitionen getätigt. Das waren damals vor allem die Beteiligung an *AOL Inc.*, das Joint Venture *AOL Europa* und das mit diesem verbundene Netzwerkgeschäft *Mediaways*.

Bertelsmann verhielt sich ab 2002 völlig anders als das *Naspers*-Management, das konsequent auf Digitalisierung und Internationalisierung setzte. Trotz der zuvor erwirtschafteten hohen Gewinne aus dem Verkauf von Internet-Assets stoppte der Vorstand ab 2002 die Investitionen in Internet-Start-ups. Während *Naspers* sich Ende 2001 mit 34 Millionen US-Dollar an *Tencent* beteiligte, entschied sich *Bertelsmann* sechs Monate später, im Juni 2002, dagegen.

Mit seinem damaligen chinesischen Partner Bruno Wu war ein Joint Venture unter dem Namen „Bertelsmann of China" verhandelt und vereinbart. *Bertelsmann* sollte 25 Millionen US-Dollar in cash einbringen sowie seine kleineren Aktivitäten in China, wie ein Druckerei- und ein Buch-Club-Projekt. Der chinesische Partner wollte seine Beteiligungen an *Sina.com*, *Sun-TV* und ein 10-Prozent-Paket an dem damals noch unbekannten *Tencent* einbringen, das mit den 25 Millionen von *Bertelsmann* finanziert werden sollte. Es war vereinbart, „Bertelsmann of China" an der Börse in Hongkong zu listen, um so die weitere Finanzierung von chinesischen Internet-Start-ups sicherzustellen. Der Aufbau dieses chinesischen Internetgeschäftes hätte die Gütersloher Konzernkasse deshalb nicht weiter belastet.

Im August 2013 rechnete Bruno Wu in einem Interview mit dem *Manager Magazin* dem Gütersloher Management mit erkennbarer Wut im Bauch vor, welchen Wert allein das damals vereinbarte Joint Venture heute auf Basis der damaligen Vereinbarungen und ohne weitere Akquisitionen gehabt hätte: 12 bis 15 Milliarden US-Dollar. „Bertelsmann of China" wäre nach seiner Meinung heute nichts weniger als der führende asiatische Internet- und Unterhaltungskonzern.

Doch dazu kam es nicht. Dieses Projekt wurde vom damals verantwortlichen *Bertelsmann*-Vorstand ebenso eingestellt wie *Napster*, das mit seinen 90 Millionen Usern frühzeitig auf das Sharing von (Musik)-Inhalten setzte, zwei Jahre bevor *Apples* iPhone der Marktdurchbruch gelang und einige Jahre vor dem Markteintritt von *Netflix*.

Obgleich *Bertelsmann* zu Beginn des verlorenen Jahrzehnts die ungleich besseren Startvoraussetzungen für eine weitere Digitalisierungsstrategie besaß als *Naspers*, setzte der Konzern – anders als *Naspers* – ab 2002 wieder auf wenig zukunftsträchtige Print- und Dienstleistungsgeschäfte. Bei einem Vergleich, welche Werte die beiden unterschiedlichen Strategieansätze für den jeweiligen Konzern schaffen konnten ergibt sich kein vorteilhaftes Bild für *Bertelsmann*. Der mit Abstand ertragreichste Bereich von *Bertelsmann* ist die Mehrheitsbeteiligung an der *RTL Group*, die weit mehr als 50 Prozent des Bilanzgewinns beisteuert. Selbst wenn man diesen Wert der RTL-Beteiligung großzügig verdoppeln würde, um einen Gesamtunternehmenswert für *Bertelsmann* zu ermitteln, das nicht börsennotiert ist, kommt man als Unternehmenswert für Bertelsmann auf ca. 15–20 Prozent des Wertes der *Prosus*-Beteiligung von *Naspers*.

Zwischen 2002 und heute verabschiedete sich *Bertelsmann* Schritt für Schritt aus der Weltelite und wird zwischenzeitlich nur noch auf Platz 15 der Rangliste der größten Medienkonzerne geführt.

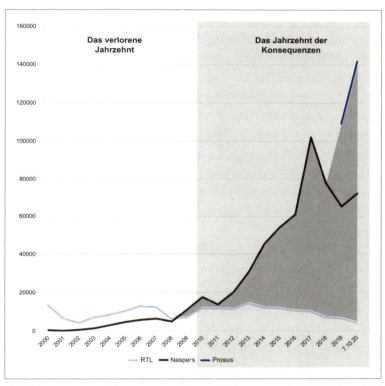

Abbildung 4: Kursentwicklung von *Prosus* (bis 2019 Teil von *Naspers*) und *RTL Group* (Teil von *Bertelsmann*) über den Zeitraum von 20 Jahren. Schraffierte Fläche: „Goodwill", der die Einschätzung des zukünftigen Wachstums von Umsatz und Ertragskraft des Geschäftsmodells widerspiegelt.

Kritischer als das Umsatzranking sind die Dimensionen zu bewerten, mit denen die (digitalen) Wettbewerber *Bertelsmann* enteilt sind: *Google*, obgleich erst seit 1998 aktiv, macht rund das Achtfache des *Bertelsmann*-Umsatzes, der Umsatz von *Disney* ist zwischenzeitlich um den Faktor vier größer und der Umsatz von *Amazon* – allein im Medienbereich – liegt um etwa 50 Prozent höher als der von *Bertelsmann*. Mittlerweile ist bereits der Deutschland-Umsatz von *Amazon* größer als der weltweite Umsatz von *Bertelsmann*.

Geht es um die Finanzkraft, sieht das Bild für *Bertelsmann* nicht besser aus. Wie der *Bertelsmann*-Vorstandsvorsitzende Thomas Rabe Anfang Mai 2020 in einem *FAZ*-Interview versicherte, verfügt der Konzern über eine Liquidität von etwa 4 Milliarden US-Dollar, deren Zusammensetzung in dem Interview etwas vage blieb. Wie eingangs erwähnt, beträgt allein die Cash Position von Google 121 Milliarden. Dies entspricht in cash mindestens dem 30-fachen dessen, was *Bertelsmann* heute finanzieren könnte. Und auch die Finanzkraft von *Comcast* (Nr. 4 im Ranking) in Höhe von 127,4 Milliarden US-Dollar oder *Walt Disney* (Rang 5) in Höhe von 123,9 Milliarden bewegen sich zwischenzeitlich in völlig anderen Sphären als die des *Bertelsmann*-Konzerns.

Apple verfügt über einen Barbestand auf seinen Konten in Höhe von mehr als 130 Milliarden US-Dollar. Das ganze Drama, das sich für die Wettbewerbskraft von *Bertelsmann* seit dem Crash des Neuen Marktes und dem nachfolgenden Rückzug aus dem digitalen Geschäft abgespielt hat, beschreibt ein einziger Satz: Der *Google*-Gewinn war im Jahr 2019 größer als der *Bertelsmann*-Umsatz!

Damit scheidet die Vorstellung aus, *Bertelsmann* könne zukünftig als Konsolidierer in der digitalen Medienwelt auftreten. Vorstellbar sind allenfalls Akquisitionen in reifen Medienmärkten, die den Handlungsspielraum des Konzerns nicht überfordern, weil dort die Kaufpreismultiplikatoren üblicherweise niedriger sind als in Wachstumsmärkten.

Die Deutsche Bank und die FinTech-Industrie: Warum Größe nicht vor Dummheit schützt

Mit einer Bilanzsumme von 1,491 Trilliarden Euro im ersten Quartal 2020 und rund 90.000 Mitarbeitern versteht sich die *Deutsche Bank* seit Jahrzehnten als das Vorzeigeunternehmen des Landes und bemüht sich auch heute noch, so zu agieren.

Tatsächlich aber kämpft das ehemals namhafte Institut nicht nur um seinen Ruf, sondern vielmehr darum, ein tragfähiges zukünftiges Geschäftsmodell zu finden, und damit verbunden um seine wirtschaftliche Eigenständigkeit. Aufgrund ihrer vergleichsweise niedrigen Marktkapitalisierung gilt die Bank an den Kapitalmärkten schon seit längerer Zeit als Übernahmekandidat, ähnlich wie dies im Automobilsektor für *Daimler* gilt. Allerdings glauben wir, dass sich selbst bei einem negativen Kaufpreis kein renommierter Käufer für diese Bank finden würde; zu groß sind die Risiken. Denn die *Deutsche Bank* war 2016 noch weltweit in etwa 7.800 Ermittlungsverfahren, Strafverfahren und Zivilprozesse involviert.

Wer hierzu mehr erfahren will, sollte das Buch von David Enrich lesen, eines Reporters der *New York Times*, das sich wie ein Thriller liest: *Dark Towers: Deutsche Bank, Donald Trump, and an epic trail of destruction* (Harper Collins, 2020). Wer ein Buch in deutscher Sprache bevorzugt, dem sei *Bad Bank, Aufstieg und Fall der Deutschen Bank* (DVA 2018) von Dirk Laabs ans Herz gelegt.

Conny begleitet die Entwicklung der Finanztechnologie-Industrie bis heute eng, weil er bereits zu einem frühen Zeitpunkt als Investor von dem Potenzial dieser Unternehmen überzeugt war. Ähnlich wie in der Musikindustrie war es eigentlich völlig offensichtlich, dass das gesamte weltweite Bankgeschäft relativ kurzfristig ohne größere Probleme in digitaler Form würde abgewickelt werden können. Nicht so offensichtlich jedoch für das Management der *Deutschen Bank*. Regelmäßig versuchte Conny Geschäftskontakte zwischen der *Deutschen Bank* und jungen Start-ups aus dem FinTech-Bereich zu entwickeln. Leider zeigte sich deren Management damals wenig interessiert. Gesprächsvorschläge wurden mit dem Argument negativ beschieden, diese kleinen Start-ups seien zwar „nett, bewegten aber den Puls eines solch großen Konzerns nicht".

Stattdessen konzentrierte sich die *Deutsche Bank* während des verlorenen Jahrzehnts vornehmlich auf den Auf- und Ausbau des

Investmentbanking und versuchte sich mit der Übernahme von *Bankers Trust* und unter Einsatz aller anderen nur denkbaren Mittel als bedeutender Player an der Wall Street zu etablieren. Wirtschaftlich gesehen endete diese Strategie in einem Fiasko. Die *Deutsche Bank* konnte sich im angelsächsischen Bereich nicht nachhaltig erfolgreich als Investmentbank etablieren und verlor im Wettbewerb in dieser Disziplin vor allen Dingen gegen Banken wie *JPMorgan* oder *Goldman Sachs*. Verdeutlicht wird dieser Sachverhalt am Verlauf des Aktienkurses der *Deutschen Bank* im Vergleich mit *JPMorgan* und *Goldman* zwischen 2000 und 2020.

Aufgrund der Fokussierung auf das Investmentbanking und der Verwicklung in eine Unzahl an Rechtsstreitigkeiten vernachlässigte die *Deutsche Bank* zugleich die Digitalisierung des Bankgeschäfts, die Entwicklung des Onlinebanking und das dramatische Wachstum des Mobile Payment, was sich als Folge des verlorenen Jahrzehnts nach unserer Einschätzung noch stärker rächen wird als der vergebliche Versuch, sich als bedeutende Investmentbank zu etablieren. Eine analoge Entwicklung wie in der Automobilindustrie, wo durch die Verwicklung in „Dieselgate" die Fokussierung auf alternative Antriebsformen verpasst wurde.

Aktuell will sich das Management der Bank zwar verstärkt auf das Privatkundengeschäft konzentrieren, das vor allen Dingen über die frühere *Postbank* betrieben werden soll. Tatsächlich spielt diese aber bei den weltweiten Online- und Mobile-Transaktionen nur eine untergeordnete Rolle bei einem weltweit verschwindend geringen Marktanteil. So gesehen hat die *Deutsche Bank* nicht nur die falsche Priorität verfolgt, sondern zugleich die Zukunft im Bereich des Digital Banking verspielt.

Während neue Wettbewerber aus dem Fintech-Bereich, die vollständig digitalisierte Geschäftsmodelle betreiben, seit der Jahrtausendwende immer mehr Vertrauen von Kunden und Investoren

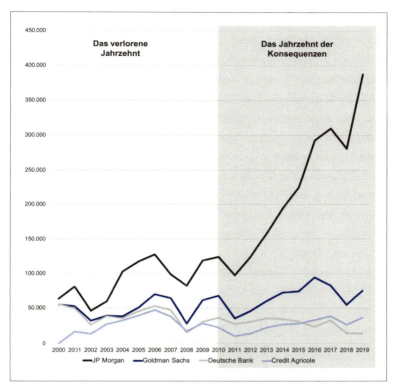

Abbildung 5: Kursentwicklung von *JP Morgan*, *Goldman Sachs*, *Crédit Agricole* und *Deutsche Bank* über den Zeitraum der letzten 20 Jahre.

gewinnen, fällt es der *Deutschen Bank* als Folge des verlorenen Jahrzehnts zunehmend schwer, mit diesen neuen Wettbewerbern Schritt zu halten.

Das digitale Geschäftsmodell von Finanztechnologie-Unternehmen gewinnt zunehmend Marktanteile im Bankensektor, und dies weltweit. Hierzu zählen heute beispielsweise Anbieter wie *Klarna*, *Raisin*, *N26*, *Revolut* und *PayPal* oder *WeChat Pay* und *Alipay* in China, die sich dort als Zahlungsabwickler oder Onlinebank am Markt etablieren konnten und hohe Wachstumsraten aufweisen.

Dies war bereits lange vor dem Ausbruch der Corona-Pandemie ein Fakt und wurde durch diese weltweit nochmals beschleunigt.

Klarna beispielsweise verfolgt das Ziel, durch Digitalisierung den finanziellen Alltag seiner Kunden so einfach und transparent wie möglich zu gestalten. Das Zinsportal *Raisin* verfügt hingegen nicht nur über eine Banklizenz, sondern hat 2019 auch die *MHB-Bank*, Frankfurt, übernommen. Nach unserer Beobachtung ist dies das erste Mal, dass ein FinTech-Startup die Bank übernommen hat, die sie bislang finanzierte. Dies ist auch insofern eine bemerkenswerte Entwicklung, weil üblicherweise Banken junge Start-ups übernehmen, um auf diesem Wege die Digitalisierung ihrer eigenen, internen Prozesse zu beschleunigen und um Know-how einzukaufen – und nicht umgekehrt.

Dieser Schritt könnte auch ein Hinweis darauf sein, dass Techfirmen, die Schritt für Schritt in das Bankgeschäft vordringen wollen, sich benötigtes Know-how oder auch Marktanteile durch gezielte Akquisitionen von Banken erschließen können. Es ist für uns durchaus vorstellbar, dass ein Unternehmen wie beispielsweise *Amazon* oder *Apple* eine Großbank übernehmen könnte, die sich vor allen Dingen auf den Bereich der Zahlungsabwicklung konzentriert hat. Die Übernahme der *Commerzbank*, die am 8. Juli 2020 eine Marktkapitalisierung von 5,66 Milliarden Euro hat, wäre für *Apple* – ähnlich wie eingangs in unserem Beispiel „Global Lift" beschrieben – bei einer Marktkapitalisierung in Höhe von über 1 Trillion US-Dollar und einem Cash-Bestand von über 130 Milliarden US-Dollar ohne Anstrengung darstellbar. Und dasselbe gilt auch für *Amazon*. Und auch die Übernahme der *Deutschen Bank* würde, rein theoretisch betrachtet und unter Vernachlässigung der rechtlich toxischen Risiken, weder für *Apple* noch für *Amazon* ein größeres Problem darstellen.

Die Fintech-Startups positionieren sich weltweit vor allen Dingen an der Schnittstelle zwischen Endkunden und Handel bei der

Abwicklung von Zahlungsprozessen. Je stärker beispielsweise eCommerce wächst, wovon wir fest ausgehen, umso stärker wachsen Unternehmen wie *Klarna*.

Auch *Wirecard* hatte sich in diesem Bereich positioniert. Durch möglicherweise kriminelle Machenschaften seines Managements geriet das Unternehmen in die Insolvenz. Davon abgesehen hatte *Wirecard* die *Deutsche Bank* im Bereich der Abwicklung des Online-Zahlungsverkehrs weltweit überholt. Auch wenn bei *Wirecard* durch möglicherweise betrügerische Aktivitäten eine Profitabilität vorgetäuscht werden sollte, die es operativ so nicht gab, heißt dies natürlich nicht, dass nun alle FinTech-Startups „kriminell" sind oder nicht wirtschaftlich operieren. Diesen offensichtlich typisch deutschen Reflex, das Kind mit dem Bade auszuschütten, der wie schon beschrieben auch nach dem Zusammenbruch des Neuen Marktes einsetzte, konnten wir unmittelbar nach der Insolvenz von *Wirecard* wieder einmal feststellen. Um diese offensichtlich eingeschliffene Sichtweise zu relativieren, greifen wir auf einen aktuellen Fall aus der Automobilindustrie, der Königsdisziplin der deutschen Wirtschaft, zurück: Auch wenn korrupte (Spitzen?-)Manager des *VW*-Konzerns mit illegalen Abschaltvorrichtungen bei Dieselfahrzeugen weltweit Käufer betrogen und einen Schaden von über 40 Milliarden Euro (!) verursacht haben, sind nicht alle Manager der Automobilindustrie kriminell.

Das Versagen der Führungsspitze von *Wirecard* bedeutet nicht, dass die Digitalisierung des Bankensektors hinfällig oder ein Trugschluss wäre. Interessant ist für uns, dass die Politik zwar nach dem *Wirecard*-Skandal umgehend mit Gesetzesinitiativen reagierte, diese Reaktion aber nach dem ungleich viel größeren Dieselskandal ausblieb. So funktioniert das System der Verstrickungen zwischen wirtschaftlichen und politischen Interessen in unserem Land.

Während innovative FinTech-Unternehmen wie *Klarna*, *Raisin* oder *N26* durch die Effizienz ihrer digitalen Geschäftsmodelle enorme Wettbewerbsvorteile und attraktive Margen generieren können, verliert das klassische Bankgeschäft kontinuierlich an Ertragskraft und Bedeutung.

Zu Beginn des verlorenen Jahrzehnts, als andere Banken sich nach dem Crash des Neuen Marktes komplett aus dem Internet zurückzogen, nutzten *PayPal* oder *Alipay* mit einer klaren Strategie zielstrebig und konsequent die Chancen, die sich aus der Digitalisierung für den Bankensektor ergaben. Heute zählen diese Unternehmen zu den Pionieren des Geschäfts mit digitalen Zahlungsabwicklungen weltweit.

Abbildung 6 verdeutlicht das Wachstum, das gerade im Bereich des Mobile-Payment in China erzielt wird, wo es heute schon das Online-Banking und die Zahlung per Kreditkarte bei der Anzahl der Transaktionen deutlich überholt hat. Fachleute gehen davon aus, dass sich eine ähnliche Entwicklung in Deutschland vollziehen wird und Mobile Payment in Kürze das Onlinebanking via Laptop oder PC ablösen wird.

„Mit einem Transaktionsvolumen von 179.507 Millionen Euro in 2018 wird in China der weltweit höchste Wert im Segment Mobile POS Payments erzielt. *Alipay* hat mehr als die Hälfte Marktanteil der in China geleisteten mobilen Zahlungen, die für 2017 auf knapp 100 Billionen Yuan (13 Billionen Euro) geschätzt werden – Tendenz weiter stark wachsend.

Mit über 600 Millionen aktiven Nutzern weltweit ist *Alipay* die bisher erfolgreichste kontaktlose und mobile Bezahlmethode. Eine halbe Milliarde Menschen in China nutzt ihr Smartphone zum Bezahlen. Acht Billionen Transaktionen liefen in China in den ersten sechs Monaten des vergangenen Jahres über mobile elektronische Zahldienste. Hinter *Alipay* selbst steht die *Ant Financial Services Group*, die zwar unabhängig von *Alibaba* agiert, aber Teil des Unternehmenssystems ist.

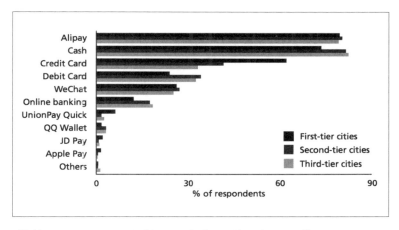

Abbildung 6: Meist genutzte Zahlungsmethoden in China (Mai 2016)[8].

Sie deckt etwa die Hälfte des Markts ab, den es sich mit seinem Konkurrenten *WeChat* des *Tencent*-Konzerns teilt. Das amerikanische *PayPal* kam im gesamten vergangenen Jahr gerade einmal auf rund eine halbe Billion Zahlungsbewegungen. Somit ist *Alipay* zum Portemonnaie der jungen chinesischen Generation geworden.[9]

Ein eindrucksvolles Beispiel ist in diesem Zusammenhang der „Singles Day" in China bei *Alibaba* (11. November jedes Jahr), – der zum größten Shopping-Tag der Welt wurde. Die Umsätze über *Alibaba*, die überwiegend über *Alipay* abgewickelt werden, sind mehr als nur beeindruckend. *Alibaba* erzielte einen Umsatz von 38 Milliarden US-Dollar. Die erste Milliarde wurde am 11. November 2019 nach nur 68 Sekunden generiert und die 10-Milliarden-Grenze nach einer halben Stunde überschritten.

Die *Deutsche Bank* hingegen hat die Digitalisierung im klassischen Bankgeschäft während des verlorenen Jahrzehnts komplett verschlafen. Ehemalige Mitarbeiter der Bank berichten – für Kenner wenig überraschend –, die IT-Systeme seien veraltet und undurchschaubar. Wir fragen uns: Welche Strategie und welche

Digitalisierungsmaßnahmen verfolgte die Bank in den Jahren zwischen 2000 und 2010? Vielleicht sollten wir aber auch anders fragen: Mit welcher Kraft konnte das Management angesichts der Verstrickungen in internationale Skandale und dem Fokus auf das Investmentbanking überhaupt konsequent eine Digitalisierungsstrategie verfolgen? Es ist aus unserer Sicht beschämend, dass die *Deutsche Bank* die Hilfe von *Google* benötigt, um ihre IT-Infrastruktur modern auszustatten, wenn man den Pressemitteilungen vom 09. Juli 2020 Glauben schenkt.

Eine Umfrage des IT-Verbands *Bitkom* belegt, dass bereits 20 Prozent der Deutschen für die Erledigung ihrer Finanztransaktionen keine Bankfiliale mehr besuchen. Diese Zahlen dürften sich post-Corona nochmals deutlich zu Lasten der klassischen Banken steigern. Darüber hinaus geben 40 Prozent der Befragten an, dass sie bereit seien, ihre Finanztransaktionen über *Apple*, *Google*, *Amazon* oder *Facebook* zu tätigen. Während diese neuen potenziellen Wettbewerber der *Deutschen Bank* hohe Wachstumsraten aufweisen, über mehr Liquidität verfügen und eine um ein Vielfaches größere Marktkapitalisierung besitzen, schrumpft das Kerngeschäft der *Deutschen Bank* ebenso wie ihr Ranking im internationalen Wettbewerb.

Die *Deutsche Bank* erlitt – ebenso wie andere deutsche Geschäftsbanken – in den zurückliegenden Jahren einen hohen Wertverlust. Das Geld von Investoren fließt verständlicherweise in Wachstumsgeschäfte und dorthin, wo sie das notwendige Vertrauen in ein überzeugendes, digitales und skalierbares Geschäftsmodell und das dafür erforderliche Management haben. Investoren glauben an die Zukunft der FinTech-Branche, sie glauben an Fortschritt und Innovation ihrer Kunden und Investoren.

Wenn die deutschen Banken nicht schnell reagieren, werden sie große Teile des Privatkundengeschäfts an Online-Banken der neuen Generation oder an *Facebook*, *Amazon*, *Apple* oder *Tencent* verlieren. Denken wir an das Beispiel des Monopoly-Spiels: Diese neuen

Player könnten schon bald stark genug sein, sich die „Schlossallee" in Form des *Postbank*-Geschäfts der *Deutschen Bank* einzuverleiben. Dies sind globale Entwicklungen, die wir in allen Teilen der Welt beobachten.

Was für das Bankensystem gilt, trifft im Grundsatz natürlich genauso auf die Versicherungsbranche zu. Bereits heute deutlich erkennbar werden sich Versicherungsunternehmen in nur wenigen Jahren in einer ähnlichen Situation befinden wie die Banken heute. Der Vertrieb der Policen erfolgt ebenso online wie die Schadensregulierung, und die Berechnung der Schadensquoten erfolgt auf Basis von Computermodellen. Die Aufgaben eines klassischen Sachbearbeiters in einem Versicherungskonzern werden durch diese Entwicklung hinfällig. Vor dem Hintergrund der Digitalisierung von Prozessen ist nicht nachzuvollziehen, warum das verantwortliche Management nicht bereits vor vielen Jahren das damit verbundene Einsparungspotenzial erkannte.

Im Bankensektor ergibt sich für uns ein ähnliches Bild wie im Medienbereich, wenn es um die Frage geht, ob eine deutsche Bank zukünftig den internationalen Bankenmarkt konsolidieren wird.

Zusammengefasst müssen wir feststellen: Die größte Volkswirtschaft Europas arbeitet vergleichsweise mit dem schwächsten Bankensystem. Das ist eine schwerwiegende Folge des verlorenen Jahrzehnts und ein echter Standortnachteil für Deutschland.

Automobilindustrie: Volumen ist nicht alles

Und die Automobilindustrie, das Aushängeschild der deutschen Wirtschaft? Hier scheint die Welt im deutschen Sinne noch bestens geordnet. Allerdings nur auf den ersten Blick. Zwar steht *VW* endlich, nach jahrelangen Anstrengungen des ehemaligen Chefs Martin Winterkorn, auf Platz 1 des weltweiten Rankings nach Absatzzahlen. Doch *Toyota*, der langjährige Weltmarktführer, bewegt sich in

Sichtweite. Die Differenz bei der jährlichen Produktion beträgt im Jahr 2019 knapp 200.000 Fahrzeuge, was, bezogen auf die Produktionskapazitäten der beiden Konzerne, einer Rundungsdifferenz (ca. zwei Prozent) entspricht. Als nächstgrößte deutsche Unternehmen im Ranking werden *Daimler* (erst) auf Platz 12 und *BMW* auf Platz 13 geführt.[10]

Als aus deutscher Sicht besorgniserregender muss allerdings ein anderer Vorgang bewertet werden: Im Listing der weltweit größten Automobilproduzenten liegt der chinesische Konzern *Geely*, der *Volvo* übernommen hat, nur knapp hinter *BMW* auf Platz 14. Dieser chinesische Konzern hat sich im Jahr 2018 mit 9,7 Prozent an *Daimler* beteiligt.[11] Wir können uns schwer vorstellen, dass daraus einmal eine Überkreuzbeteiligung entstehen könnte, wohl aber, dass *Geely* versuchen wird, seine Beteiligung an *Daimler* aufzustocken.

Vertreter des *Geely*-Konzerns hatten Conny bereits vor einigen Jahren gefragt, ob man eine Beteiligung an der *Daimler AG* erwerben könne. Conny hielt dies damals für eine „Spinnerei" und verwies seine Gesprächspartner an Investmentbanken. Vor einigen Monaten wurde bei einem Meeting mit Conny und Thomas in Hongkong von Investmentbankern, die für einen chinesischen Staatsfond tätig sind, sehr ernsthaft nach der Möglichkeit gefragt, ein größeres Aktienpaket von *Daimler* zu kaufen – unabhängig von der Beteiligung von *Geely* an *Daimler*. Auch dieses Beispiel verdeutlicht das große Interesse chinesischer Investoren an deutschen Technologien. Es scheint fast so, als wäre inzwischen fast jeder größere deutsche Mittelständler von chinesischen Investoren angesprochen worden.

Während die deutsche Automobilindustrie mit den Aufräumarbeiten der durch sie selbst verschuldeten Diesel-Affäre abgelenkt und belastet ist, arbeiten ihre internationalen Wettbewerber fieberhaft an neuen Konzepten und Geschäftsmodellen. Zwischenzeitlich entwickelt sich *Geely* mit seiner Marke *Volvo* zu einem ernsthaften

Wettbewerber für die deutschen Premiumanbieter wie *BMW*, *Audi* und *Mercedes*, an dessen Mutterkonzern *Geely* beteiligt ist.

Mit einem Schuss Galgenhumor kann man die heutige Situation der Automobilindustrie, in die sie zum Teil unverschuldet, zum Teil aber durch eigenes Tun oder Unterlassen – Stichwort „Diesel" – geraten ist, auch so beschreiben: *Tesla*, Diesel und Corona, das ist eine Katastrophe zu viel für die deutsche Automobilindustrie.

Dies kann natürlich dazu beigetragen haben, dass der Blick auf wichtige Veränderungen des Konsumentenverhaltens verstellt wurde. Immer mehr Automobilnutzer interessieren sich heute für Fractional Ownership-Modelle. Bei dieser Form des „partiellen Eigentums" bezahlt ein Konsument nur für die tatsächliche Nutzungszeit eines Autos. Dieser Megatrend der Gesellschaft wurde von der Automobilindustrie zu spät erkannt, und es wurde zu spät darauf reagiert. Fehlende visionäre Mobilitätskonzepte der Automobilkonzerne führen nun zu einer planlosen, für uns fast verzweifelt anmutenden Initiative, in Start-ups zu investieren. Als Beispiele hierfür stehen die Konzerne *Daimler* und *Bosch*.

Dabei wird aber nicht der eigentlich wichtigsten Frage nachgegangen: „Wann werden wir den Spaß an Autos verloren haben?" Wahrscheinlich ist dies eine Frage, die man im „Autoland" Deutschland nicht ohne Gefahr für Leib und Leben stellen darf, während sich junge Menschen tatsächlich immer häufiger fragen, ob die Anschaffung eines Autos wirtschaftlich sinnvoll und ökologisch überhaupt noch vertretbar ist.

Im Bereich der Automobilzulieferer besitzen deutsche Unternehmen eine deutlich bessere Positionierung und sind im weltweiten Ranking mit *Bosch*, *Continental* und *ZF Friedrichshafen* auf den Plätzen 1, 2 und 5 vertreten. Allerdings operieren die Zulieferer in der Regel als eine Art verlängerte Werkbank für die Automobilindustrie. Geht es dieser wirtschaftlich schlecht oder verschläft sie eine technologische Entwicklung – wie zum Beispiel den Elektroantrieb –, dann leidet die Zulieferindustrie überproportional. Hat die Automobilindustrie sozusagen Husten, dann liegen die Zulieferer mit Influenza im Bett.

Das Management von *Continental* hat dies unter Beweis gestellt, als es im Herbst 2019 den Abbau von 28.000 Stellen ankündigte. Man stehe bei *Continental* zwei verschiedenen Herausforderungen gegenüber: Die Produktion für Teile der Motorenherstellung (Verbrennung) und für herkömmliche Getriebe müsse zurückgefahren und zeitgleich die Fertigung neuer Komponenten (Elektro mit entsprechenden Antriebssträngen) entwickelt und neu aufgebaut werden. Nur zur Verdeutlichung der Tragweite dieser von *Continental* angekündigten Stellenabbau-Zahl: Sie entspricht der Menge der insgesamt bei *Kaufhof* und *Karstadt* beschäftigten Mitarbeiter. Damit wurde zugleich den zarten Entwicklungen zu mehr Digitalisierung und Investitionen in Start-ups ein abruptes Ende bereitet. Und Experten erwarten darüber hinaus eine Flut von Insolvenzen im Bereich der Automobilzulieferer, wenn die ersten Hilfspakete zur Abfederung der Corona-Auswirkungen ausgelaufen sind.

Fazit: Für alle deutschen „Vorzeigeunternehmen" gilt, dass sie während des verlorenen Jahrzehnts nicht nur Wettbewerbskraft durch falsche Strategien eingebüßt haben, sondern darüber hinaus im internationalen Vergleich zum Teil dramatisch zurückgefallen sind. Während internationale Wettbewerber in diesem Zeitraum auf die Digitalisierung setzten, übten sich deutsche Konzernchefs in der Rolle rückwärts.

Die Konsequenzen dieses „kollektiven Fehlers" werden bei den deutschen Konzernen im vor uns liegenden Jahrzehnt bis Ende 2030 schmerzlich zu spüren sein. Auch ein kurzfristiges Gegensteuern wird die Auswirkungen nicht mehr korrigieren können. Die Früchte von Programmen, die heute eingeleitet werden, können nach dem Phänomen der Entkoppelung von Ursache und Wirkungen erst in zehn Jahren deutlich sichtbar werden.

BLICK ZURÜCK:
WIE DER ZUSAMMENBRUCH DES NEUEN MARKTES EINE GANZE NATION WIEDER ZU DIGITALEN ANFÄNGERN MACHTE

Schon einige Zeit vor unserer gemeinsamen Reise nach China haben wir uns mit folgender Frage beschäftigt: Lässt sich ein Zeitpunkt oder ein Ereignis benennen, das nachhaltig negativ auf die beginnende Entwicklung der Digitalisierung in Deutschland gewirkt hat? Schließlich waren wir von Anfang an Augenzeugen und nahe Beobachter dieser Vorgänge, wenn auch in unterschiedlichen Rollen.
Schnell fanden wir auf diese Frage die einzig logisch erscheinende Antwort: Der „Neue Markt", sein Aufstieg und sein Zusammenbruch war der Auslöser des verlorenen Jahrzehnts für Deutschland und hatte damit einen nachhaltig negativen Einfluss auf die Fortführung der Digitalisierung hierzulande. Die Gründe hierfür sind überraschend vielfältig. Und es ist aus unserer Sicht sehr lehrreich, sich damit auseinanderzusetzen, um für die Zukunft besser gerüstet zu sein.

Wir waren damals persönlich dabei, als die Gier jegliche Vernunft fortzuspülen begann. Und später, als die Börsen-Party vorbei war, erlebten wir, dass statt ehrlicher Ursachen- und Fehleranalyse der Stab über fast alle digitalen Geschäftsansätze gebrochen wurde. Alles Neue war verdächtig, wohl auch um von eigenem Versagen und eigener Gier abzulenken.

Wir erinnern uns noch sehr genau an den steilen Aufstieg und späteren tiefen Fall des Neuen Marktes. Die maßgeblichen Akteure kennen wir zum Teil persönlich, und wir wissen auch, wer für den nachfolgenden Kehraus verantwortlich ist. Er wurde fast wie ein Glaubenskrieg geführt. Die ehrlichen Befürworter der Digitalisierung, die deren Vorteile für die Wirtschaft und Gesellschaft erkannten, standen den konservativen Bewahrern gegenüber, die technologischen Entwicklungen gegenüber grundsätzlich skeptisch eingestellt sind. Wie so oft in dem Missverständnis, dass in einem Konflikt nur Schwarz und Weiß gesehen werden.

Erinnern wir uns aber zunächst an die frühen Anfänge. Geradezu euphorisiert durch die rasante Entwicklung der US-Technologiebörse NASDAQ wurden in der Bundesrepublik Anfang der 90er-Jahre die Stimmen im Finanzbereich, bei Investoren und in der Wirtschaft immer lauter, die sich dafür einsetzten, auch an der Deutschen Börse ein Wachstumssegment nach dem US-Vorbild einzurichten. Grundsätzlich betrachtet ein hervorragender und richtiger Ansatz, auch aus unserer heutigen Sicht.

1971 gegründet, entwickelte sich die NASDAQ ab Mitte der 90er-Jahre mit beeindruckendem Tempo. Die 1.000-Punkte-Marke wurde am 17. Juli 1995 erreicht, die 2.000-Punkte-Marke am 16. Juli 1998, und am 10. März 2000 beendete die NASDAQ den Handel mit einem Allzeithoch von 5.048,62 Punkten. Das entspricht einer Steigerung seit ihrem Start von 4.948,6 Punkten.

Seit Bestehen der NASDAQ werden dort bis heute die Aktien „echter" Technologiefirmen eingeführt und gehandelt, unter anderem *Microsoft*, *Amazon*, *Apple*, *Facebook* oder *Google*. Am 12. Juni 2020 sind schon zwei dieser fünf Firmen zusammen in ihrer Börsenkapitalisierung größer als der gesamte deutsche Prime Index DAX, MDAX und TecDax zusammen, und *Amazon* allein ist mehr wert als der gesamte DAX. Zudem sind chinesische und amerikanische Firmen heute deutlich stärker kapitalisiert als deutsche. Nichts verdeutlicht Deutschlands Dilemma mehr als diese Zahlen.

Neben der New York Stock Exchange (NYSE) wurde die NASDAQ zum führenden Börsenplatz in den USA, an dem heute über 3.000 Unternehmen gelistet sind, überwiegend solche, die dem Technologiesektor zuzurechnen sind.

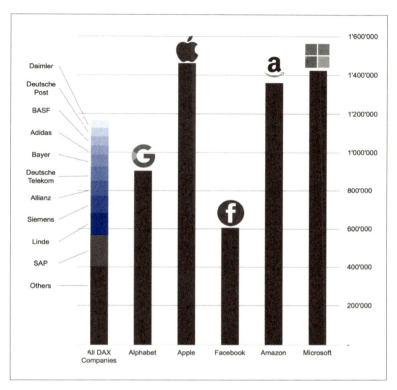

Abbildung 7: Marktkapitalisierung der führenden amerikanischen Technologiekonzerne im Vergleich mit dem DAX.

Die starken Kursgewinne an der NASDAQ eröffneten nicht nur für Anleger attraktive Gewinnchancen, sondern zogen international zunehmend Kapital in Richtung des Finanzplatzes New York ab. Das konnte aus deutscher Sicht nicht im Interesse des Börsenplatzes Frankfurt sein. Die Forderung, einen eigenen Technologiesektor an der Börse nach US-amerikanischem Vorbild einzuführen, als Versuch, eine weitere Kapitalabwanderung zu verhindern (verbunden mit dem damaligen Umstand, dass deutsche Unternehmensgründer anders als in den USA kein ausreichendes Startkapital fanden), wurde ab Mitte der 1990er-Jahre auch von der Politik aufgegriffen und fand sogar den Weg in die Wahlprogramme der Volksparteien.

Euphorie breitete sich aus und erfasste auch uns. Dem Unternehmergeist von Gründern, die bisher oftmals für ihre risikobehafteten Projekte keine Finanzierung erhalten hatten, stand das Interesse der Anleger gegenüber, Technologiewerte zu finden, die hohe Renditen versprachen. Sie suchten in der Heimat nach ähnlichen Renditen, wie die NASDAQ sie bot. Und das Bemühen der Investmentbanker, Berater etc., neue einträgliche Einnahmequellen zu finden, war mindestens so groß wie die Gier der Anleger. Dies sollte sich auf die Entwicklung technologiebasierter digitaler Geschäftsmodelle fatal auswirken.

Warum?

1997 wurde der Neue Markt als ein Segment der Deutschen Börse eingerichtet. Zwar sollte er nach dem Verständnis seiner Gründungsväter als Technologiesektor seinem amerikanischen Pendant entsprechen. Aber schon bei der Namensgebung wurde deutlich, was von den Initiatoren gewollt war: Das Branchenkriterium der an der neuen deutschen Technologiebörse zu handelnden Unternehmen sollte möglichst weit ausgelegt werden, um möglichst viele Unternehmen und Anleger anzusprechen.

So redete man im Zusammenhang mit dem Neuen Markt auch gern von Unternehmen der „New Economy", wobei allerdings diffus blieb, was man unter diesem Begriff zu verstehen hatte. Den Begriff „Technologieunternehmen" kann man im Zweifel validieren, unter den Terminus „New Economy" hingegen konnte so ziemlich alles subsumiert werden.

Die Zielsetzungen, die ursprünglich mit dem Neuen Markt verbunden wurden, waren ohne Frage für die Zukunftssicherung unseres Landes genau die richtigen. Als Konsequenz brachte der Neue Markt in seiner Anfangsphase Unternehmen hervor, die bis heute als bedeutende Technologieunternehmen operieren. Zu ihnen zählen *T-Online*, *Software AG*, *Evotec*, *Freenet*, *Medigen*, *Mobil.com*,

Singulus, United Internet etc. Diese Entwicklung war ohne Frage ein Verdienst der Initiatoren des Neuen Marktes, und dieser befand sich zunächst auf einem guten Weg.

Die von Conny gegründete *ACG*, ein Unternehmen, das auf Chipkarten spezialisiert war, hatte ihren IPO im Juni 1999. Der Peak der Marktkapitalisierung lag bei über 2,0 Milliarden Euro und einem Umsatz von 300 Millionen Euro. So wurde die *ACG* schnell Mitglied im Premiumsegment des Neuen Markts, DMAX 50. Ob Glück, Fortune oder Intention: Conny verkaufte den Großteil seiner Anteile an der *ACG* im März 2000, nur wenige Tage vor dem Zusammenbruch des Neuen Marktes. Einen Großteil der Erlöse reinvestierte er bis heute weltweit in über 350 Start-ups. Als Conny feststellte, dass „*ACG* an der Börse fast genauso hoch bewertet wurde wie Porsche", gab es für ihn nur einen Erklärungsansatz: „Am Neuen Markt läuft etwas fundamental schief."

Die Erklärung hierfür war eigentlich denkbar einfach: Neben den Technologiefirmen waren am Neuen Markt später mehr und mehr Unternehmen aufgetreten, die dort zwar ein Listing anstrebten, tatsächlich aber keinen wirklichen Technologiebezug hatten. Vielmehr suchten Unternehmen beispielsweise aus der Film- und TV-Branche durch ein Listing am Neuen Markt nach billigen oder zusätzlichen Finanzierungsquellen. Mit dem an der Börse eingesammelten Geld sollte in diesen Fällen eben nicht die Entwicklung neuer digitaler Geschäftsmodelle vorangetrieben, sondern die Finanzierung gesichert werden für die Übernahme von Filmrechten oder anderen Unternehmen. Die *EM-TV AG* mag hierfür ebenso als Beispiel stehen, wie *Edel Music*, *Senator* oder *Kinowelt*. Der Neue Markt war von Spekulanten, die eigentlich wenig mit digitaler Technologie zu tun hatten, gekapert worden.

So konnte es geschehen, dass beispielsweise auch die *Refugium AG*, ein Altenheimbetreiber, über Nacht zu einer „Technologiefirma" wurde. Sie und andere erreichten nicht nur ihr Listing, sondern

Höchstbewertungen an der deutschen Technologiebörse „Neuer Markt".

Während in den USA an der NASDAQ bis heute ein klarer Technologiebezug im Vordergrund steht, der auch beim Filing für einen IPO detailliert nachzuweisen ist, interessierten sich in Deutschland weder die Banken noch die Anwaltskanzleien, weder die Beratungsunternehmen noch die Börsenaufsicht für die einfache Frage, ob wirklich Technologieunternehmen mit einem tragfähigen Geschäftsmodell an die Börse gebracht werden sollten. Von der Bilanzqualität der einzelnen IPO-Kandidaten ganz zu schweigen. Das Börsenfieber hatte jeden gepackt. Wir erinnern uns an eine Zeit, als die Taxifahrer uns nicht nach dem Zielort unserer Reise fragten, sondern danach, in welche der anstehenden Börsengänge sie als Privatpersonen investieren sollten.

Gier macht bekanntlich dumm. Und viele Teilnehmer des Neuen Marktes verhielten sich aus schierer Gier zunehmend kurzsichtig und dumm: die Anleger, die ohne ausreichende Prüfung bereit waren, viel Geld in Euphorie zu investieren; die Deutsche Börse, die ihren Aufgaben der Prüfung und Regulierung nicht ausreichend nachkam, nur um international im Wettbewerb bestehen zu können; die Unternehmen, die glaubten, mit Fiktion statt Fakten problemlos und dauerhaft Geld einsammeln zu können; die Kriminellen, die ihre Bilanzen fälschten und über Presse- und Ad-hoc-Meldungen das Geld der Investoren lockermachten – und dann verzockten. Und last but not least die Politiker, die sich in dem Gefühl sonnten, mit dem Börsenerfolg der vermeintlichen „New Economy" internationale Anerkennung und Wählerstimmen zu bekommen.

Sie alle – und auch wir – sind mitverantwortlich für das, was dem vorhersehbaren Crash nach dem Höchststand des Nemax am 10. März 2000 folgte. Der Nemax verlor bis zum 9. Oktober 2002 96 Prozent seines Wertes, was einer Summe von ca. 200 Milliarden Euro entspricht. Auf den Wertverlust folgte ein dramatischer

Vertrauensverlust. Und aus heutiger Sicht ist dieser für die zukünftige Wettbewerbskraft unseres Landes eine größere Hypothek als die damalige – in ihrer Konsequenz übertriebene – Wertkorrektur.

Die Öffentlichkeit setzte in Unkenntnis der wirklichen Gründe dieses Börsen-Desasters die „New Economy" mit Technologie und Digitalisierung gleich. Ab sofort waren neue Technologien suspekt. Die Akteure, die vorher den Neuen Markt gepusht und dort in den guten Tagen viel Geld verdient hatten, drehten sich über Nacht um 180 Grad. Technologie wurde verteufelt und mit Spekulantentum gleichgesetzt, und die am Neuen Markt gelisteten seriösen Technologiefirmen bekamen nach dessen Zusammenbruch durch das Treiben einzelner Scharlatane erhebliche Probleme.

In seinem großartigen Buch *The Big Short* hat Michael Lewis die Ursache für das Platzen einer ähnlichen Blase im Immobilienbereich gut acht Jahre später beschrieben. Fehler und spekulative Ursachen hat er dort klar herausgearbeitet. Als der Subprime-Hype (verbriefte Hypotheken) zu einem Ende kam, standen dramatische Wertverluste fest, die das weltweite Finanzsystem erschütterten. Der Immobilienbereich erfuhr eine radikale Wertkorrektur, aber im Unterschied zum Neuen Markt waren die Investoren bereit, trotzdem weiter in Immobilien zu investieren. Dagegen war der Finanzmarkt in Deutschland über lange Jahre für digitale Geschäftsmodelle nicht mehr existent, und darüber hinaus wurde der Markt für neue Ideen von Start-up-Gründern trockengelegt.

Statt eine fundierte Ursachenanalyse zu betreiben, suchte man die Schuld an diesem Desaster genau bei jenen Personen, die meist gar keine Verantwortung dafür trugen. Die Gründer echter Internet-Unternehmen waren ab diesem Zeitpunkt gesellschaftlich genauso suspekt wie später nach der *Lehman*-Pleite auf dem Höhepunkt der Finanzkrise 2008 der gesamte Berufsstand der Investmentbanker.

Stephan Schambach, der Gründer von *Intershop*, einem Unternehmen, das Standardlösungen für eCommerce entwickelte, wäre nach unserer festen Überzeugung heute einer der positiven Leuchttürme, die in Deutschland fehlen – hätte ihn nicht die öffentliche Verfolgung von digitalen Unternehmern, die dem Zusammenbruch des Neuen Marktes folgte, gezwungen, in die USA auszuwandern.

Fazit: Der Neue Markt war von seiner Zielsetzung her grundsätzlich sinnvoll. Deutschland war bis zum Crash des Neuen Marktes einer der Pioniere für digitale Geschäftsmodelle. Zumindest in Europa waren wir damals führend. Die Intention war gut, die Ausführung leider schlecht. Es ging viel zu schnell. Die Prozesse hätten besser reguliert werden müssen. Man stelle sich vor, wo Deutschland heute stehen würde, wenn man nicht nach dem Scheitern des Neuen Marktes rundweg alle Technologien verteufelt hätte. Die Entwicklung der Digitalisierung erfuhr dadurch hierzulande einen Setback, der schwerer wiegt als der nominelle Wertverlust des Neuen Marktes nach seinem Crash. In der Bundesrepublik stand man Digitalisierung und Internet-Geschäftsmodellen fortan skeptisch bis ablehnend gegenüber. Und an diesem Punkt begannen wir, den Anschluss zu verlieren. Denn leider erfolgte auch die Aufarbeitung dieses Desasters mit deutscher Gründlichkeit. Dabei schoss man „etwas" über das Ziel hinaus.

RÜCKWÄRTSGANG
ALS ZUKUNFTSKONZEPT

Der starke Kursverfall am Neuen Markt, der neben anderen Gründen auch teilweise auf kriminelle Machenschaften und grobe Fahrlässigkeit zurückzuführen war, führte zu der Entscheidung der Deutschen Börse, den Aktienbereich neu zu segmentieren und das Segment des Neuen Marktes aufzulösen. Der NEMAX 50 wurde am 5. Juni 2003 geschlossen und durch den TecDAX 30 ersetzt. Damit war ein Schlussstrich unter dieses unrühmliche Kapitel gezogen. Schade, denn möglicherweise hätte der NEMAX 50 heute eine internationale Vorzeigebörse sein können. Auch diese Entscheidung und Vorgehensweise der Deutschen Börse ist ein Paradebeispiel dafür, wohin kurzfristiges Denken führen kann.

Die „Aufarbeitung" des Desasters hatte zu diesem Zeitpunkt schon eingesetzt, und zwar konsequent: Es wurde aufgeräumt! Die Controlling-Abteilungen der großen Konzerne, Restrukturierungsexperten, Journalisten, Anwälte, Politiker, Analysten, Personalberater und Investoren krempelten die Ärmel hoch und machten sich auf die Jagd nach Schuldigen – und entdeckten gleich eine neue Geldquelle: die Abwicklung der New Economy.

Von den langfristigen Folgen dieser „Aufräum-Aktion" werden wir uns nur schwerlich erholen. Vielleicht auch gar nicht mehr. Und im schlimmsten Fall vielleicht auch gar nicht mehr.

Von der Justiz wurden jene verfolgt, die sich mit kriminellen Mitteln am Neuen Markt bereichert hatten. Es folgten Klagen im Zusammenhang mit *ComROAD* oder *Kinowelt*. Wie immer bei einer solchen Hexenjagd schürten die Medien die öffentliche Erregung durch Nennung von ein oder zwei Namen – und kanalisierten sie auf diese Art zugleich. Genau jene, die zuvor bejubelt wurden, wurden jetzt als „Haupttäter" an den Pranger gestellt.

Die Arbeit an dieser öffentlichen Front war schnell getan. Mit den Brüdern Thomas und Florian Haffa, den Gründern der *EM-TV AG*, wurde aufgrund der Bekanntheit ihres Unternehmens und der Höhe des unterstellten Schadens ein namhafter Fall öffentlichkeitswirksam vor Gericht gezerrt.

Am Fall der *EM-TV AG* wird deutlich, welche erstaunlichen Vorgänge sich am Neuen Markt abgespielt haben. Diese war ein normales Medienunternehmen mit Fokus auf dem Rechtehandel. Dessen Wurzeln lagen eigentlich nur im Merchandising, also dem Handel mit Promotion-Produkten. Ein Geschäftsmodell, das in seinem Kern nicht sehr „sophisticated" ist und für das man keine besonderen technischen Kenntnisse oder Fähigkeiten benötigt. Auf jeder mittelgroßen deutschen Kirmes oder bei Sportveranstaltungen kommt man mit solchen „Merchandisern" in Kontakt. *EM TV* war aber eben kein Technologieunternehmen und kein Unternehmen mit hohem organischem Wachstum, das bei seiner Börsenbewertung höhere Multiplikatoren gerechtfertigt hätte. Doch offensichtlich hatte sich niemand daran gestört. Man stelle sich vor, *Disney* hätte im Jahr 2000 seine Aktien an der NASDAQ listen lassen, um einen höheren Multiple mit der Begründung zu erreichen, es würde sich bei dem Geschäftsbetrieb um einen Technologiekonzern handeln!

Viel schneller und konsequenter als an der juristischen Front ging das Großreinemachen im Finanzbereich vonstatten. Die verantwortlichen Manager bei Banken und Kapitalinvestoren wurden entlassen. Unmittelbar mit dem Erreichen des Scheitelpunkts der

Börsenbewertung am Neuen Markt wurden die Bedingungen zur Aufnahme frischen Geldes durch einen IPO oder eine Kapitalerhöhung immer schwieriger. Ende 2002 bestand in dieser Hinsicht bereits kaum noch Handlungsspielraum.

Schon damals bedeutende Digitalkonzerne, die auch heute noch mit großem Erfolg operieren und im TechDax gelistet sind, erhielten über Nacht die Kreditkündigungen durch die *Deutsche Bank*. Mit Schrecken erinnern wir uns an diese Phase, die alle erkennen ließ, dass die Finanzierung so wichtig wie das Blut in den Adern ist.

Spätestens ab 2002 war es für digitale Start-ups unmöglich, in Deutschland neue Finanzierungen zu erhalten. Selbst gesunde Technologiefirmen hatten Schwierigkeiten, sich zu refinanzieren. Die New Economy war verbrannt und damit auch das Internet, die Investoren fühlten sich betrogen und wollten von der digitalen Welt und deren Wachstumspotenzial nichts mehr hören oder lesen. Die Aufräumtruppen hatten ganze Arbeit geleistet.

Die Geschäftsbanken kündigten bestehende Kreditlinien fast aller Internet-Unternehmen, die Venture Capital-Szene stand vor dem Aus und konnte selbst keine ausreichenden Anlagegelder mehr einwerben. Der große „Meltdown" hatte eingesetzt. Unsinnige Kostenpositionen in den Start-ups wurden notwendigerweise konsequent abgebaut. Leider wurden dabei aber häufig auch interessante Technologien oder Geschäftsansätze mit Potenzial gleich mit über Bord geworfen.

Die Politik begann eine gespenstische Debatte, die Technikfeindlichkeit schürte und alle, die im Dunstkreis des Internets tätig waren, als windige Akteure diskreditierte. Über Nacht wurden in den Managementetagen – und auf der politischen Bühne – die Krawatten wiederentdeckt und getragen. Sozusagen als öffentlicher Beleg, dass man verstanden hatte und wieder bodenständig sein wollte. Und konsequent wurden die dringend notwendigen Investitionen in die digitale Infrastruktur depriorisiert und eine Rolle rückwärts vollzogen.

Der Begriff der „Bodenständigkeit" erhielt in diesem Zeitraum eine besondere Bedeutung. Bei der Neubesetzung von Managementpositionen im Bereich Technologie, Medien, Kommunikation (TMT) schien es nicht mehr um die Qualifikation im digitalen Bereich und um Fähigkeiten für die drängende Transformation der Geschäftsmodelle zu gehen, sondern eher um die Frage, ob der Kandidat „bodenständig" sei, was immer das auch konkret bedeuten sollte. In einem Fall wurde von der PR-Abteilung eines Medienunternehmens kommuniziert, dass der neue Chef gern Currywurst esse. Dies galt als Beleg der Bodenständigkeit und damit der besonderen Qualifikation dieser Führungskraft.

Nach der Ablösung von Ron Sommer wurde bei der *Telekom* von staatlicher Seite mit Helmut Sihler, dem ehemaligen Manager eines Waschmittelkonzerns, ein etwas in die Jahre gekommener, asketisch wirkender und sich konservativ gebender Typus ausgewählt, der in jeder Hinsicht genau das Gegenteil des polyglotten Ron Sommer war. Ob der verdiente ehemalige Waschmittelmanager mehr von Digitalisierung, Netzwerken oder Bits und Bytes verstand als Ron Sommer ist zweifelhaft; dafür zitierte er gern an zumeist passender Stelle die griechischen Philosophen.

Zu Beginn des verlorenen Jahrzehnts beobachteten wir, dass in den großen deutschen Konzernen von selbst ernannten Sanierungsexperten und finster dreinschauenden Controllern die Kostenkeule flächendeckend bei allem eingesetzt wurde, was auch nur ansatzweise im Verdacht stand, einen Bezug zum Internet zu haben. Nicht selten bezogen diese „Restrukturierungsexperten" ihr Fachwissen aus eigenen Aktivitäten am Neuen Markt oder hatten selbst fragwürdige Geschäftsansätze verfolgt, um an das lockere Geld der Anleger zu kommen. Kurzum, sie traten mit der gleichen Kompetenz auf wie viele westliche Manager, die nach der Wiedervereinigung in ihren Konzernen aussortiert worden waren, um zur Treuhand delegiert zu werden.

Junge, talentierte und international hervorragend ausgebildete Nachwuchsmanager, die an Internetthemen gearbeitet hatten, mussten häufig über Nacht ihren Arbeitsplatz räumen. Sie wurden bisweilen behandelt, als hätten sie eine schwere Straftat begangen. Innerhalb von weniger als 18 Monaten verließ eine Heerschar großer Talente und Hoffnungsträger ihre Unternehmen und musste sich einen neuen Arbeitsplatz auf der internationalen Bühne suchen oder sogar wieder bei Beratern anheuern.

Einige fassten Fuß bei amerikanischen Internet-Unternehmen oder wurden zu international erfolgreichen Managern oder Start-up-Investoren. Als Beispiele können die Namen ehemaliger *Bertelsmann*-Mitarbeiter aus dem damaligen Internetbereich stehen, die zu Beginn des verlorenen Jahrzehnts den Konzern wegen plötzlich faktischer Perspektivlosigkeit im digitalen Bereich verließen oder verlassen mussten und danach in anderen Internetkonzernen oder als Venture Capitalisten eindrucksvolle Karrieren machten:

So zum Beispiel Oliver Schusser, heute bei *Apple* für das Inhaltegeschäft verantwortlich, mit einer Umsatzverantwortung, die größer ist als der weltweite *Bertelsmann*-Umsatz. Oder Philipp Schindler, der zum Chief Business Officer und Vorstandsmitglied bei *Google* aufstieg. Oder Klaus Hommels, der sich zu einem der erfolgreichsten Venture Capitalisten in Europa entwickeln konnte.

Es gibt allein im Umfeld von *Bertelsmann* mehr als 20 weitere Namen mit ähnlichem Potenzial, die damals den Arbeitgeber wechselten. So gesehen hat *Bertelsmann* in der digitalen Welt (ungewollt) internationale Entwicklungshilfe betrieben und stand wenig später als Folge dieser Vorgehensweise im Bereich des digitalen Human Capital da wie in dem Märchen *Des Kaisers neue Kleider* beschrieben: nackt. Und ebenfalls wie im Märchen wollte *Bertelsmann* – wie die meisten anderen deutschen Konzerne auch – diese Tatsache jahrelang nicht wahrhaben.

Andererseits waren in Deutschland eine Vielzahl unternehmerischer Talente „gezwungen", als Angestellte in Großunternehmen zu arbeiten, weil sie für ihre Innovationen keine Finanzierung mehr erhalten konnten. Der Start-up-Markt war in jeder Hinsicht trockengelegt worden. Eine Katastrophe auch in volkswirtschaftlicher Hinsicht, deren Auswirkungen erst heute in vollem Umfang sichtbar werden.

Fazit: Human Capital ist neben der Finanzierung das Herzblut einer jeden technologischen Entwicklung. Von dem massiven Abfluss dieser Talente erholte sich die deutsche Wirtschaft in den nachfolgenden Jahren nur schwer.

Das Phänomen der fehlenden Einsicht

Anstatt eine differenzierte Ursachenanalyse der Fehlentwicklungen des „Neuen Marktes" vorzunehmen, wurde von den hierfür Verantwortlichen alles abgeräumt, was bei drei nicht schnell genug auf den Bäumen war. Statt digitale Technologien zu entwickeln und damit auch die internationale Wettbewerbsfähigkeit zu sichern, investierten hiesige Top-Manager fortan wieder in altbewährte Geschäftsmodelle, obgleich diese erkennbar keine Wachstumsraten hatten. Für diese Heldentaten wurden sie dann in der Öffentlichkeit gefeiert.

Wir beobachteten staunend, wie beispielsweise ein deutscher Medienkonzern fast alle digitalen Geschäftsansätze planierte und stattdessen in die Konsolidierung des Druckereimarktes investierte. Die derzeitige Generation der Manager dieses Konzerns muss die Konsequenzen dieses Treibens ihrer Vorgänger ausbaden. Allerdings ohne auf das Verständnis derselben hoffen zu können, die mittlerweile zu ihren Aufsichtsräten berufen worden waren.

Hatten zuvor Spekulanten zunächst den Neuen Markt missbraucht, so wurde nach seinem Zusammenbruch auch aus Profilierungsgründen bei den notwendigen Korrekturen alles zerstört, was sich zwischenzeitlich an digitaler Infrastruktur und digitalem Unternehmertum neu entwickelt hatte.

An diesem Trend war leider die laute Begleitmusik der Medien nicht schuldlos, die zuerst die Entstehung des Neuen Marktes bejubelt hatten, um später dessen Entwicklung und die Tätigkeit seiner maßgeblichen Akteure zu skandalisieren und wiederum später die Aktionen der selbsternannten „Aufräumer" unkritisch zu begleiten.

Und in genau diesem Zeitraum setzte sich in anderen Ländern die Digitalisierung dynamisch fort. Diejenigen, die für diese beispiellose Rolle rückwärts die Verantwortung tragen und noch heute vereinzelt in Aufsichtsräten deutscher Konzerne sitzen, haben Schuld an dem Umstand, dass wir in der digitalen Welt den Anschluss verpasst haben.

Entgegen der landläufigen Meinung, um die Jahrtausendwende sei mit dem Internet „nur Geld verbrannt" worden, hatten sich zu Beginn des verlorenen Jahrzehnts beispielsweise alle Eckwerte der *Bertelsmann AG* durch Beteiligungen an Internet Start-ups und deren spätere Verkäufe signifikant verbessert. Der Verkauf dieser Internetgeschäfte in den Jahren 2000 bis 2002 spülte dem Konzern einen Gewinn von rund 8 Milliarden Euro in die Kasse. Das Eigenkapital, das zuvor über einen Zeitraum von 165 Jahren bis zum Jahr 2000 erwirtschaftet worden war, wurde durch den Verkauf der Internetbeteiligungen über Nacht von 1,6 Milliarden Euro auf 9,5 Milliarden versechsfacht.

DER GEGENENTWURF: WARUM WIR BEIM MONOPOLY GEGEN DAS SILICON VALLEY VERLIEREN MUSSTEN

Nicht nur am Neuen Markt kam es Anfang 2000 zu einer dramatischen Wertkorrektur, sondern eigentlich an allen bedeutenden Finanzmärkten weltweit. So auch an der NASDAQ, dem ehemaligen Vorbild des Neuen Marktes.

Nach dem Erreichen seines Höchststands am 10. März 2000 verlor er 77,8 Prozent bis zu seinem Tiefststand am 9. Oktober 2002. Dieser Tag war der Wendepunkt des gut 2,5 Jahre währenden Niedergangs der US-Technologiebörse. Ab Herbst 2002 ging der NASDAQ-Index in eine Wachstumsphase über. Erst 2008, nach dem Platzen der Immobilienblase, erfuhr der Index eine weitere Wertkorrektur und ist seitdem bis auf 9.949,37 Punkte am 17. Juni 2020 gewachsen.

Auch im Silicon Valley wurde es nach dem Platzen der „dotcom-Blase" für Internetfirmen schwierig, eine Finanzierung zu finden. Aber anders als in Deutschland waren, abseits des Börsengeschehens an der Ostküste, Investoren dennoch bereit, Geld in überzeugende digitale Geschäftsmodelle zu stecken. Risikokapital war weiterhin zu bekommen, wenn auch gegen höhere Renditen beziehungsweise höhere Verwässerung auf der Equity-Seite.

Zugleich machten die Internetfirmen im Silicon Valley ihre Hausaufgaben auf der Kostenseite. Kostenstrukturen wurden radikal gekappt – ähnlich entschlossen, wie man im Silicon Valley auf die Herausforderungen der Corona-Pandemie reagierte – und der Cashflow konsequent gemanagt. Aber zugleich wurden, anders als bei uns, die vorhandenen digitalen Geschäftsansätze weiterentwickelt.

Ein eindrucksvolles Beispiel für die damalige Haltung und Sichtweise im Silicon Valley und dessen Wachstums-Dynamik ist *Google*, das am 10. Juni 2020, 16 Jahre nach seinem IPO, einen höheren Börsenwert aufweist als die 20 größten Firmen Deutschlands zusammen.

Die erste Finanzierungsrunde in Höhe von 100.000 US-Dollar wurde im August 1998 durchgeführt. Am 7. Juni 1999 wurde eine zweite Finanzierungsrunde über 25 Millionen US-Dollar veröffentlicht, an der sich unter anderem *Kleiner Perkins Caufield & Byers* sowie *Sequoia Capital* beteiligten, die beiden damals führenden Venture Capitalisten im Silicon Valley.

Kleiner Perkins waren auch an *Amazon* beteiligt und hatten über den IPO von *AOL* und die bis dahin erfolgreiche Entwicklung des damaligen Internetgiganten bereits eine Menge Geld verdient. Frank Caufield war damals für einige Jahre ebenso wie Thomas Board Member von *AOL Inc.*

Der IPO von *Google* erfolgte im August 2004, zu einem Zeitpunkt, als in Deutschland die Digital Economy abgeräumt worden war. Seitdem hat sich das Unternehmen zu einem Technologiegiganten entwickelt und ist mächtiger, als es jemals ein deutscher Industriekonzern war. *Google* wurde zu einer Ikone für alles, was mit Zukunft und Vision zu tun hat; das Unternehmen stellt die besten Talente weltweit ein – und kann diese auch finanzieren. Die deutschen Medienunternehmen, die früher abfällig über diese Suchmaschine berichteten, sind heute von ihr abhängig. Und das weltweit – mit Ausnahme von China, wo der Staat ausländischen Unternehmen nur wenig Spielraum ließ.

Das Beispiel des 1997 gegründeten Internetportals *Lycos Europe* zeigt, dass es neben einer soliden Finanzierung auch auf Vision, Strategie, den Glauben an das Internet und Managementqualität ankommt. Das Unternehmen, das ursprünglich ein ähnliches Geschäftsmodell verfolgte wie *Google*, wurde am 21. März 2000 als Gemeinschaftsunternehmen von *Bertelsmann, Telefonica* und Chris Mohn, dem jüngsten Sohn von Reinhard Mohn und heutigen Aufsichtsratsvorsitzenden der *Bertelsmann AG*, an die Börse gebracht.

Wohl auch beflügelt durch das damalige Image der *Bertelsmann AG* im Internet-Bereich gelang es dem *Lycos*-Management noch kurz bevor der Neue Markt kollabierte, im Rahmen des IPO 743 Millionen

US-Dollar bei seinen Aktionären einzusammeln. Damit war *Lycos Europe* im Gegensatz zu *Google* im vergleichbaren Zeitraum eigentlich „überkapitalisiert". Doch während das Management von *Google* in den Jahren zwischen 1998 und 2004 trotz unzureichender finanzieller Möglichkeiten den Grundstein für seinen heutigen Erfolg legen konnte, wusste das *Lycos*-Management unter Chris Mohn nicht so recht, wie es all das viele Geld der Investoren, das ihnen über den IPO verbunden mit großen Hoffnungen auf Wertsteigerungen anvertraut worden war, unternehmerisch sinnvoll in Internetaktivitäten investieren sollte.

Hierfür war allerdings nicht so sehr Chris Mohn verantwortlich, sondern vielmehr das damalige *Bertelsmann*-Management. Chris Mohn hatte eine Vielzahl unternehmerischer Ideen zu digitalen Geschäftsansätzen entwickelt und versuchte zudem, *Lycos* europaweit auszurollen. Das *Bertelsmann*-Management hingegen machte auch vor *Lycos* und Chris Mohn nicht Halt in dem Bestreben, alles Digitale im Konzern ausmerzen zu müssen. Auf diese Weise wurde Chris Mohn unnötig beschädigt, ebenso wie das Entwicklungspotenzial von *Lycos*.

Lycos Europe wurde letztendlich im Jahr November 2008 abgewickelt und die vorhandene Liquidität in Höhe von 50 Millionen an seine Aktionäre ausgeschüttet. Ob *Lycos* ein „europäisches *Google*" hätte werden können, ist heute natürlich nicht mehr zu sagen. Die finanzielle Ausstattung hierfür war jedenfalls in größerem Umfang vorhanden als bei *Google* im vergleichbaren Zeitraum. Und Chris Mohn hätte unserer Einschätzung nach unter der Begleitung eines Konzerns oder eines Venture Capitalist mit digitaler Kompetenz *Lycos* zum Erfolg führen können – vielleicht ja auch außerhalb des Geschäftsfelds Suchmaschinen. Man stelle sich vor, *Lycos* hätte mithilfe seiner Liquidität ab 2006 zumindest eine Venture Capital-Plattform entwickelt oder ab 2004 im Silicon Valley investiert und sich beispielsweise an *Netflix* beteiligt.

Ähnliche Entwicklungen wie bei *Google* sind bei *Apple*, *Amazon* oder *Facebook* zu verzeichnen. In jenem Zeitraum, in dem bei uns Internetfirmen die Zukunftsberechtigung abgesprochen wurde, legten die US-Technologieriesen die Grundlage für ihre heutige Vormachtstellung.

Angesichts des heutigen Erfolgs der genannten Unternehmen kann man kaum glauben, was in der Vergangenheit in Deutschland über sie zu hören war: *Amazon* würde nicht mehr lange überleben, das sei alles „heiße Luft", PR-Getöse, nicht real, eine „Zirkusnummer"; die Firma werde nicht nach betriebswirtschaftlichen Gesichtspunkten geführt, sondern nur nach Marktanteilsstreben. Das sei nicht gesund und würde auf keinen Fall gut enden. Tatsächlich tat Jeff Bezos nichts anderes, als seine „Schlossallee" mit Hotels zu bebauen, um im Bild des Monopoly-Spiels zu bleiben, während seine deutschen Wettbewerber sich um den „Nordbahnhof" bemühten, also Druckereien kauften.

Der heutige Erfolg von *Amazon* straft all diese Kommentare Lügen. *Amazon* ist zumindest in der westlichen Welt im Bereich des eCommerce so etwas wie ein Monopolist. Das Unternehmen wächst weltweit und das kontinuierlich und organisch: durch Internationalisierung und die Einführung neuer Geschäftsmodelle auf der eigenen Plattform. *Amazon* kann in den nächsten Jahrzehnten eigentlich nur noch durch Maßnahmen der Regulierungsbehörden in seinem Wachstum begrenzt werden. Dies wurde selbst von Elon Musk Anfang Juni 2020 per Twitter gefordert.

Amazon betreibt heute zusammen mit *Apple* die führende Plattform im Internet insbesondere für die digitale Distribution von Medieninhalten. Zukünftig werden per Streaming nicht nur Filme aus Eigenproduktionen direkt an den Kunden vertrieben, sondern auch die Übertragungsrechte an Sportveranstaltungen wie zum Beispiel Bundesliga-Spiele. In dem Wettbewerb um den Einkauf der Übertragungsrechte können die traditionellen Bieter aus dem Medienbereich

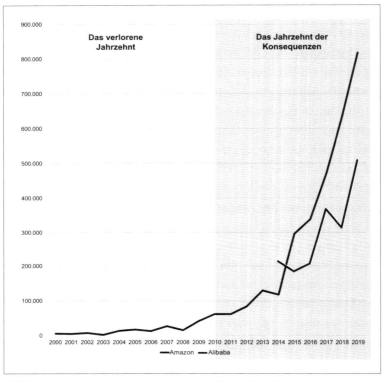

Abbildung 8: Kursentwicklung von *Amazon* und *Alibaba* über die letzten 20 Jahre.

mit der Finanzkraft von *Amazon* nicht mehr mithalten. Auch dieses Unternehmen vollzog die entscheidenden Wachstumsschübe in den Jahren, als man bei uns das Ende der Digital Economy feierte.

Ein simples Rechenbeispiel: Ein Investment von 1.000 US-Dollar beim *Amazon*-IPO ist heute ca. 1.400.000 US-Dollar wert. Diese Zahl belegt die Richtigkeit der Strategie des Unternehmens ebenso wie der des Silicon Valley nach dem Platzen der Technologieblase. Und sie steht als Mahnmal für die dramatischen Fehler und Versäumnisse, die hierzulande während des verlorenen Jahrzehnts gemacht wurden: Schlossallee versus Nordbahnhof. Das Monopoly-Spiel ist vorbei, und es wurde von der deutschen Elite – oder denen, die sich dafür hielten – verloren.

Die Entwicklung der Marktkapitalisierung von *Amazon* und *Alibaba* zeigt, wie rasant Erfolge in der digitalen Welt verbucht werden können, wenn man früh genug an das Potenzial der „Schlossallee" glaubt, statt nostalgisch am Nordbahnhof festzuhalten. Ähnlich wie im Fall *Facebook* vs. *Tencent* zeigt auch der Vergleich von *Amazon* und *Alibaba* beeindruckend auf, welches technologische Potenzial in China steckt.

Fazit: Während zu Beginn des verlorenen Jahrzehnts in Deutschland die Digitalisierung als Folge des Zusammenbruchs des Neuen Marktes weitestgehend eingestampft wurde, setzte sich im Silicon Valley trotz der dramatischen Wertkorrekturen der NASDAQ die Digitalisierung ungebrochen fort. Zwischen 2000 und 2010 haben wir diesen gesamten Trend komplett verpasst!

WIE SCHLECHT ES UM UNSERE DIGITALISIERUNG WIRKLICH STEHT

Während des Covid-19-Lockdowns wurden die Defizite im gesamten digitalen Bereich über Nacht deutlich: keine flächendeckende Netzabdeckung, unzureichende Serverkapazitäten, veraltete Hardware, insbesondere an den Schulen, fehlende Anwendungserfahrung etc. Die Situation an den deutschen Schulen während der Corona-Pandemie ist hierfür ein treffliches Beispiel.

Hochmotivierte Lehrer mit dem Ziel, die schwierige Zeit mit Online-Kursen zu überbrücken, trafen auf Schüler, die mit großer Offenheit und Bereitschaft interaktive digitale Medien im Rahmen des Schulunterrichts und der Hausaufgabenbearbeitung einsetzen wollten. Zwischen diesen beiden Gruppen stand allzu oft mangelhafte Technik, die die große Motivation auf beiden Seiten zu ersticken drohte.

Thomas' Patentochter arbeitet als Studiendirektorin an einer Berufsbildenden Schule. Sie berichtet, dass einige Schüler zu Hause nicht über einen funktionierenden Internetanschluss verfügen, die Server an der Schule kapazitativ nicht den gestiegenen Belastungen gewachsen sind, die Schule selbst nicht über WLAN verfügt und einige Lehrer Schwierigkeiten mit der Bedienung von PCs oder iPads haben.

Der Status quo der Digitalisierung in Deutschland ist im internationalen Vergleich in etwa vergleichbar mit einem Spiel der Fußballnationalmannschaft der Männer, bei dem Deutschland gegen einen Gegner wie Südkorea in der 80. Minute mit 0:4 zurückliegt. Nun ist es nicht so, dass ein solcher Rückstand nicht mehr aufgeholt werden könnte, zumal von der deutschen Nationalmannschaft. Aber jeder, der sich ein wenig mit Fußball auskennt, weiß: Diese Aufholjagd wird nicht einfach sein, dafür aber das Risiko beinhalten, sich in den letzten Spielminuten per Konter der flinken Südkoreaner noch weitere Gegentore einzufangen. Und alle Kenner eines solchen Spiels wissen: Es wird anstrengend werden, das Spiel noch zu drehen, sehr anstrengend sogar.

Um den Lesefluss des Buches nicht zu unterbrechen und den Leser nicht mit „trockenen" Statistiken zu quälen, haben wir diese in den Anhang des Buches verbannt (siehe Seite 301). Allerdings empfehlen wir eine ausführliche Lektüre auch dieses Teils, weil er die Ursachen und auch die Tragweite dessen beschreibt, warum und wie sehr wir bei der Digitalisierung zurückliegen. Die wesentlichen Kernaussagen hierzu und unser Fazit haben wir im Folgenden zusammengefasst.

VERLÄSSLICH IM ABSEITS – GERADE IM INTERNATIONALEN VERGLEICH

Der *Digital Economy and Society Index* (DESI)[12] ist eine Messgröße der Europäischen Kommission, der verschiedene Dimensionen der Digitalisierung in den EU-Mitgliedsstaaten misst. Diese Dimensionen sind: Connectivity, Human Capital, Use of Internet Services, Integration of Digital Technology und Digital Public Services.

Über alle Kategorien gesehen schneiden Finnland, Schweden und die Niederlande am besten ab; auf Platz 4 liegt Dänemark, Estland auf Platz 8, Belgien auf Platz 9 und Spanien auf Platz 11.

Falls sich jetzt jemand Sorgen machen sollte, Deutschland sei in dieser Studie vergessen worden, können wir ihn in dieser Hinsicht beruhigen – allerdings auch nur in dieser Hinsicht. Die Bundesrepublik, eine der führenden Wirtschaftsnationen der Welt, liegt bei diesen Kriterien, die ja als wichtige Grundlage für die zukünftige Wettbewerbskraft eines Landes nicht aus der Luft gegriffen sind, weit abgeschlagen auf Platz 12 – wohlgemerkt ist dies „nur" ein europäischer Vergleich.

Infrastruktur auf dem Abstellgleis

Die EU verfolgt das Ziel, dass alle Mitgliedsstaaten bis zum Jahr 2020 bestimmte Zielwerte bei der Verfügbarkeit von Breitbandinternet erreichen müssen. Im Report *Broadband Coverage in Europe*[13] wird der Fortschritt bei der Erreichung dieser Ziele gemessen. Bei der Verfügbarkeit von LTE liegt Deutschland gemeinsam mit Ländern wie Griechenland, der Slowakei oder Zypern unter dem EU-Schnitt von 90,8 Prozent.

Technikfeindlichkeit Made in Germany

Der Technikradar ist eine Studie der *acatech* (Deutsche Akademie der Technikwissenschaften) und der *Körber-Stiftung*, die untersucht, was die Deutschen über Technik denken.[14]

Nur 47 Prozent der Deutschen sehen laut dieser Studie ihr Land als technisch fortgeschritten. In Schweden (80 Prozent), den USA (70 Prozent), China (68 Prozent) und Indien (68 Prozent) können wir zu dieser Frage deutlich höhere Werte feststellen.

Ein Bollwerk der Veränderungsunwilligkeit

Das *Vodafone Institute for Society and Communications* hat im Jahr 2018 eine Studie mit 9.000 Befragten in neun Ländern durchgeführt, um zu analysieren, wie sich im internationalen Vergleich die Einstellungen zur Digitalisierung unterscheiden[15].

Deutschland ist in Europa das Land der „late adopters", also der Menschen, die technologischen Neuerungen eher skeptisch gegenüberstehen und sie nur zögernd nutzen. „Early adopters" sind Menschen, die sich aktiv mit dem Thema „Technologie" auseinandersetzen und sich informieren, neue Technologien normalerweise als Erste ausprobieren und anderen Konsumenten Ratschläge im technologischen Bereich geben. „Late adopters" fühlen sich von Technologie eher irritiert und verunsichert. Sie glauben nicht, dass neue Technologien ihr Leben verbessern, und verwenden technische Geräte normalerweise erst, wenn die meisten Menschen in ihrem Umfeld sie bereits benutzen. Die typische Haltung solcher „late adopters" ist: „Früher war alles besser."

Hierzulande sehen sich nur 30 Prozent der Befragten als „early adopters", demgegenüber aber 24 Prozent als „late adopters". Dieses Ergebnis repräsentiert das Bild vom „spießigen" deutschen Bürger, der über alle technologischen Neuerungen schimpft und diese als persönlichen Angriff versteht. Besonders positiv ist die Einstellung zur Digitalisierung insgesamt in Indien (89 Prozent) und China (83 Prozent).

Sind die Weltmächte China und USA uneinholbar?

Seit dem Beginn der Erhebung des *IMD World Digital Competitiveness Report* im Jahr 2015 stehen die USA auf den Spitzenplätzen des Rankings in den Kategorien „Digital" (Platz 1) und „Competitiveness" (Platz 3). Während Deutschland sich im Bereich „Digital" seit 2015 unverändert auf Platz 17 bewegt, hat es sich im Zeitraum von 2015 bis 2019 bei der „Competitiveness" von Platz 10 auf Platz 17 verschlechtert.

Dies ist allein schon im Verhältnis zu den USA eine durchaus beunruhigende Entwicklung. Bezieht man in dieses Bild China mit ein, verändert sich das Ergebnis nochmals zulasten von Deutschland. China verbesserte sich seit 2015 im Bereich „Digital" kontinuierlich vom Rang 33 auf Rang 22 – in Sichtweite zu Deutschland sozusagen – und zog in diesem Zeitraum bei der „Competitiveness" an Deutschland vorbei von Rang 22 (2015) auf Rang 14 (2019).

Die Geschwindigkeit der Entwicklung in China ist je nach Blickwinkel beeindruckend oder einigermaßen besorgniserregend. Wir haben uns bereits seit Anfang 2000 sehr intensiv mit chinesischen Internetfirmen beschäftigt und dort auch investiert. Damals lag das Land nach unserem Eindruck im internationalen Vergleich hinsichtlich Wettbewerbskraft und Digitalisierung noch weit abgeschlagen zurück. Es ist kaum vorstellbar, was es für uns bedeuten würde, wenn China dieses Entwicklungstempo auch in den vor uns liegenden 20 Jahren beibehalten könnte.

FAZIT: WIE TIEF SCHLÄFT DEUTSCHLAND WIRKLICH?

Zu vielen der oben angeführten Studien ließe sich einiges an kritischen Gedanken anmerken. Diese Anmerkungen beziehen sich auf die formalen, nicht die inhaltlichen Aspekte der Studien. Um allerdings klar zu machen, wie wir diese Methodenkritik an der Summe der von uns untersuchten Studien verstanden wissen möchten, greifen wir noch einmal auf unser Bild der Fußballnationalmannschaft zurück:

Diese Kritik ist so ähnlich, als würde man eine 0:6-Niederlage gegen Südkorea mit zwei weiteren Gegentoren in den letzten fünf Minuten der Spielzeit mit den schlechten Platzverhältnissen, einer falschen Stollenwahl, der ungewöhnlichen Schnelligkeit des Gegners und der tief stehenden Sonne zu begründen versuchen. Aber dennoch, wir wollen es zumindest versucht haben:

1. Offensichtlich hängt – wie so oft – das Ergebnis einer Studie nicht unwesentlich davon ab, wer der Auftraggeber ist. Es gilt auch hier der Satz, der Winston Churchill zugeschrieben wird: „Ich glaube keiner Statistik, die ich nicht selbst gefälscht habe."

2. Der Inhalt der einzelnen Studien entspricht nicht immer der Botschaft der mit ihrer Veröffentlichung verbundenen Pressemeldungen. Unserer Beobachtung nach wird häufig versucht, durch die Headline des Pressetextes zur Veröffentlichung von einem für Deutschland eher schwierigen Ergebnis der Studie abzulenken.

3. Der Zeitraum, in dem die einzelnen Studien erhoben wurden, hat verständlicherweise einen Einfluss auf die Aussagekraft ihrer Ergebnisse. Studien, die unmittelbar nach dem Zusammenbruch des Neuen Marktes in Auftrag gegeben wurden, kommen natürlich zu anderen Erkenntnissen als Studien zu einem früheren oder späteren Zeitpunkt. Ähnlich verhält es sich mit dem Einfluss des Reaktorunglücks in Fukushima auf die Ergebnisse von Studien zur Einstellung der Deutschen zur Technologie.

4. Die Interpretation der einzelnen Studien in den Medien ist davon abhängig, welches Medium bzw. welcher Journalist über sie berichtet.

5. Ausländische Medien, wie beispielsweise *Newsweek*, haben tendenziell eine kritischere Haltung zu einer „Technikfeindlichkeit" der Deutschen als die nationalen Medien.

Eigentlich müssten wir vor dem Hintergrund der niederschmetternden Ergebnisse aller Studien keine weitere inhaltliche Wertung vornehmen. Daher nur noch so viel für die Leser, die sich den statistischen Teil im Anhang ersparen wollen:

1. Die Einstellung zur Digitalisierung und das Verständnis ihrer Bedeutung ist in der deutschen Wirtschaft und Gesellschaft nach wie vor unterentwickelt (vielleicht wäre für diesen Sachverhalt auch der Terminus „unterirdisch" zutreffender).

2. Nicht in einer einzigen Studie zur Digitalisierung konnte Deutschland einen Spitzenplatz belegen. Zumeist rangieren wir im europäischen Vergleich auf den unteren Tabellenplätzen. Wäre die deutsche Nationalmannschaft mit einem solchen Ergebnis bereits in der Vorrunde zur Europameisterschaft ausgeschieden – und genau das wären wir nach den Resultaten dieser vergleichenden Studien, bei denen wir innerhalb Europas zum Teil nur auf Platz 12 landen konnten (!) –, wäre der für Sport zuständige Minister zurückgetreten, noch bevor das Team in Frankfurt gelandet wäre. Mithilfe einer nationalen Initiative wäre sichergestellt worden, dass sich Deutschland bei der nächsten Qualifikationsrunde wieder durchsetzt.

3. Wir Deutschen scheinen ein seltsames Volk zu sein: Zwar betonen wir die Bedeutung digitaler Technologien, aber einsetzen wollen wir sie nicht. Wir wollen nicht ausreichend in sie investieren, und anwenden wollen wir sie eher später als früher.

WER HEUTE WIRKLICH VORREITER IST

22. November 2019, 1:00 p. m., Peking

Wir treffen unseren Gesprächspartner in einem angesagten Pekinger Business Club in der 42. Etage eines Hochhauses. Lässig sitzt er uns in einem Lounge-Sessel gegenüber. Das freundliche Lächeln in seinem Gesicht passt zu seiner entspannten Körperhaltung ebenso wie zu seiner lässigen Kleidung.

Vincent Pang, unser gut aufgelegter Gesprächspartner, ist niemand Geringeres als der Europa-Chef und Director des Boards von *Huawei*. Wohl auch deshalb liegt unser Treffpunkt nur wenige Straßenzüge vom *Huawei*-Forschungszentrum entfernt. Vincent ist sehr beschäftigt in diesen Wochen. Anmerken lässt er sich dies aber nicht.

Zunächst erklärt er uns lächelnd, dass er fast zehn Jahre lang für *Huawei* in Deutschland tätig war. Er hatte seinen Dienst- und Wohnsitz in Düsseldorf und besitzt bis heute dort ein Haus, in dem er gelegentlich mit seiner Familie einige Urlaubstage verbringt.

Dieser Manager passt von seiner Erscheinung her ganz und gar nicht zu dem Image dieses führenden chinesischen Technologiekonzerns. *Huawei* wurde im Jahr 1987 gegründet und zählt heute mit einem Umsatz von 110,5 Milliarden Euro zu den führenden Technologiekonzernen der Welt. Die US-Administration beschuldigt den Konzern, er würde seine Software für moderne

Telekommunikationsnetze wie zum Beispiel 5G systematisch für Spionagezwecke missbrauchen. In Deutschland erleben wir seit Monaten eine nicht enden wollende, gespenstisch anmutende Debatte darüber, ob *Huawei* bei der Aufrüstung der deutschen Telekommunikationsnetze auf 5G-Technologie berücksichtigt werden dürfe. Es wird dabei – von interessierter Seite? – das Bild eines dunklen Schattenkonzerns gezeichnet, dem man nun wirklich in keinerlei Hinsicht trauen kann; wie China generell sowieso nicht.

Unser heutiger Gesprächspartner ist also nicht mehr und nicht weniger als die zweitwichtigste Führungskraft eines Konzerns, von dem wir nicht viel mehr wissen, als dass man sich vor ihm vor allen Dingen fürchten muss. Sosehr wir uns auch anstrengen, dieses Gefühl kann uns unser Gesprächspartner nicht vermitteln.

Stattdessen erzählt er uns nach einer herzlichen Begrüßung, dass Liz Mohn plane, Anfang nächsten Jahres das *Huawei*-Forschungszentrum zu besuchen. „Ihre *Bertelsmann*-Manager dürfen sie begleiten." Er lächelt bei diesen Sätzen, und wir wissen nicht, ob es der Tatsache geschuldet ist, dass Liz Mohn *Huawei* besuchen will, während deutsche Politiker eine endlos scheinende Debatte darüber führen, ob *Huawei* in Deutschland ein Bein auf den Boden bekommen darf. Oder findet er den Gedanken unterhaltsam, dass Liz Mohn mit ihren Führungskräften im Gepäck das Forschungszentrum von *Huawei* fachmännisch inspiziert und begutachtet?

Wir erklären Vincent, dass wir uns gut vorstellen könnten, ihn als Redner zu Connys jährlichem „Unternehmertag" an den Tegernsee einzuladen, der dort im März 2020 zum 14. Mal stattfinden soll (Corona-bedingt musste er zwischenzeitlich leider auf März 2021 verschoben werden). Dort könne er, so bieten wir unserem Gesprächspartner an, die Sicht von *Huawei* in Sachen 5G-Netz in Deutschland darlegen und sich hierzu mit Richard Grenell, dem US Botschafter in Deutschland, austauschen, der seine Teilnahme bei dieser Veranstaltung zugesagt hat.

Vincent nickt uns freundlich zu. Er schlägt die Beine übereinander, während er uns wissen lässt, dass er in 45 Minuten in Richtung Flughafen aufbrechen müsse. Er habe Vortragsverpflichtungen in Vancouver, werde aber am Sonntag wieder zurück in Peking sein. Dann blickt er uns sehr konzentriert an.

„Es steht doch außer Frage, dass in den nächsten Jahren ein Kopf-an-Kopf-Rennen zwischen China und den USA um den Platz der führenden Wirtschaftsnation der Welt stattfinden wird. Nur so viel ist hierzu heute klar: Das Rennen ist offen und Europa spielt dabei keine Rolle mehr. Deutschland und Frankreich werden in diesem Zeitraum hoffentlich klug genug sein, um sich nicht frühzeitig auf eine Partei festzulegen. Also werden sie mal einen Schritt in Richtung USA tun und ein anderes Mal in Richtung China. Beide Länder, Deutschland und Frankreich, haben – aufgrund ihres relativen Gewichts innerhalb von Europa – zudem die Möglichkeit, einige grundlegende Themen zu bewegen."

Er macht eine kurze Pause. „Also wirklich, wir vertrauen auf den Vorsprung unserer Technologie. *Huawei* braucht keine Unterstützung. Und was die PR und den Lobbyismus anbetrifft, da sind wir gut aufgestellt."

Nachdem all unsere Gesprächsthemen behandelt sind, begleitet er uns bis zum Aufzug. Ein Händedruck, dann winkt er uns noch freundlich zu, bis sich die Aufzugtüren geschlossen haben.

Wir schauen uns nachdenklich an. Nichts wies in diesem Gespräch darauf hin, dass dieser chinesische Technologiekonzern als Bittsteller auftreten muss. Und noch etwas beschäftigt uns, während der Aufzug nach unten rauscht: Früher wurde Hochtechnologie, wie es 5G ohne Frage ist, von deutschen Ingenieuren und Konzernen wie der *Siemens AG* nach China und in die Welt exportiert. Heute scheinen wir in dieser Frage auf das Know-how eines chinesischen Konzerns angewiesen zu sein, in anderen Worten und klarer formuliert: abhängig zu sein.

Als der Aufzug seinen langen Fall beendet und sich die Türen öffnen, fühlen wir uns, als seien wir im wahrsten Sinne des Wortes „auf dem Boden der Tatsachen angekommen".

WIE INNOVATION RICHTIG GEFÖRDERT WIRD: DAS BEISPIEL DER USA

In den USA wird die Entwicklung und Durchsetzung von Innovationen durch eine dezentral organisierte Forschungsförderung des Staates unterstützt. Diese erfolgt beispielsweise durch eine gezielte Lancierung von Kooperationen zwischen Forschungseinrichtungen an den Universitäten und im Bereich des US-Militärs.

Diese Form der Kooperation besitzt in den USA eine relativ lange Historie. Nach dem Zweiten Weltkrieg wurde die *National Science Foundation* (NSF) gegründet, eine Behörde, die sich auf Forschungsarbeiten in den Bereichen Naturwissenschaften, Informatik und Mathematik fokussiert. 2018 betrug ihr Budget 7,8 Milliarden US-Dollar. Zahlreiche Innovationen und innovative Unternehmen wurden mit Mitteln der NSF unterstützt. Hierzu zählen *Google*, die Entwicklung des iPhone oder die Forschungs- und Entwicklungsarbeiten im Bereich 3D-Drucker.

Diese Beispiele zeigen, wie weitgehend die Bereiche „Forschung, Entwicklung und Innovation" in den USA institutionalisiert wurden und welchen Stellenwert die Förderung von Innovationen für die amerikanische Administration und für das amerikanische BIP besitzt.

Darüber hinaus hat in den USA – wenig überraschend – bei der Förderung von Innovationen die Sicherstellung des Zugangs zu Risikokapital eine ungleich höhere Priorität, als dies in Deutschland tatsächlich der Fall ist. So sind die Start-up-Investmentvolumen pro Kopf in den USA etwa fünfmal so hoch wie in Deutschland (USA

282,1 US-Dollar pro Kopf, UK 129,2 US-Dollar pro Kopf, Deutschland 58 US-Dollar pro Kopf).[16] Im Unterschied zu den rechtlichen Bedingungen in Deutschland können US-Pensionsfonds seit den 1970er-Jahren in Wagniskapital investieren. Nicht weiter verwunderlich ist vor diesem Hintergrund, dass die USA heute Weltmarktführer im Bereich des Venture Capitals sind, neuerdings gefolgt von China.

Im gleichen Zeitraum wurde die Kapitalertragssteuer gesenkt. Auf diesem Wege wollte die US-Administration zusammen mit dem „Small Business Investment Act" Anreize für Investitionen in innovative Start-ups legen. Als Ergebnis dieser systematischen Vorgehensweise spielt die US-Regierung im Bereich der Innovation auf drei Ebenen eine zentrale Rolle. Erstens als Nachfrager innovativer Produkte vor allen Dingen im militärischen Bereich. Zweitens als Investor, und drittens unterstützt sie zusätzlich durch reduzierte Steuersätze innovative Unternehmen dabei, Eigenkapital zu bilden.

Vor diesem Hintergrund ist es wenig überraschend, dass Thomas während seiner Zeit im Board von *AOL Inc.* dort auf den ehemaligen Nato-Generalsekretär General Alexander Haig jr. ebenso traf wie auf General Colin Powell, der ebenfalls den hohen Posten des Nato-Generalsekretärs innehatte und als späterer Außenminister der USA für den Irakkrieg mitverantwortlich war. Neben diesen beiden Top-Militärs waren mit Jim Kimsey, dem späteren US-Botschafter in Vietnam, und Frank Caufield noch zwei weitere ehemalige Absolventen der Elite-Militärakademie „Westpoint" als Boardmitglieder bei *AOL* tätig.

Wir können uns nur schwerlich vorstellen, dass in einem deutschen Start-up zeitgleich zwei ehemalige Nato-Generalsekretäre und zwei weitere ehemalige Absolventen einer Bundeswehruniversität tätig sind.

Als logische Folge sind die USA weltweit führend in allen wichtigen Innovationsrankings und -indizes. Im Jahr 2017 wurden 511

Milliarden US-Dollar in Forschung investiert – mehr als in jedem anderen Land der Welt.

Als förderlich für Innovation scheint sich auch die Offenheit und Attraktivität der USA zumindest vor Trump für ausländische Talente (Einwanderer) auszuzahlen. So gesehen ist es kein Zufall, dass von den 91 amerikanischen Start-ups, die als Unicorns mit mehr als einer Milliarde Dollar bewertet wurden, mehr als die Hälfte von „US-Einwanderern" gegründet wurden. In Deutschland ist es hingegen fast unmöglich, beispielsweise für einen hoch qualifizierten Praktikanten, der einer erfolgreichen Unternehmerfamilie aus Malaysia entstammt, eine Arbeitsgenehmigung zu erhalten.

Dabei wirken sich noch zwei weitere Faktoren positiv auf die Innovationen in den USA aus: die vergleichsweise einfache Möglichkeit der Unternehmensgründung einerseits und die eher geringe staatliche Regulierung von Hochschulen andererseits. Dadurch sind Universitäten in der Lage, vielfältige Kooperationen mit Unternehmen eingehen zu können und Forschungscluster mit Inkubatoren oder Forschungsparks zu bilden, wie dies beispielsweise im Silicon Valley praktiziert wird. Im Ergebnis führt dies dazu, dass amerikanische Universitäten die ersten sechs Plätze des weltweiten Rankings der innovativsten Hochschulen belegen.

Fazit: Verglichen mit der Situation in unserem Land ist die Verfügbarkeit von Venture Capital in den USA auch heute noch unverändert deutlich besser, wie dies auch bereits in den zurückliegenden 20 Jahren der Fall war. Die Verzahnung von Universitäten, staatlichen Bereichen und einer gezielten Steuerpolitik schaffen in den USA ideale Voraussetzungen für Gründer im Tech-Bereich.

China hat in den letzten Jahren wichtige Weichenstellungen vornehmen können, indem in Teilen das amerikanische Modell kopiert wurde. Die positiven Auswirkungen dieser Maßnahmen sind heute deutlich sichtbar. In Deutschland mangelt es an einem geschlossenen

Modell, wie man es in der USA bereits über lange Jahre mit großem Erfolg praktiziert.

Als ein praktisches Beispiel für das Potenzial, das in dieser Hinsicht auch an deutschen Universitäten verfügbar sein könnte, mag die folgende Schilderung geeignet sein: Im Sommer 2015 investierte Conny in das Start-up *Fayteq*, ein Spin-off der Universität Ilmenau. Dieses junge Unternehmen hatte sich auf Basis von Forschungsergebnissen auf Ansätze im Bereich der Augmented Reality konzentriert. Die Wissenschaftler kamen in Diskussionen mit Conny zu dem Ergebnis, dass sie zwingend externe Hilfe und Kapital benötigen, um ihre Technologie in ein marktfähiges Stadium zu versetzen. Ende 2017 wurde *Fayteq* von *Facebook* übernommen.

Auch vor diesem Hintergrund sind wir fest davon überzeugt, dass enorme Technologieschätze unentdeckt an unseren Universitäten und Forschungseinrichtungen schlummern. Die Wahrscheinlichkeit ist hoch, dass sie niemals in die praktische Anwendung überführt werden. Spitzeninstitute wie das *Fraunhofer* oder *Max-Planck-Institut* betreiben eine erstklassige Forschungsarbeit. Obwohl wirtschaftlicher Bedarf für solche Forschungsprodukte besteht, mangelt es offensichtlich in Deutschland an der Fähigkeit, Forschung und Praxis zu vereinen. Wir sind fest davon überzeugt, dass an unseren Universitäten statt in einen theoretisch-wissenschaftlichen Ansatz der Grundlagenforschung stärker in Richtung anwendungsbezogener Forschungsarbeit investiert werden sollte. Wir müssen den Weg fort von der Forschung im Elfenbeinturm und hin zu einem bedarfsbezogenen Forschungsansatz finden. Forschung darf kein Selbstzweck sein!

WAS WIR LERNEN MÜSSEN: „DINGE KÖNNEN GLEICHZEITIG BESSER UND SCHLECHT SEIN."

Unabhängig hiervon tendieren Deutsche zu einer relativ negativen Haltung der Zukunft gegenüber. Die Vergangenheit wird häufig verklärt und die zukünftige Entwicklung skeptisch gesehen. Aber auch wenn die Vergangenheit häufig als zu positiv eingeschätzt wird, sucht man in Deutschland gleichzeitig nach einem Referenzwert in der Vergangenheit, der die Skepsis der Zukunft gegenüber begründen soll. Im Fall der Einstellung der Deutschen gegenüber der Digitalisierung kann man diese Haltung in einem Satz zusammenfassen: „Weil der Neue Markt in der Vergangenheit zusammengebrochen ist, wird die Digitalisierung auch in der Zukunft nur eine überschätzte Idee einiger weniger Spekulanten bleiben."

Auch mit diesem Phänomen haben wir es nach wie vor in Deutschland zu tun, wenn man sich sachlich zum Status der Digitalisierung austauschen will. Es gibt leider oft nur eine zeitpunktbezogene und rückwärtsgerichtete Betrachtungsweise und viel zu häufig nur ein „Schwarz und Weiß".

In seinem Weltbestseller *Factfulness*[17] geht Hans Rosling genau auf diesen Aspekt ein. Um mit dem Trend zum Negativen besser umgehen zu können, empfiehlt er zwischen einem Niveau (zum Beispiel schlecht) und der Richtung einer Entwicklung (zum Beispiel Verbesserung) zu unterscheiden. Rosling fordert uns zu einer differenzierten und reflektierten Haltung und Sichtweise auf. Er fordert, dass wir uns klarmachen, dass Dinge gleichzeitig besser und schlecht sein können.

Alle Beteiligten haben aus den extremen Entwicklungen der Märkte in den Zeiten des Neuen Marktes, aus dessen Zusammenbruch und aus dem nachfolgenden mindestens genauso extremen Kehraus ihre Lehren gezogen. Dennoch müssen wir uns heute bewusst machen, dass wir möglicherweise vor einem Zeitabschnitt stehen, in dem wir schon bald vergleichbare Entwicklungen feststellen können wie ab Mitte der 90er-Jahre bis Anfang 2000.

Die Digitalisierung ist zwischenzeitlich weltweit deutlich weiter vorangeschritten als im Zeitabschnitt 1995 bis 2000. Dies gilt ebenso für die Globalisierung. Beide Faktoren führen dazu, dass die Ausschläge als Folge der Digitalisierung möglicherweise noch größer, die weltweiten Übernahmen und Merger im Bereich von Internet und Digitalisierung noch spektakulärer werden und wir möglicherweise einen noch fundamentaleren Umbruch in bestimmten Branchen, etwa der Automobilindustrie, in Richtung Digitalisierung und E-Mobilität, feststellen können als zwischen Mitte und Ende der 90er-Jahre. Diesmal allerdings nicht auf Basis einer gierigen Spekulation, sondern auf Basis real existierender, technologiegetriebener Geschäftsmodelle.

DER EXPORTWELTMEISTER KURZ VOR DER ABLÖSUNG

Bei keiner der neueren Studien befindet sich Deutschland auf einem Spitzenplatz, was die positive Einstellung zur Digitalisierung oder die Qualität der verfügbaren digitalen Infrastruktur betrifft. Die Ergebnisse der Erhebungen aus den Jahren 2018 bis heute zeigen ein nahezu unverändertes Bild, auch im Vergleich zu den Ergebnissen der Studien aus den Jahren um 2000. Damals wie heute rangiert Deutschland bei der Digitalisierung im internationalen Vergleich im Mittelfeld – allenfalls.

Dies ist aus unserer Sicht ein beunruhigender Fakt, zumindest in einer mittel- und langfristigen Betrachtung. Trotz aller Bemühungen über einen Zeitraum von 20 Jahren hat sich die deutsche Position in der digitalen Welt nicht verbessert, sondern eher verschlechtert, jedenfalls relativ gesehen zu den anderen führenden Wirtschaftsnationen.

Was ist unser gesellschaftliches Problem im Hinblick auf unsere Einstellung den digitalen Technologien gegenüber? Wie ist der Zusammenhang zwischen unserem Status als „Exportweltmeister" und einer überraschenden Technikfeindlichkeit der deutschen Bevölkerung? Was müssen wir tun, um die mit der Altersstruktur verbundenen Probleme in den Griff zu bekommen?

Zwar gibt es Veröffentlichungen, die argumentieren, wir Deutschen könnten gar nicht technikfeindlich sein, weil der Export boome. In diesem Zusammenhang wird gern betont, Deutschland sei seit einigen Jahren Exportweltmeister, und der deutsche Mittelstand sei in zahlreichen Nischen weltweit marktführend tätig.

Diese Aussagen sind richtig, nur ist die Schlussfolgerung („Weil Deutschland Exportweltmeister ist, muss das Land und seine Gesellschaft technikfreundlich sein.") eine unzulässige Verkettung zweier voneinander unabhängiger Variablen.

Seit dem Jahr 1952 erwirtschaftet Deutschland in großer und beeindruckender Konstanz Exportüberschüsse, was heißt, dass mehr Waren und Dienstleistungen exportiert als importiert werden. Deutschland ist der drittgrößte Warenimporteur und -exporteur, jeweils hinter den USA und China. Deutschlands Anteil am Welthandel (gemessen in US-Dollar) beträgt 7,2 Prozent, der US-Anteil 10,9 Prozent und China erreicht 11,8 Prozent. Rund 28 Prozent der Arbeitskräfte in Deutschland hängen direkt oder indirekt vom Export ab. Im Verarbeitenden Gewerbe sind es sogar 56 Prozent. Der Offenheitsgrad (Importe plus Exporte in Relation zum BIP) beträgt in Deutschland 87,2 Prozent. Im Durchschnitt aller EU-Staaten beträgt dieser Wert 88,9 Prozent.

Für unsere Betrachtung scheinen im Hinblick auf unsere Exportabhängigkeit allerdings andere Feststellungen Relevanz zu haben. Wenn wir in keiner der neueren Studien einen Spitzenplatz einnehmen, was die Einstellung zur Digitalisierung betrifft, und in allen relevanten Studien zur Verfügbarkeit der digitalen Infrastruktur viele europäische Länder vor uns liegen – beides trifft im Verhältnis Deutschlands zu China und den USA noch deutlicher zu –, dann bedeutet dies doch vor allen Dingen eins: die Gefahr, dass wir uns in absehbarer Zeit im Blick auf unsere internationale Wettbewerbskraft nur noch im Mittelmaß bewegen könnten.

Fazit: Was wir im Export aktuell erleben, sind die letzten Höhepunkte einer starken Vergangenheit. Die Weichen für die digitale Zukunft wurden international jedoch in den letzten 20 Jahren gestellt. Und die negativen Folgen unseres „Tiefschlafs" während dieser entscheidenden Zeit werden sich in den 2020er- und 30er-Jahren deutlich zeigen – leider negativ.

Exporterfolg mit „alten" Produkten

Die heute exportstarken Produkte aus Deutschland entstammen vornehmlich der Automobilindustrie einschließlich ihrer Zulieferindustrie und umfassen Produkte beziehungsweise Services aus dem Bereich Automatisierung. Diese Produkte befinden sich in ihrem Lebenszyklus überwiegend in der Reifephase.

Es kann sein, dass sich die Nachfrage nach diesen Produkten über Jahrzehnte auf einem relativ stabilen Niveau bewegen wird. Es kann sein, dass wir in diesen Nischen unsere Wettbewerbskraft verteidigen können. Es kann aber auch sein, dass die Nachfrage rückläufig ist. Und es kann auch nicht ausgeschlossen werden, dass diese Produkte von chinesischen Wettbewerbern kopiert und dann kostengünstiger hergestellt werden. Man denke in diesem Zusammenhang an den verstärkten Einsatz von 3D-Druckern. Auf jeden Fall aber werden wir auf dieser Basis zukünftig keine großen Wachstumsimpulse aus dem Export für unsere Volkswirtschaft erwarten dürfen.

Zudem sollten wir nicht vergessen: Deutschlands jetziger Spitzenplatz als Exportweltmeister beruht vor allen Dingen auf der Herstellung von Produkten, die der „dritten Phase der industriellen Revolution" entstammen. Dies sind vor allen Dingen Produkte, die den Bereichen „Rationalisierung" und „Automatisierung" zuzuordnen sind. Die dritte Phase der industriellen Revolution endete nach übereinstimmendem Verständnis Ende des 20. Jahrhunderts.

Dagegen sind Produkte der Digitalisierung der vierten Phase der Industrialisierung zuzuordnen. Diese Phase wird nach der Meinung zahlreicher Experten große Auswirkungen auf die Produktions- und Arbeitswelt im globalen Zeitalter haben.

IT und Fertigungstechniken verschmelzen in den Fabriken der Zukunft. Durch die digitale Vernetzung können Maschinen aufeinander abgestimmt, Zeit und Ressourcen eingespart und individuelle Produkte auch in geringen Stückzahlen wirtschaftlich produziert werden. Bei der Forschung und Entwicklung hierzu belegt Deutschland aber keinen Spitzenplatz; Know-how und Ausbildung der Facharbeiter bewegen sich in diesem Bereich auf unterdurchschnittlichem europäischem Niveau, und auch die entsprechenden Produkte und Services belegen keine Spitzenplätze in der Exportstatistik.

Das Know-how im Hinblick auf Produkte und Dienstleistungen der Robotertechnik ist bei Anbietern aus China und Japan vergleichsweise weit entwickelt. Chinesische Produzenten kaufen sich fehlende Expertise gezielt zu, wie etwa bei der Übernahme des deutschen Roboterherstellers *Kuka* durch das chinesische Unternehmen *Midea-Group* geschehen. Und im Bereich Artificial Intelligence sind chinesische Forscher ohnehin inzwischen weltweit führend.

Darüber hinaus muss bei der Analyse von Exportstatistiken der direkte Einfluss der Automobilindustrie als – möglicherweise einmaliger – Sonderfaktor berücksichtigt werden. Ebenso auch deren indirekter Einfluss auf die Exportstatistik über die Zulieferindustrie, die sie in ihrem Kielwasser weltweit begleitet, auch nach China.

Der Export der deutschen Automobilindustrie nach China ist langfristig betrachtet kein nachhaltiges Geschäftsmodell, ähnlich wie die ostdeutsche Nachfrage nach Westprodukten unmittelbar nach der deutschen Wiedervereinigung. Für uns steht außer Frage, dass die chinesische Führung alle Anstrengungen unternehmen wird, um eine leistungsstarke und wettbewerbsfähige eigene Automobilproduktion zu entwickeln. Wer sich hierzu einen Eindruck verschaffen will, sollte die Autos der chinesischen Marke *Polestar* Probe fahren! Zum Aufbau der Automobilproduktion wird die chinesische Regierung nach unserer Einschätzung zur Not auch nicht vor regulativen („nur alle fünf Jahre ein Importauto pro Kopf") und protektionistischen Maßnahmen („Schutzzölle auf Automobile") zurückschrecken.

Die Beantwortung der Frage nach der Einstellung der Deutschen gegenüber digitalen Technologien hat also wirklich nichts mit unseren Exportstatistiken zu tun – außer, dass sich mit ihnen möglicherweise ein gewisser Stolz auf das eigene Land verbindet, den wir auch teilen.

Der wesentliche Grund für unsere Exportstärke liegt vielmehr in der Flexibilität und Schnelligkeit der mittelständischen Unternehmer. In der Bereitschaft unserer Mittelständler, sich in Nischen zu bewegen, die zurzeit für asiatische Massenhersteller zu klein und zu spezialisiert sind und damit zu wenig attraktiv. Ob und wie lange dies in der Zukunft so bleibt, ist allerdings eine aus unserer Sicht offene Frage, die man nicht seriös beantworten kann.

Fazit: Auf jeden Fall liegt in der Entwicklung von Spezialanwendungen erkennbar ein Ansatzpunkt für unternehmerische Chancen auch in der digitalen Welt: Die Entwicklung spezialisierter Lösungen für Nischenanwendungen könnte zum zukünftigen Betätigungsfeld des deutschen Mittelstands werden.

SIND UNSERE AUSBILDUNG UND UNSERE INNERE HALTUNG ZEITGEMÄSS?

In der Vergangenheit hat unser Duales Ausbildungssystem gezeigt, dass es auch im internationalen Vergleich anderen Ländern überlegen ist. Viele Länder haben uns über Jahrzehnte darum beneidet und versucht, dieses System der Kooperation zwischen Ausbildung, Schule und Wirtschaft zu kopieren. Dieses Modell zur Entwicklung hoch qualifizierter Facharbeiter war ohne Frage für die dritte Phase der industriellen Revolution von ganz entscheidender Bedeutung für die Wettbewerbskraft der mittelständischen Wirtschaft und das strahlende Image des „Made in Germany". Leider hat es aber bislang noch keine ausreichende Ausdehnung in den digitalen Bereich gefunden, wenn wir die Ergebnisse der vorliegenden Studien richtig verstehen.

Heute, in der vierten Phase der industriellen Revolution, sollte neben dem Dualen System – zumindest zusätzlich – eine weitere Kooperation hinzukommen: die enge Verzahnung universitärer Ausbildung im Bereich Forschung und Lehre mit der Schaffung von Plattformen für Unternehmensgründungen (Inkubatoren) einschließlich der Bereitstellung von Finanzierungsmodellen und Know-how. Unsere feste Überzeugung ist, dass dies ein entscheidender Schritt für die zukünftige internationale Wettbewerbsfähigkeit unseres Landes sein wird!

Alle verfügbaren Daten zeigen allerdings, dass auf diesem Zukunftsfeld amerikanische und chinesische Universitäten deutlich weiter entwickelt sind als ihre deutschen Pendants. Beispiele für ein perfektes Zusammenspiel zwischen Universität, Lehre, Venture Capital und Studenten sind die Universitäten Cornell (USA), Tsinghua (China), Technion (Israel) und die privaten Universitäten des *Neusoft*-Konzerns, dem führenden IT-Dienstleister in China.

An der Cornell-Universität in New York ist die erfolgreiche Gründung eines Start-ups eine notwendige Voraussetzung für die

Erlangung eines Master-Abschlusses. Bislang ist uns ein vergleichbarer Ansatz in Deutschland nicht bekannt.

Wenn wir Deutschen in keiner Studie zur Technologiefreundlichkeit einen Spitzenplatz aufweisen, den man bei unserer Exportkraft aber eigentlich erwarten müsste, stellt sich die Frage, auf welche Gründe dies zurückgeführt werden muss.

Bezogen auf unser Bildungssystem und die Sozialisierung an den Schulen gilt bis heute: Wir Deutschen wollen eine behütende Gesellschaft. Nicht Eliten sollen gefördert werden, sondern das „Gleich-Sein" wird bereits an den Schulen internalisiert. Ein Inkubatoren-Ansatz wie an der Cornell-Universität wäre allein schon deshalb bei uns auch heute noch kaum vorstellbar.

Wir haben Angst vor Veränderungen. Wir bevorzugen das Bekannte und Berechenbare und nicht das Ungewisse und das Risiko. Wir würden gerne alles versichern, was mit einem Risiko behaftet ist, aber wir möchten keine Veränderungskultur in unserem Lande pflegen oder entwickeln. Dies gilt leider heute immer noch genauso wie vor 20 Jahren.

Auch der Umgang unserer Gesellschaft mit dem Scheitern ist in der Regel so abschließend negativ, dass die Angst vor den mit einem Scheitern verbundenen sozialen und gesellschaftlichen Konsequenzen nicht wenige potenzielle Unternehmensgründer von dem entscheidenden Schritt abhält.

Obgleich wir Deutschen Exportweltmeister sind, haben wir China und den USA gegenüber eine skeptische bis kritische Einstellung. Dies sind aber zugleich die Länder, die durch den Import deutscher Produkte für sichere Arbeitsplätze und Wohlstand in unserem Land sorgen.

Noch negativer als unser Bild von Chinesen und Amerikanern ist in Deutschland das Meinungsbild über Unternehmer eingefärbt. Sie werden zum Teil – insbesondere dann, wenn sie erfolgreich sind – mit Hass überzogen, wie der *SAP*-Mitgründer und Fußball-Mäzen Dietmar

Hopp. Oder sie werden ohne jede rechtliche Grundlage kriminalisiert wie der Schraubenhändler Würth. In China oder in den USA würden diese Unternehmerpersönlichkeiten gefeiert wie Bill Gates oder Steve Jobs, bei uns werden sie als potenzielle Schurken gehandelt.

Fazit: Unabhängig von allen Exportstatistiken hängt die Frage nach der Technikfeindlichkeit oder der zukünftigen Wettbewerbskraft einer Gesellschaft nach unserer Auffassung wesentlich von den Bedingungen des Bildungs- und Universitätssystems ab. Allen zugänglichen Studien zufolge tun sich gerade hier überraschenderweise Defizite im internationalen Vergleich auf. Viel zu häufig verhält sich heute unsere Gesellschaft ebenso wie die meinungsbildenden Medien nach der Devise: „Wir wissen es besser als andere Länder." Diesen typisch deutschen Reflex stellten wir leider auch bei der Bewältigung der Corona-Pandemie fest. Immer wieder wird nach Argumenten gesucht, warum die Situation in Deutschland verglichen mit anderen Ländern gut sei.

GESCHICHTEN AUS TAUSENDUNDEINER NACHT: „DIE RENTEN SIND SICHER" UND „WIR BESITZEN DAS RICHTIGE HANDWERKSZEUG"

Aus gutem Grund liegt das Augenmerk der deutschen Wirtschaftspolitik seit Jahrzehnten auf der Sicherung der Beschäftigung. Die Arbeitslosenzahlen sollen mit dem Einsatz aller verfügbaren Arbeitsmarkt- und wirtschaftspolitischen Instrumente so niedrig wie möglich gehalten werden. Ein wesentlicher Grund, warum die Gesellschaft sehr sensibel auf steigende Arbeitslosenzahlen reagiert, ist im geschichtlichen Kontext zu suchen. Noch heute gilt in unseren Köpfen der Satz: „Lieber fünf Prozent Inflation als fünf Prozent Arbeitslosigkeit."

Die demografische Entwicklung der letzten Jahre hat dagegen immer deutlicher zutage treten lassen, dass es in den kommenden Jahrzehnten für Unternehmen immer schwieriger werden dürfte, geeignete Mitarbeiter zu finden. In dieser Hinsicht werden zukünftig die Bedingungen am deutschen Arbeitsmarkt denen ähnlich, die wir in den nächsten Jahren in Japan erwarten.

Abbildung 9 verdeutlicht, wie die vorhersehbare Bevölkerungsentwicklung in Deutschland von 2013 bis 2060 ohne Zuwanderung verlaufen wird. Der Bevölkerungsanteil der 20- bis 64-Jährigen wird sich in diesem Zeitraum um 15 Millionen Menschen verringern. Für die Zukunft ist es daher wichtiger, über das Abschmelzen der Erwerbstätigenzahlen als Folge der Alterspyramide nachzudenken, als den Fokus auf die Zahl der Arbeitslosen zu legen.

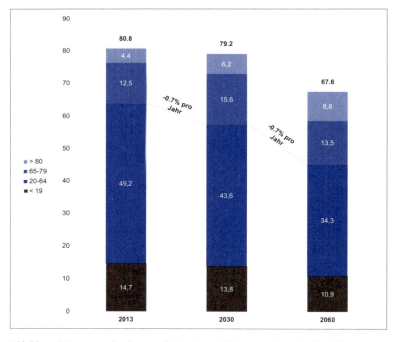

Abbildung 9: Prognose der demografischen Entwicklung der deutschen Bevölkerung.

Auch in diesem Zusammenhang gilt ganz grundsätzlich, dass eine alternde Gesellschaft die Digitalisierung nicht vorantreiben kann, wie schon anhand der zuvor zitierten Statistiken deutlich wurde.

Der wirtschaftliche Trend geht zu stark in Richtung Effizienzsteigerung und zu wenig in ein „Out-of-the-Box"-Denken. Daneben ist unsere Haltung stark durch ein Streben nach Perfektion gekennzeichnet. Dies war ein Wettbewerbsfaktor in der Vergangenheit, als in Deutschland hergestellte Systeme und Produkte eine geplante Flexibilitätsreserve hatten. Heute müssen wir auf den Weltmärkten mit Wettbewerbern mithalten, die ihre Produktentwicklung sukzessive im Laufe der Jahre fortschreiben. Auf diese Weise beschleunigen sich die Entwicklungszyklen signifikant.

Der Erfolg der deutschen Exportwirtschaft wie auch die Beschaffungsaktivitäten (Sourcing) in Niedriglohnländern waren in der Vergangenheit auch deswegen möglich, weil deutsche Unternehmen logistische Prozesse sehr effizient einsetzen und nutzen konnten. Hier wird es in absehbarer Zeit mit hoher Wahrscheinlichkeit zu einem Paradigmenwechsel kommen, der auch gesellschaftliche Implikationen haben könnte.

Das Megaprojekt „Seidenstraße" der chinesischen Regierung, unter dessen Dach gewaltige Infrastrukturprogramme realisiert werden, etwa die Entwicklung von „Highways" mit einem Streckennetz von vielen tausend Kilometern, die Übernahme von Häfen und die wirtschaftliche Unterstützung kleinerer Länder – die möglicherweise von China wirtschaftlich abhängig gemacht werden sollen – kann es chinesischen Anbietern ermöglichen, sozusagen über eine „transkontinentale Autobahn" direkt zum deutschen Konsumenten zu liefern. In Kombination mit digitalen Geschäftsmodellen wie zum Beispiel *Alibaba* ist es nicht ausgeschlossen, dass zukünftig chinesische Anbieter direkt an europäische Kunden verkaufen und liefern können.

Unsere Gesellschaft muss sich heute fragen, ob sie angesichts dieser in ihrer Qualität neuen Wettbewerbsbedingungen auf internationaler

Ebene das richtige Verständnis davon hat, welche Fähigkeiten die führenden Köpfe in Wirtschaft und Politik zukünftig haben müssen. Nach unserer Überzeugung sieht das „Skill Set" einer Führungspersönlichkeit, die heute Verantwortung für die nächsten 20 Jahre übernehmen soll, anders aus, als es von der Gesellschaft vorgegeben wird:

Statt Opportunismus, falsch verstandenem Konservatismus, statt eindimensionalem Bewahren und statt mangelnder Sprachkenntnisse wünschen wir uns mehr Kreativität, mehr Mut zu „trial and error", mehr Internationalität und Durchlässigkeit für Talente auch jenseits des herkömmlichen Bildungswegs.

Fazit: Die neuen zentralen Fragen unserer Gesellschaft müssten lauten:

- Was sind die Arbeitsplätze der Zukunft? Wie sieht ein Arbeitsplatz in der Zukunft aus, und welche Anforderungen stellt er?
- Was muss heute unternommen werden, damit Arbeitsplätze geschaffen werden, die zukunftsfähig sind?
- Wie können wir auch in Zukunft sicherstellen, dass bedarfsgerecht ausgebildete und ausreichend qualifizierte Kräfte in ausreichender Zahl auf den Arbeitsmärkten zur Verfügung stehen?

Unsere Gesellschaft wird sich in den vor uns liegenden Jahren nicht mehr so stark mit Fragen der Arbeitslosigkeit beschäftigen müssen, sondern vielmehr mit Überlegungen, wie zukünftig Arbeitsplätze auszugestalten sind und wie eine möglichst hohe Wertschöpfung pro Arbeitsplatz erzielt werden kann. Eine entscheidende Voraussetzung zur Lösung dieser Aufgabe ist es, der auch im internationalen Vergleich auffallenden Technikfeindlichkeit in unserer Gesellschaft entgegenzuwirken.

TRANSFORMATION – WARUM FÄLLT UNS DAS SO SCHWER?

Als sein Vorgänger Mark Wössner 1998 Thomas die Verantwortung für die *Bertelsmann AG* übertrug, tat er dies auch mit einem symbolhaften Akt: Er übergab ihm sein „Vermächtnis" in einer schwarzen Aktenmappe. Neben einer Darstellung der erfolgreichen Umsatz- und Ergebnisentwicklung des Konzerns unter seiner Führung enthielt die Mappe auch ein Chart, das die tragenden Sparten des Unternehmens darstellte: der *Bertelsmann* Buch-Club, der Zeitschriftenverlag *Gruner & Jahr* sowie die Druck- und Industriebetriebe (*Arvato*).

22 Jahre später ist der *Bertelsmann*-Buch-Club nicht mehr existent! *Gruner & Jahr* stellt heute ergebnismäßig eher eine Belastung für den Konzern dar, und die weitere Entwicklung des einst stolzen Verlages ist ungewiss. Die branchentypische Herausforderung, ein neues tragfähiges Geschäftsmodell in der digitalen Welt zu finden und dabei die Altlasten wie teure Pensionsmodelle aus vergangenen Glanzzeiten zu finanzieren, ist enorm groß. Und die Druckbetriebe der *Bertelsmann* SE bewegen sich bei zunächst stagnierenden und dann rückläufigen Umsätzen mit zunehmender Geschwindigkeit in Richtung Existenzgrenze. Die teure Schließung der *Bertelsmann*-Tiefdruckerei in Nürnberg mag hierfür als Beispiel stehen. Diese Entwicklung zeigt, wie über Jahrzehnte gewachsene und bewährte

Geschäftsmodelle im Zuge der Digitalisierung plötzlich nicht nur Erfolg einbüßen, sondern sogar in ihrer Existenz bedroht sein können, wenn sie nicht früh und konsequent genug transformiert werden.

Mitte der 90er-Jahre stießen wir erstmals auf den Begriff der „Transformation", und zwar im Zusammenhang mit der Diskussion über die potenziellen Auswirkungen der Digitalisierung. Damals prägten Beratungsgesellschaften diesen Begriff für den Strategieprozess eines Unternehmens. Dieser Prozess sollte eine grundlegende und dauerhafte Weiterentwicklung von der Ist-Positionierung hin zu einer neuen digitalen Ziel-Positionierung unter Zeitdruck beinhalten. An dessen Ende hat sich das Unternehmen mit einem digitalen Geschäftsmodell vollständig neu aufgestellt, das sowohl den relevanten Markt als auch die Prozesse, die Kunden und die Kultur umfasst.

Nur wenig später reifte bei Beratern und Investmentbankern die Erkenntnis, dass eine „Transformation" im digitalen Zeitalter ein ständiger Prozess sein muss. Nur dann ist ein Unternehmen in der Lage, sich an die durch die Digitalisierung getriebenen dynamischen Veränderungen der Märkte immer wieder neu anzupassen. In diesem Sinne sprachen dann auch junge Internetfirmen wie *AOL* schon bereits wenige Monate, nachdem sie sich als Start-up erfolgreich am Markt etabliert hatten, von ihrer eigenen Transformation. Bei *AOL* begleitete Thomas zwischen 1995 und 2000 als Board Member des Unternehmens gleich mehrere Transformationen. Permanente Transformationsprozesse sind heute aufgrund der revolutionären Entwicklung durch Digitalisierung und Globalisierung, aber auch als Folge eines schnellen Wirtschaftswachstums unumgänglich.

Dennoch konnten wir in den zurückliegenden Jahren beobachten, dass digitale Transformationsprozesse hierzulande von sehr unterschiedlicher Intensität sein können. Manche Unternehmen operieren erfolgreich in Nischen und sehen keine Veranlassung, sich um eine Transformation des häufig über Jahrzehnte bewährten Geschäftsmodells zu bemühen.

Natürlich stellt sich die Frage, ob diese Strategie langfristig die richtige ist. Wenn ein Geschäftsmodell erst den Zenit überschritten hat und veraltet ist, kommt die Transformation zu spät. Es droht der freie Fall, wie dies etwa bei *Nokia* geschehen ist.

DER LEICHTE WEG: CORPORATE VENTURE CAPITAL

Der inneren „Not invented here"-Abwehrhaltung gegenüber der Notwendigkeit einer digitalen Transformation folgt der Ansatz des „Corporate Venture Capital". Auch in diesem Fall sehen Unternehmen keine Veranlassung, ihr eigenes Geschäftsmodell zu digitalisieren. Sie beschränken sich auf die klassischen Aktivitäten eines Venture Capitalisten, indem sie sich mit dem Beteiligungsmanagement von Technologie- oder Internetfirmen befassen, die mit ihrem jeweiligen digitalen Geschäftsmodell eine mehr oder weniger große Nähe zum eigenen Stammgeschäft haben. Die Strategie bei diesem Ansatz entspricht dem Modell des Hedge-Geschäfts: Mögliche künftige Wertverluste des Stammgeschäfts sollen durch Erträge aus Investitionen in Start-ups ausgeglichen werden.

Nicht selten wird mit diesen Beteiligungen darüber hinaus die Hoffnung verbunden, gleichzeitig entsprechendes Know-how für die weitere Digitalisierung des Stammgeschäfts zu generieren. Diesen Ansatz repräsentierte 1994 auch der Einstieg von *Bertelsmann* bei *AOL*. Im Rahmen dieser Beteiligung hatten sich die Gütersloher das Recht gesichert, Führungsnachwuchskräfte zur (digitalen) Ausbildung in das Headquarter von *AOL* zu entsenden.

Auch die Beteiligung von *Sony Music Entertainment* an *Spotify* hatte aus heutiger Sicht eher den Charakter einer Hedging-Strategie.

Der japanische Elektronikkonzern hielt Anteile in Höhe von 5,7 Prozent an dem Streamingdienst, als dieser an die Börse ging. Unter strategischen Gesichtspunkten hätte *Spotify* für *Sony* die ideale Mehrheitsbeteiligung sein müssen. *Spotify* wäre mit direkten Kontakten zu den Endkunden für *Sony* die perfekte Ergänzung für die Inhalte des Konzerns und eine ideale Plattform für eine erfolgreiche Streaming-Strategie gewesen. Für die Übernahme von *Spotify* fehlten *Sony Music* allerdings letztlich die Mittel, und auch der Mutterkonzern konnte oder wollte diese nicht zur Verfügung stellen. *Sony Music* entschied sich schließlich folgerichtig für einen Verkauf von 50 Prozent seiner Beteiligung beim IPO von *Spotify* und erzielte einen Gewinn in Höhe von etwa 750 Millionen US-Dollar.[18] Die Mitarbeiter von *Sony Music* erhielten eine einmalige Sonderzahlung. Mit bitterem Beigeschmack: Nach dem lukrativen Verkauf dieser Erfolg versprechenden Beteiligung waren ihre Zukunftsängste größer als zuvor. Die Chance einer zügigen und erfolgreichen Transformation durch die Übernahme von *Spotify* hatte *Sony Music* verpasst.

Einige – wenige – Unternehmen, die diesen Ansatz verfolgen, scheinen mittlerweile mit ihren Venture-Aktivitäten wirtschaftlich erfolgreicher zu sein als in ihrem Stammgeschäft. Ein Beispiel hierfür ist die *Burda AG*, die unter der klugen Führung von Paul-Bernhard Kallen ein eindrucksvolles Beteiligungs-Portfolio an digitalen Unternehmen aufgebaut hat, das vom eCommerce für Tierfutter über *Xing* und die Kongress-Plattform *DLD* bis hin zur Vermarktung von Kunst reicht.

DER MITTELWEG: AUFBAU EINES DIGITALEN GESCHÄFTSBEREICHS

Die nächste Stufe der Transformation ist die Entwicklung einer eigenständigen digitalen Geschäftseinheit, die neben dem bisherigen Stammgeschäft entsteht. Hierfür steht beispielhaft der Ansatz der *Axel Springer* AG unter Mathias Döpfner, der nicht nur ein Gespür für Inhalte besitzt – er ist der einzige CEO eines deutschen Medienunternehmens, der selbst (!) inhaltlich brillante Beiträge und Kommentare schreiben kann und dann auch noch die Zivilcourage hat, diese namentlich zu veröffentlichen –, sondern auch für alles Digitale. Neben dem Printgeschäft hat er in den zurückliegenden Jahren konsequent das digitale Geschäftsmodell der „Classified Ads" entwickelt. Dies ist in seinem Kern nichts anderes als das frühere Rubriken-Anzeigengeschäft einer Zeitung in digitaler Form.

Gern betonen die Manager, die diese Transformationsstrategie verfolgen, dass „bereits X Prozent vom Umsatz und Y Prozent vom Ergebnis" mit digitalen Geschäften erzielt werden. Dies ändert allerdings leider häufig nichts an dem Umstand, dass noch immer ein (zu) großer Teil des Umsatzes mit alten Geschäften – bei Axel Springer die Zeitungen WELT und BILD – erwirtschaftet wird, die erkennbar vor einer schwierigen wirtschaftlichen Zukunft stehen. Sie konnten bisher noch nicht erfolgreich digitalisiert werden, und ihre Auflagen wie auch die Umsätze sinken unaufhaltsam. Zudem sind hier die Margen leider deutlich niedriger als im Online-Segment.

Das Risiko bei diesem Transformationsansatz besteht vor allen Dingen darin, dass zwar ein zukunftsfähiges digitales Geschäftsmodell entwickelt werden kann, es aber in den meisten Fällen relativ teuer erkauft werden muss. Für Wachstumsunternehmen werden nicht erst seit heute hohe Multiples auf die Kaufpreise gefordert, die erst weit in der Zukunft verdient werden können. Die Aktivseite der Bilanz wird in diesen Fällen mit hohen Firmenwerten belastet, die sich bei nicht planmäßiger Entwicklung der neuen Geschäfte infolge von Abschreibungen auf diesen Firmenwert schnell reduzieren können.

Das Gesamtunternehmen bleibt so bei hoher Verschuldung mit einem alten Stammgeschäft belastet, das sinkende Umsätze bei fehlender Geschäftsperspektive und einer noch relativ großen Kapitalbindung aufweist. Die einzige Lösung wäre also die vollständige Trennung von dem nicht mehr zukunftsfähigen alten Stammgeschäft, und zwar zum richtigen Zeitpunkt! Ein Weg, der aber zumeist an tradierten Denkmustern und fehlendem Mut des Managements oder – möglicherweise wie bei *Axel Springer* – der Eigentümer scheitert.

Mathias Döpfner hat es immerhin geschafft, einen Teil des Zeitungs- und Zeitschriftenportfolios an die *Funke*-Gruppe zu veräußern. Die aktuelle Entwicklung dieser Titel zeigt, wie richtig diese Entscheidung war, für die er anfänglich kritisiert worden ist. Ob Döpfner der notwendige Mut oder das Durchsetzungsvermögen fehlten, auch die WELT und die BILD-Gruppe früh genug zu veräußern, oder ob er für diese beiden Titel eine andere Strategie verfolgt, bleibt eine offene Frage.

Letztlich kam die Transformation des *Axel Springer Verlags* aus unserer Sicht ein wenig zu spät und verlief durch politische Rücksichtnahme etwas zaghaft, sodass sie – noch – nicht erfolgreich abgeschlossen werden konnte. Der Rückzug von der Börse und die Aufnahme des neuen Gesellschafters *KKR* könnten die Voraussetzungen für einen konsequenten Schnitt schaffen. Der greise Rupert Murdoch hat Friede Springer und der weltweiten Medienbranche mit der Aufteilung seines Konzerns und dem Listing der Print-Gruppe grundsätzlich gezeigt, wie man solche Probleme elegant, aber dennoch konsequent lösen kann.

DER BESCHWERLICHE WEG: VOLLSTÄNDIGE TRANSFORMATION DES STAMMGESCHÄFTS

Erst mit einer kompletten Transformation des Stammgeschäfts kann das Problem vermieden werden, entweder auf ihm sitzen zu bleiben oder es gezwungenermaßen veräußern zu müssen. Eine solche vollständige Transformation kann auf zwei Wegen erfolgen: Die systematische Digitalisierung aller Prozesse des Stammgeschäfts ist eine Alternative. Der andere Weg besteht in einem Merger zwischen einem Internetunternehmen und einem Unternehmen, das bislang nicht über ein digital aufgestelltes Geschäftsmodell verfügt. Hierbei wird das Ziel verfolgt, mit dem Know-how des Internetunternehmens für das neu entstandene Gesamtunternehmen ein digitales Geschäftsmodell zu entwickeln.

Als Beispiel für den ersten Weg, nämlich die Digitalisierung aller Prozesse, steht die *New York Times*. Über einen Zeitraum von fast 18 Jahren hat sich dieses führende Zeitungsunternehmen aus eigener Kraft von einem Printmodell zu einem digitalen Geschäft entwickelt.

Thomas hat diese Entwicklung über einen Zeitraum von 12 Jahren (bis 2014) im Board der *New York Times* begleitet. Ihm ist aus dieser Erfahrung bekannt, wie viel Kraft, Konsequenz und Glauben an die digitale Zukunft und die Markenkraft der *New York Times* nötig waren, um gegen alle Kritiker und gegen allen öffentlichen Spott diese Strategie zu einem erfolgreichen Ende zu bringen. Heute ist die *New York Times* nach einem jahrelangen, schmerzhaften Prozess und zahlreichen Irrwegen das einzige Zeitungsunternehmen – und wahrscheinlich auch das einzige frühere Printunternehmen der westlichen Welt –, das mit *Google* im News-Bereich mithalten kann und über ausreichend Relevanz in der digitalen, globalisierten Welt verfügt, sowohl beim Inhalt als auch bei der digitalen Reichweite und bei der Markenkraft.

Den anderen Weg zu einer Transformation des Gesamtunternehmens, nämlich durch einen Merger zwischen einem Internet- und einem Medienunternehmen, haben *AOL* und *TimeWarner* im Jahr 2000 mit ihrem Merger zu *AOL TimeWarner* beschritten. Thomas kennt als damaliges *AOL*-Board-Mitglied die auf dem Papier überzeugenden Argumente für diesen Zusammenschluss. *TimeWarner* sollte die Inhalte, wie Musik, Film und Zeitschrifteninhalte, und die breitbandige Kabelinfrastruktur zur Verfügung stellen, *AOL* wurde die Kompetenz zugesprochen, die vorgenannten Inhalte nutzergerecht zu digitalisieren. Zudem sollte *AOL* als Online-Service über das *Warner*-Kabelgeschäft verfügbar sein.

Als dieser Merger veröffentlicht wurde, kannte die Presse in ihrer überschwänglichen Kommentierung kein Halten. Alles schien möglich bei diesem bis heute weltweit größten Merger zwischen einem Medienunternehmen und einem Tech-Konzern. Sehr schnell zeigten sich aber im Tagesgeschäft die Grenzen und das Unvermögen des Managements, aus zwei vormals eigenständigen Konzernen und völlig gegensätzlichen Unternehmenskulturen einen integrierten, digitalen Konzern zu formen.

So verhinderte das frühere *TimeWarner*-Management, dass *AOL* auf dem *Warner*-Cable im Wettbewerb mit dem *Warner*-eigenen Service „Road Runner" angeboten werden konnte. Gleichzeitig sorgten sich die *TimeWarner*-Führungskräfte um ihre Pensionen und kritisierten, dass die früheren *AOL*-Manager bereits mehrfache Millionäre oder Milliardäre seien, und zwar als Folge des Mergers und dem damit verbundenen Einlösen ihrer *AOL*-Stock Options.

Trotz aller Anstrengungen von Jerry Levine (CEO) und Steve Case (Chairman), diese kulturellen Gegensätze zu überbrücken, endete der Merger in einem Desaster. Seine Geschichte und Entwicklung sind ein mahnendes Beispiel, welche Fehleinschätzungen und handwerklichen Fehler bei dieser Vorgehensweise gemacht werden können, die unter der Headline „Transformation" stand, und welche

Risiken mit ihr verbunden sein können. Das Buch *There Must Be a Pony in Here Somewhere: The AOL TimeWarner Debacle and the Quest for a Digital Future* von Karen Swisher bietet hierzu interessanten Lesestoff.

Für uns stellt sich die Frage, warum sich gerade deutsche Unternehmen mit einer erfolgreichen Transformation ihrer Geschäftsmodelle so schwer tun. Aus unseren langjährigen Beobachtungen und zahlreichen Gesprächen mit Vorständen und Aufsichtsräten deutscher Konzerne zeichnen sich verschiedene Gründe ab.

Scheinargumente

Das Management einer Transformation ist zeitintensiv, kostet viel Geld bei ungewissem Ausgang und hat erst zeitversetzt einen positiven Einfluss auf die Ergebnisse. Diese unbestreitbare Tatsache trifft auf Manager, die in Quartalsergebnissen denken und das Risiko scheuen, das sich bei einem Misserfolg für ihren Arbeitsplatz ergeben könnte. Zahlreiche Führungskräfte sind stattdessen grundsätzlich eher bestrebt, bequem, sicher und in größtmöglicher Ruhe ihre Pensionsgrenze zu erreichen.

In nicht wenigen Fällen wurde in Unternehmen, die relativ früh unter dem Druck zur Digitalisierung ihrer Geschäftsmodelle standen, wie beispielsweise Printverlage und Musiklabel, aus genau diesem Grunde mit der Transformation zu lange gewartet. Als Konsequenz dieser Verhaltensweise reicht heute häufig der Cash Flow aus den Stammgeschäften nicht mehr aus, um die notwendigen Investitionen für den Aufbau eines digitalen Geschäftsmodells zu finanzieren.

Aus unserer Erfahrung wissen wir, dass in vielen Fällen die vorhandene Erblast an IT-Systemen und Logistikprozessen eine schnelle Transformation behindern oder, schlimmer noch, verhindern kann. Ein Beispiel hierfür mag die Situation des *Bertelsmann*-Buch-Clubs beim Eintritt von *Amazon* in den deutschen Markt sein. Während *Amazon* schon beim Markteintritt in der Lage war, Kunden die bestellten Bücher innerhalb von 48 Stunden zu liefern, und wenig später dann sogar innerhalb von 24 Stunden, konnten die Logistik- und IT-Prozesse des *Bertelsmann*-Buch-Clubs Bestellungen nur in einem Zeitraum von etwa sechs Wochen (!) abwickeln, weil diese auf ein anderes Geschäftsmodell ausgerichtet waren, nämlich auf die „Zuteilung" eines Buches an das Clubmitglied in Form des „Hauptvorschlagbandes". Nach unserer Erfahrung lassen sich innovative Ansätze „auf der grünen Wiese" häufig deutlich einfacher durchsetzen. Denn dann existieren keine eingefahrenen Strukturen, die das Neue blockieren.

Das Nebeneinander von Stammgeschäften, die über einen längeren Zeitraum das notwendige Geld für Investitionen in die digitalen Geschäfte verdienen, und den neuen Aufbaugeschäften, die die Zukunft darstellen sollen, aber zunächst den Cash-Beitrag der Stammgeschäfte aufzehren, bedeutet in der Regel einen „cultural clash", dessen Management häufig die verantwortlichen Führungskräfte überfordert.

Aus diesem Grund werden häufig die neuen Geschäfte räumlich ausgegliedert, ohne dass dies aber die Gerüchte und Vorbehalte bei den Führungskräften und Managern, die in den Stammgeschäften tätig sind, nachhaltig zu beschwichtigen vermag. Denn spätestens über das monatliche Berichtswesen oder über die Jahresabschlüsse wird bekannt, wie viel in die neuen Geschäfte investiert wird. Geld, das für notwendige Investitionen in die Stammgeschäfte fehlt, wie von den Vertretern der Stammgeschäfte dann in der Regel argumentiert wird.

Häufig haben Manager in der Vergangenheit in diesem Zusammenhang von „Kannibalismus" gesprochen, aber letztendlich genau das Gegenteil praktiziert. Mit dem Begriff Kannibalismus wird in diesem Zusammenhang der Aufbau eines neuen Geschäfts beschrieben, das aus dem Free-Cash-Flow des Stammgeschäfts finanziert wird, das in der Zukunft durch das neue Geschäft ersetzt werden soll.

Tatsächlich sieht die Realität hierzu in Deutschland anders aus. Immer wenn eine Beteiligung an einem Start-up werthaltig wird, entsteht nach unserer Erfahrung das fast reflexhafte Verhaltensmuster deutscher Manager und Investoren, diese Beteiligung zu veräußern, was das Ergebnis und damit auch den Bonus erhöht, und den erwirtschafteten Ertrag in das Stammgeschäft zu investieren. Dieses Paradoxon findet sich in fast allen DAX-Konzernen.

Im Mai 2009 hatte sich *Daimler* mit 50 Millionen US-Dollar für 9,1 Prozent an *Tesla* beteiligt. Am 22. Oktober 2014 ließ sich der Vorstand von *Daimler* dafür feiern, dass sie ihre noch verbleibenden 4 Prozent für etwa 780 Millionen US-Dollar veräußerten. Auf den ersten Blick sieht dies wie ein gutes Geschäft aus, allerdings wären diese 4 Prozent an *Tesla Inc.* zum 22. Juli 2020 über 11,6 Milliarden US-Dollar wert gewesen.

Wagenburg-Denken

Häufig versuchen Manager und Mitarbeiter, die in traditionellen Märkten und Geschäftsmodellen operieren, eine Wagenburg um sich und ihr Geschäft zu bauen. Sie stellen die Vorteilhaftigkeit und Wettbewerbskraft des neuen Start-ups solange immer wieder infrage – und dies zum Teil trotz besseren Wissens –, bis sie am Ende selbst glauben, was sie sagen. In der Regel argumentieren sie so lange, dass die Cash-Reserven des Newcomers nicht mehr lange reichen werden oder diese Entwicklung schon in Kürze enden würde, bis es zu spät für eine kraftvolle Gegenreaktion ist. Die Entwicklungen in der Automobilindustrie, in der Finanzbranche und im Handel in den zurückliegenden 15 Jahren sind hierfür ein warnendes Beispiel.

Noch im September 2019 hatte uns der CEO eines bedeutenden deutschen Autokonzerns voller Überzeugung erläutert, dass *Tesla* bald zahlungsunfähig sein und Insolvenz anmelden werde. Dies ist übrigens ein beliebtes Argument deutscher Manager, wenn es darum geht, den unliebsamen (digitalen) Wettbewerber, der viel öffentliche Aufmerksamkeit auf sich zieht, zu diskreditieren. Uns erinnert dieses Verhalten, das sich in dieser Form in fast allen Branchen wiederholt, an das sprichwörtliche „Pfeifen im dunklen Wald": Man weiß zwar nicht, wo man sich gerade im dunklen Wald befindet, und man fürchtet sich sehr, aber man beweist sich und anderen Wegbegleitern, dass man guten Mutes ist, ohne überhaupt ein Konzept zu haben, wie man herausfinden könnte.

Übrigens, nur wenig Monate nach der zitierten CEO-Aussage überholte *Tesla* die *Daimler AG* bei der Marktkapitalisierung. Und diese Entwicklung setzt sich bis heute fort. Das Momentum dieser auseinanderlaufenden Bewertung an den Börsen machen folgende Zahlen deutlich: Am 13. Mai 2020 betrug die Marktkapitalisierung von *Daimler* 33 Milliarden Euro und die von *Tesla* 185 Milliarden US-Dollar! Zahlen sagen manchmal mehr als Worte.

Dank des anhaltenden Höhenfluges der Aktie wurde *Tesla* Anfang Juli 2020 der Autobauer mit dem weltweit höchsten Börsenwert. Die Papiere des Elektroauto-Pioniers stiegen im Juli 202 auf ein Rekordhoch. Am Mittwoch, den 22. Juli 2020 wurde eine Aktie mit 1.568 US-Dollar bewertet. Damit erreichte das Unternehmen eine Marktkapitalisierung von rund 290 Milliarden US-Dollar. Der weltweit profitabelste Autohersteller und bisherige Spitzenreiter *Toyota* erreicht eine Marktkapitalisierung von etwa 210 Milliarden US-Dollar. Die deutschen *BMW*, *Daimler* und *VW* werden an der Börse zusammengerechnet mit gerade einmal 153 Milliarden US-Dollar bewertet und erreichen damit ungefähr die Hälfte der Börsenbewertung von *Tesla*. Trotz der Coronavirus-Krise peilt *Tesla* für 2020 weiterhin einen Absatz von 500.000 Autos an.[19]

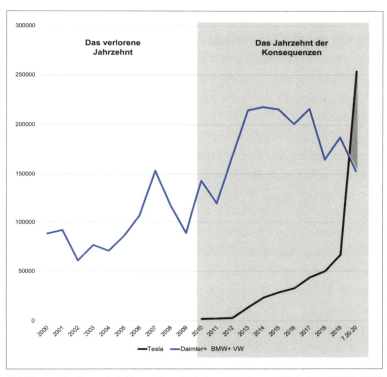

Abbildung 10: Kursentwicklung der deutschen Autobauer (*Daimler*, *BMW*, *VW*) aggregiert im Vergleich mit *Tesla* über den Zeitraum der letzten 20 Jahre.

DER HOHE PREIS DER WELTMARKTFÜHRERSCHAFT

Über lange Jahre setzten deutsche Automobilmanager wie Martin Winterkorn, der ehemalige Vorstandsvorsitzende der *Volkswagen AG*, auf die Strategie, sich als Volumenhersteller weltweit zu positionieren. *Toyota* war für ihn das Maß der Dinge. Über die Masse der abzusetzenden Autos sollten Skaleneffekte generiert werden. Es gab nur noch ein Oberziel für den Volkswagenkonzern: Größe. Und das bedeutete, *VW* musste größer sein als *Toyota*. Damit würde ganz nebenbei zugleich der Vorstandsvorsitzende, der dies zu realisieren vermochte, „der Größte". Um dieses Ziel zu erreichen, benötigte *VW* den chinesischen Markt. China entwickelte sich nicht per Zufall zum weltweit größten Einzelmarkt von *VW* und allen deutschen Automobilproduzenten.

Diese Strategie generierte über lange Jahre eindrucksvolle Renditen. Erst heute werden die Risiken deutlich, die sich daraus ergeben haben: eine totale Abhängigkeit der Automobilkonzerne vom chinesischen Markt, wie der Absatzeinbruch bei *VW* in Höhe von 40 Prozent innerhalb der ersten zwei Monate nach Ausbruch des Coronavirus in China zeigt. Der Fokus von Winterkorn lag auf „Volumen und Marktanteil". Mit aller Macht sollte *Toyota* als Weltmarktführer abgelöst werden.

Die konsequente Transformation des Konzerns in Richtung CO_2-Reduzierung, E-Mobilität und Digitalisierung wurde nicht als Priorität verfolgt. Aus unserer Sicht sind die mittelfristigen Konsequenzen dieser monokausalen Strategie – nämlich größer sein zu wollen als *Toyota* – in der Zukunft schädlicher für Deutschland als das Teilproblem „Dieselgate", dem „Black Swan" der Automobilindustrie.

Wir fragen uns, wie heute in der Automobilindustrie noch eine Transformation gelingen kann, wenn diese in zweifacher Hinsicht erfolgen müsste: Digitalisierung und E-Mobilität. Schon allein die Entwicklung einer E-Mobilitäts-Strategie scheint die deutschen Automobilkonzerne und die deutsche Zulieferindustrie zu überfordern. Das neue E-Auto ID3 von *VW*, das vor allen Dingen in den USA die starke Antwort des Konzerns auf *Tesla* und *General Electric Motorcars* sein soll, war beim Produktionsanlauf mit mehr als 300 Softwarefehlern reichlich gesegnet. Vom Konzernbetriebsratsvorsitzenden wurde deswegen angeblich der Rauswurf des Vorstandsvorsitzenden gefordert, wie man Anfang Juni der deutschen Wirtschaftspresse entnehmen musste. Dass vor diesem Hintergrund in der Automobilindustrie die Investitionsmittel und die Management-Attention fehlen, um ein digitales Geschäftsmodell aus den vorhandenen Strukturen heraus zu entwickeln, ist verständlich, macht aber die Situation nicht besser.

DAS „KONFORMITÄTS-PHÄNOMEN" ODER: WARUM KANN ES IN DEUTSCHLAND KEINEN ELON MUSK GEBEN?

Häufig verstecken sich die zuständigen Manager auch hinter den Gremien ihres Unternehmens. Diese seien zu alt, verstünden die digitale Welt nicht und würden konsequent alle Investitionsanträge ablehnen, die in die Richtung digitaler Geschäftsmodelle zielen, so wird uns immer wieder erläutert. Es soll entschuldigend wirken, klingt für uns aber tatsächlich nach einer Kapitulation, Mutlosigkeit und fehlender Zivilcourage des verantwortlichen Managements.

Der Mut, in neue digitale Geschäftsmodelle zu investieren, setzt letztlich voraus, dass der jeweilige Entscheidungsträger zukunftsgerichtet positiv denkt. Nach unserer Beobachtung gilt man aber in deutschen Management-Etagen als fast verhaltensauffällig, wenn man langfristig positiv denkt oder zu Visionen fähig ist. Lieber hält man an Bewährtem fest und überspielt so das eigene Unvermögen, strategisch zu denken und disruptive Prozesse zu managen, die eine komplette Umstrukturierung oder gar Zerschlagung des bestehenden Modells bedeuten können.

Denn man macht sich persönlich angreifbar, wenn man der Organisation signalisiert, dass die Erfolgsaussichten eines Digitalisierungsprojekts positiv eingeschätzt werden. Diejenigen, die den sinnlosen Abbruch des Neuen Marktes betreiben, rühmten sich in der Öffentlichkeit dafür, dass sie keine Vision hätten. Der unzureichende Stand der Transformation deutscher Unternehmen quer durch alle

Branchen unterstreicht heute deutlich, wozu es führen kann, wenn man nicht fähig ist, konzeptionell kreativ und weit in die Zukunft gerichtet, also visionär zu denken.

Das unternehmerische Vorgehen zahlreicher deutscher Manager ist dabei häufig stark durch eine konformistische Haltung geprägt. Besser mit dem Strom schwimmen, nicht auffallen und bei Veranstaltungen immer das äußern und kommentieren, was dem „Mainstream" entspricht. Dies ist ein weiteres Phänomen, das wir bis heute in einer überraschend großen Anzahl von Fällen bei deutschen Managern beobachten konnten.

Ein Ausnahme-Unternehmer und Visionär wie Elon Musk wäre für uns in deutschen Management-Etagen völlig unvorstellbar. Jemand, der Visionen hat, dabei operativ ausgerichtet pragmatisch ist, sehr hart arbeitet, gelegentlich Marihuana raucht und das Establishment mit seinen Ideen herausfordert, säße in Deutschland in der Psychiatrie oder zumindest im Gefängnis, nicht aber im Sessel des Vorstandsvorsitzenden eines Unternehmens, das zwischenzeitlich bei der Marktkapitalisierung nicht nur die *Daimler AG*, sondern in Summe die deutschen Autobauer überholt hat.

In Deutschland wird die Frage, wem Führungsverantwortung gegeben wird, für uns beide wenig überraschend durch die Deutschland AG offensichtlich anders beurteilt und entschieden als im Silicon Valley, wie das Beispiel der *Daimler AG* zeigt. Dieter Zetsche, der langjährige ehemalige Vorstandsvorsitzende der *DaimlerChrysler AG,* beziehungsweise der späteren *Daimler AG,* der für den relativen Niedergang des Konzerns auch im Wettbewerb mit Elon Musk und *Tesla* verantwortlich ist, soll nach einer „Abklingphase" auf den Posten des Aufsichtsratsvorsitzenden von *Daimler* wechseln. Vielleicht ist dies nicht die beste Entscheidung des Aufsichtsrats von *Daimler,* um im zukünftigen Wettbewerb gegen *Tesla* & Co bestehen und möglicherweise *Daimler* in der Zukunft noch retten zu können.

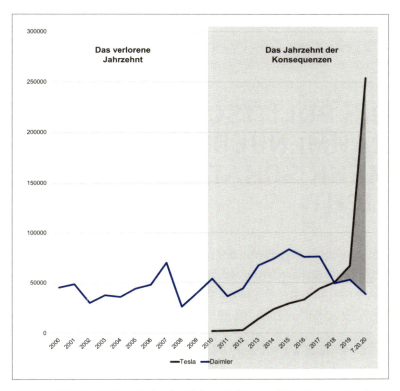

Abbildung 11: Wie Tesla Daimler bei der Marktkapitalisierung deklassiert hat. Schraffierte Fläche: „Goodwill", der die Einschätzung des zukünftigen Wachstums von Umsatz und Ertragskraft des Geschäftsmodells widerspiegelt.

DIE POLITISCHEN RAHMENBEDINGUNGEN: MEHR SCHATTEN ALS LICHT

Die Konsequenzen, die mit der in zahlreichen deutschen Konzernen ab 2000 de facto betriebenen Ent-Digitalisierung verbunden sind, lassen sich mit drei Wörtern auf den Punkt bringen: das verlorene Jahrzehnt. Heute fragen wir uns:

- Was können wir aus den Ursachen des verlorenen Jahrzehnts für die Zukunft lernen?
- Welche Bedeutung kommt der Digitalisierung für die zukünftige Wettbewerbsfähigkeit Deutschlands zu?
- Was müssen wir verändern, damit Deutschland weltweit in diesem Bereich nicht den Anschluss verliert?
- Welche Auswirkungen hat die digitale Welt auf unser soziales Leben?
- Wie stark trägt die Digitalisierung zu einer sozialen Isolierung des Einzelnen bei?
- Andererseits, wie wichtig ist sie gerade in Krisenzeiten für eine soziale Interaktion?

Die Corona-Krise hat eindrucksvoll deutlich gemacht, dass die Digitalisierung für die Erfassung der Datenbasis, das Tracking der

Infizierten und das effiziente Management der Gesundheitssysteme genauso unverzichtbar ist wie für die Interaktion im Rahmen der Social Media, um einer drohenden Vereinsamung infolge der Ausgangs- und Kontaktsperren entgegenzuwirken. Und bietet die Digitalisierung uns nicht die Chance, zu einer gerechteren und besseren Welt zu finden? Gibt es nicht eben doch eindrucksvolle Beispiele von „Impact Investment" und „Social Entrepreneurship" in der digitalen Welt?

Wie verhalten sich heute, zehn Jahre nach dem Ende des verlorenen Jahrzehnts, unsere Unternehmer, Politiker und Manager? Wie ist die Situation in Schlüsselbranchen wie Banken, Versicherungen und der Automobilindustrie? Befinden sich die Medienunternehmen, 25 Jahre nach ihren ersten Versuchen, in der digitalen Welt Fuß zu fassen, auf einem guten Weg zu einem tragfähigen Geschäftsmodell? Haben sich das politische Klima gegenüber der Digitalisierung und die Haltung der führenden Köpfe der Politik in den letzten Jahren positiv verändert?

Über lange Jahre hat Conny die persönliche Bekanntschaft vieler deutscher und internationaler Spitzenpolitiker gemacht. Er kennt ihre Sicht- und Verhaltensweisen im Guten wie auch im Schlechten. Als Unternehmer ist er sich sicher, dass wir heute noch immer zu häufig den falschen Politikertypus in den Landesparlamenten und im Bundestag sitzen haben: Zu viele dieser Spitzenpolitiker sind risikoscheu, verhalten sich der technischen Entwicklung gegenüber eher ängstlich und wurden gerade in den Volksparteien im Rahmen ihrer politischen Karriere vom Parteiapparat „stromlinienmäßig" geformt. Das bereitet den Weg für Opportunisten, die durch den Einsatz von Sekundärtugenden versuchen, politische Karriere zu machen.

EIN GENERATIONSWECHSEL IST ÜBERFÄLLIG!

Darüber hinaus sehen wir uns in der Politik auch heute noch mit dem Problem der „alten Männer" konfrontiert. Die Mehrheit der Spitzenpolitiker sind Männer, trotz aller Bemühungen in der Vergangenheit um die Frauenquote. Und diese männlichen Politiker sind vergleichsweise alt.

Der Altersdurchschnitt der Mitglieder des deutschen Bundestages liegt ebenso wie in der Wirtschaft relativ hoch: Das Durchschnittsalter im deutschen Bundestag beträgt 49,4 Jahre[20], das der DAX-Vorstände liegt bei 53 Jahren[21], bei männlichen Aufsichtsräten bei 62,1, bei weiblichen bei 57 Jahren[22] und bei Ministern im Schnitt bei 53 Jahren[23]. Dagegen steht der allgemeine Altersdurchschnitt in Deutschland bei 45,7 Jahren[24] und weltweit bei 30,9 Jahren.[25]

Es wirkt geradezu verständlich, dass vor diesem Hintergrund Vertreter von Politik und Wirtschaft oftmals einen anderen Blick auf zukunftsgerichtete Fragen haben als der durchschnittliche Digital-Unternehmer oder -Nutzer.

Die Sorgen unserer im Durchschnitt relativ alten Berufspolitiker kreisen um die Altersversorgung, obwohl – vielleicht aber auch weil – ihnen bewusst ist, dass diese ohnehin auf mittlere Sicht kollabieren wird. Sie denken leider weniger an die Zukunftsbedeutung neuer Technologien, deren erfolgreiche Verbreitung volkswirtschaftlich geeignet wäre, zumindest einen Teil der Beschäftigung zu sichern. Es scheint leider heute bei vielen Politikern die Einstellung vorherrschend zu sein, dass nur solche Projekte förderungswürdig und in einem politischen Verständnis „gute Projekte" sind, die kurzfristig zu einem Erfolg führen.

Politiker beurteilen nach wie vor wirtschaftliche Problemstellungen und Chancen nicht aus der Perspektive von Unternehmern. Ähnlich wie bei Managern, die in Berichtsquartalen denken, ist der

Blickwinkel des Politikers auf die Legislaturperiode begrenzt. Die Begleitung und erfolgreiche Bearbeitung großer Infrastrukturprojekte, wie etwa die Digitalisierung Deutschlands, nimmt aber in der Regel einen deutlich längeren Zeitraum in Anspruch. Entweder werden solch langfristig bindenden Projekte von der Politik nicht mit der notwendigen Vehemenz verfolgt, weil ja nicht sicher ist, ob die Wiederwahl erfolgreich ist, oder es fehlt die kontinuierliche Projektbegleitung, wenn der politische Fach- und/oder Machtpromotor nicht wiedergewählt wird. Auch aus letzterem Grund wurde der Bau des Berliner Flughafens zu einem Desaster, und aus diesem Grund werden auch in der Zukunft alle Maßnahmen zur Schaffung der digitalen Infrastruktur in Deutschland unverändert mit großen Problemen auf der politischen Ebene zu kämpfen haben.

Bis heute haben Politiker die Einstellung, hohe Steuern seien am besten dazu geeignet, den Wirtschaftskreislauf zu lenken. Dahinter verbirgt sich in der Regel eine fast arrogante Sichtweise: die Kaste der Politiker wisse besser als irgendwer sonst, wie Finanzmittel am besten anzulegen seien. Diese Haltung führte über lange Jahre dazu, dass zwar Agrarsubventionen auf jährlich steigendem Rekordniveau – zum Teil sinnlos – verausgabt wurden, dagegen aber Investitionen in die Digitalisierung der Infrastruktur unseres Landes auf vergleichsweise niedrigem Niveau vor sich hindümpeln. Wir können keine Anhaltspunkte dafür erkennen, dass sich dies in näherer Zukunft signifikant ändern wird. Denn wenn man einen deutschen Spitzenpolitiker fragt, wie er zu diesen Fragen steht und wie es ihm geht, antwortet er in aller Regel mit den aktuellen Umfragewerten. Ein solch kurzfristiges Denken in Legislaturperioden kann jedoch keinen langfristigen Erfolg bringen.

Im Gegenteil. So mutet das aktuelle politische Bemühen, die Auswirkungen des durch Covid-19 bedingten Lockdowns auf die Wirtschaft so weit wie möglich abzufedern, wie zwanghafter Pseudoaktionismus an, der betrieben wird, um unangenehmen Fragen zuvorzukommen. Dieses aktionistische Treiben von Politikern, so menschlich verständlich es auch sein mag, führt zu einer konkreten Gefahr der schleichenden Verstaatlichung von Schlüsselbranchen oder zum unverhältnismäßigen Schutz von Konzernen, die aus der subjektiven Sicht der Politik „Systemrelevanz" besitzen.

Eigentlich bestand in der Politik bis heute, vielleicht mit Ausnahme der Regierung Schröder, kein wirkliches Interesse an der Förderung von Start-ups. Beispielsweise wurde die Möglichkeit, Investitionen in Start-ups steuerlich zu fördern, niemals ernsthaft in Erwägung gezogen. Aus unseren internationalen Erfahrungen wissen wir, dass gerade in der heutigen Zeit die Sichtweise chinesischer Politiker hierzu eine völlig andere ist.

Seit 2001 war Conny enger Freund und Berater von Guido Westerwelle. Als der Wahlkampf von Guido Westerwelle und der FDP im Jahr 2009 zu managen war, wurde sein damaliger Vorstoß, verstärkt Social Media einzusetzen und andere digitale Kanäle zu nutzen, zunächst kritisch kommentiert: „Wahlkampfplakate haben bisher doch immer funktioniert", wurde Conny aus FDP-Kreisen entgegengehalten. Ernüchtert musste Conny feststellen, dass auch seine eigene Partei die Bedeutung der Digitalisierung nicht verstehen wollte. Das für die FDP überragende Wahlergebnis im Jahr 2009 sprach für sich und bedarf keiner weiteren Erläuterung.

Wahrscheinlich haben erst die Wahlkämpfe von Präsident Obama 2012,[26] der die weltweit erste Werbekampagne über Videospiele finanzierte, und Präsident Trump sowie dessen anschließende (extensive) Nutzung von *Twitter* aller Welt deutlich gemacht, wie wichtig in unseren Zeiten der Einsatz der digitalen Medien ist, gerade für den politischen Machtkampf.

Wenn Politiker den Nutzen und die Bedeutung der digitalen Kommunikation zum eigenen Vorteil erkennen würden, gäbe es Anlass zum Optimismus. Diese Haltung könnte zu einem stärkeren Engagement für die Digitalisierung dieses Landes führen.

AMAZON & CO.: DIE OHNMACHT DER POLITIK

Verglichen mit der politischen Haltung anderer Länder wachen unsere Politiker zu spät auf, was die Gestaltung einer zukünftigen Machtbalance der Digital Economy zwischen den einzelnen Ländern anbelangt. Selbst wenn die deutsche Politik es wollte, wäre zum heutigen Zeitpunkt eine Regulierung von *Google*, *Amazon*, *Apple* oder *Facebook* mit nationalen politischen Instrumenten nicht mehr möglich. Die Möglichkeit dazu hätte dagegen noch beim Markteintritt dieser Unternehmen in den deutschen Markt bestanden. Auch in dieser Hinsicht hat die Regierung Merkel wichtige Aufgaben einer wirtschaftspolitischen digitalen Neuordnung im internationalen Raum verpasst und damit in einer der zentralen politischen Fragen der Zukunftsfähigkeit Deutschlands versagt. Die Übermacht der amerikanischen und chinesischen Internet-Plattformen wird auf absehbare Zeit nicht korrigiert werden können, jedenfalls nicht mit politischen Mitteln. Deutsche Konsumenten und Unternehmen werden hierfür zukünftig den Preis zahlen müssen.

Die Politik in Ländern wie Russland und China hatte dagegen schon vor Jahren die Bedeutung des Internets für ihre nationale wirtschaftliche Entwicklung erkannt und früh genug begonnen, ihre Heimatmärkte durch regulative Eingriffe abzuschotten. Heute und in der Zukunft können sie sich daher relativ autonom und unabhängig vom Silicon Valley bewegen.

Das Phänomen des „zu späten Aufwachens" in der deutschen Politik mussten wir leider auch beim Ausbruch der Corona-Pandemie feststellen. Schon am 31. Dezember 2019 versendete das Internationale Frühwarnsystem *ProMED* eine E-Mail mit dem Hinweis auf eine unbekannte Form der Lungenentzündung, die in China aufgetreten sei. Diese Meldung erreichte natürlich auch das *Robert-Koch-Institut* in Berlin.

Im Jahr 2012 hatte die Bundesregierung einen Plan entwickelt, was im Fall einer Pandemie zu tun ist, nämlich Schulen zu schließen, Großveranstaltungen abzusagen etc. Doch es vergingen 79 (!) Tage, bis unsere Regierung Anlass sah zu handeln. In der Zwischenzeit gab es zahlreiche Fehleinschätzungen der Lage seitens der Bundesregierung und des *RKI*, zum Teil auch in Form öffentlicher Statements. Das subjektive Empfinden der Öffentlichkeit war allerdings anders, ähnlich wie zum Status der Digitalisierung: „Bei uns ist alles bestens geordnet und auf jeden Fall besser als in anderen Ländern."

Fazit: Wir können keine überzeugenden Fakten oder Argumente erkennen, die dafür sprechen, dass die Politik die Rahmenbedingungen für eine schnelle Digitalisierung Deutschlands entschieden verändern will. Nach wie vor setzt sie vor allen Dingen auf Industriebereiche, die zurzeit noch relativ viele Arbeitsplätze unterhalten, aber erkennbar keine Wachstumsraten aufzeigen und international an Wettbewerbsfähigkeit verlieren. Veraltete, ineffiziente Arbeitsabläufe in den öffentlichen Verwaltungen werden beibehalten. Die Digitalisierung Deutschlands wird nach wie vor nicht zu einer nationalen Aufgabe deklariert, wie dies etwa beim Ausstieg aus der Kernenergie geschehen war.

GUTE DIGITALE INFRASTRUKTUR? NOCH IMMER FEHLANZEIGE!

Wenn wir mit Geschäftsfreunden aus China oder Japan sprechen, werden uns eher früher als später die immer gleichen Fragen gestellt:
„Warum gibt es in Deutschland keine funktionsfähigen Internetverbindungen, wenn man mit dem Zug reist?"
„Warum ist in Deutschland die Netzabdeckung so unzureichend?"
„Warum sind bei euch die Übertragungstarife so relativ hoch?"

Diese kritischen Fragen sind berechtigt. Wir kennen auch die wichtigsten Gründe: Fehler bei der Privatisierung und Regulierung der *Telekom* und die hieraus folgenden Auswirkungen auf deren Marktverhalten und das ihrer Wettbewerber.

Als Konsequenz aus den Erfahrungen mit der digitalen Infrastruktur während des Covid-19-bedingten Lockdowns will die Bundesregierung den Anspruch auf schnelles Internet gesetzlich im neuen Telekommunikationsgesetz verankern. „Innerhalb einer angemessenen Frist soll jeder Nutzer an seiner Hauptwohnung oder seinem Geschäftsort" netztechnisch versorgt werden.[27] Das Versprechen selbst hat schon Staub angesetzt, der Bund hatte in der vergangenen Wahlperiode zugesagt, alle Haushalte bis Ende 2018 an schnelles Internet anzuschließen. Bisher haben aber mehr als 4 Millionen Haushalte – das entspricht ungefähr der Größe Österreichs – keine entsprechende Versorgung.

Wird sich dies in der näheren Zukunft ändern? Kann die *Deutsche Telekom* oder der deutsche Netzregulierer den technischen Rückstand durch ein konzertiertes Aktionsprogramm korrigieren? Ist die *Deutsche Telekom* hierzu überhaupt bereit? Werden die Wettbewerber der *Telekom* zukünftig mehr Aggressivität gegenüber dem scheinbar übermächtigen Giganten entwickeln?

Wir werden nur einige wenige Beispiele der vergangenen Jahre thematisieren, um die Rolle und Bedeutung der *Telekom* – die in unauflöslichen Interessenkonflikten gefangen scheint – für die Digitalisierung unseres Landes darzustellen. Aber wir wollen auch die Möglichkeiten der *Telekom* beschreiben, Maßnahmen aus übergeordneten Unternehmensinteressen durchzusetzen oder diese zu verhindern.

Wie notwendig es ist, die Nähe zwischen dem Management der *Telekom* und Vertretern des Bundes, der mit 31,9 Prozent der größte Aktionär der *Telekom* ist, kritisch zu hinterfragen, wurde Anfang Juli 2020 an einem Beispiel exemplarisch deutlich. Der aktuelle

Telekom-Chef Tim Höttges wurde vom Maut-Untersuchungsausschuss des Bundestages am 17. September 2020 zu einer Aussage vorgeladen, wie die FAS am 5. Juli 2020 berichtete. „Laut einer Aufstellung des Verkehrsministeriums haben Verkehrsminister Andreas Scheuer und Herr Höttges in den Jahren 2018 und 2019 elfmal miteinander gesprochen. Sie telefonierten unter anderem im August 2018 mitten im Vergabeprozess der Maut. Drei Tage später stieg die *Telekom* aus einem Bieterkonsortium mit einigen internationalen Konzernen aus und ging als einzelner Bieter ins Rennen."[28]

Zu diesem Vorgang, den man je nach Sichtweise auch als delikat bezeichnen könnte, stellte das Verkehrsministerium fest, bei den Gesprächen sei es inhaltlich nur um Fragen zum Mobilfunknetz und Breitband gegangen.

Als ein weiteres Beispiel können die Umstände der Vergabe des Auftrags zur Entwicklung und zum Betrieb der sogenannten „Corona-App" im April 2020 herangezogen werden, die an späterer Stelle in diesem Buch noch beschrieben werden.

GUT GEMEINT, SCHLECHT GEMACHT: DIE *DEUTSCHE TELEKOM*

Anfänglich fiel die Telekommunikation in Deutschland in den Hoheitsbereich der *Deutschen Post* (1947 gegründet). Sie verfolgte das Ziel, kostendeckend zu arbeiten und die Aufrechterhaltung der Übertragungswege für die Allgemeinheit sicherzustellen. Die Arbeit im Interesse der deutschen Volkswirtschaft wurde stets höher priorisiert als der Wettbewerb mit privatwirtschaftlich organisierten Wettbewerbern oder die Erzielung von Gewinn.

1989 wurde die Post im Rahmen der ersten Postreform in den *Postdienst*, die *Postbank* und die *Telekom* aufgespalten. Die drei Teilunternehmen erhielten jeweils einen eigenen Vorstand, blieben jedoch faktisch Behörden unter der Aufsicht des Bundesministeriums für Post und Telekommunikation.

Im Zuge der zweiten Postreform 1995 wurde die *Deutsche Telekom AG* gegründet, mit dem Bund als einzigem Aktionär. 1996 erfolgte der Börsengang. Zu diesem Zeitpunkt besaß die *Deutsche Telekom* immer noch ein staatlich garantiertes Monopol für den Telefondienst. Erst im Januar 1998 wurde mit dem Fernmeldeanlagengesetz das Monopol der *Deutsche Telekom AG* abgeschafft. Zeitgleich nahm die Bundesnetzagentur (damals „Regulierungsbehörde für Telekommunikation und Post") ihre Arbeit auf, die unter anderem darin bestand, den freien Wettbewerb auf dem Telekommunikationsmarkt sicherzustellen und die Marktmacht des ehemaligen Monopolisten *Deutsche Telekom*, falls notwendig, einzuschränken.

Wir können uns im Vorfeld der Privatisierung der *Telekom* an zahllose Hearings erinnern, die der damalige Bundespostminister Wolfgang Bötsch abhielt, um allen Beteiligten die Möglichkeit zu geben, ihre Interessen und Befürchtungen hinsichtlich der Gesetzesnovelle zum Fernmeldeanlagengesetz vorzutragen. Heerscharen von Managern aus dem In- und Ausland, die in den Bereichen Telekommunikation, Medien und Technologie tätig waren, und ihre Anwälte waren auf diesen Event-ähnlichen Veranstaltungen ebenso vertreten wie ihre Pendants auf Verbandsebene oder die Repräsentanten von NGOs. Sie alle vereinte nur eine einzige Sorge: Was muss geschehen, um das Monopol der *Telekom* zu beenden? Wie kann man diesen Zukunftsmarkt der Telekommunikation liberalisieren? Was ist zu tun, um die Qualität der Netze zu verbessern und allen Marktteilnehmern die gleichen Bedingungen zu ermöglichen wie der *Telekom*? Wie kann man schnell für Wettbewerb sorgen, wie die *Telekom* von einem missbräuchlichen Ausnutzen ihrer Marktmacht abhalten?

Schon damals ging es vor allen Dingen um die Frage, ob die *Telekom* zukünftig ihr Netz behalten soll. Oder war es nicht besser, dieses in die Hände eines unabhängigen Betreibers zu legen, als

Netzgesellschaft sozusagen? Zu dieser zentralen Frage wurden von beiden Seiten Gutachten vorgelegt. Die Gutachten im Auftrag der *Telekom* argumentierten schlüssig, dass diese weiterhin der Netzeigentümer und -betreiber bleiben müsse, um die Qualität der Netze sicherzustellen. Die Gegenseite präsentierte alle Argumente, warum genau das Gegenteil der richtige Weg sei.

Eine fatale politische Fehlentscheidung

Letztendlich kam es aus unserer Sicht zu einer „politischen Entscheidung", wobei die Regierung sicherstellen wollte, dass die Netze unter „deutscher Kontrolle" bleiben, bei Sicherstellung des Wettbewerbs natürlich. Der Königsweg folgte dem Konzept, die *Telekom* solle die Netze weiter betreiben, es müsse aber eine Regulierungsbehörde geschaffen werden, die durch eine „Oberaufsicht" den freien Wettbewerb auf diesen Netzen sicherstellt.

In der Automobilindustrie hätte ein solcher „Königsweg" bedeutet: *VW* behält die Produktionsanlagen für alle Autos, die von deutschen Unternehmen hergestellt werden, und der niedersächsische Ministerpräsident wacht darüber, zu welchen Bedingungen andere Autohersteller bei *VW* die Produktion ihrer Autos einkaufen können.

Einige Leser werden glauben, dass dieser Vergleich hinkt. Vielleicht tut er das auch ein wenig, aber im Grundsatz ist er richtig. So wie der niedersächsische Ministerpräsident den (Mit-)Eigentümer – das Land Niedersachsen – repräsentiert und dessen Interessen vertritt, so ist der Chef der Regulierungsbehörde ein Staatsdiener, wobei sein Dienstherr – der deutsche Staat – zugleich an der *Telekom* maßgeblich beteiligt ist und dort – ähnlich wie die niedersächsische Landesregierung im Aufsichtsrat bei *VW* – auch Sitz und Stimme im Aufsichtsrat hat.

Warum dieses Konstrukt nicht geeignet sein kann, die Netze unabhängig von den Eigeninteressen der *Telekom* zu entwickeln, war eigentlich schon bei der Geburt dieser Idee klar. Dass dieser Schritt aber zu einem der wesentlichen Gründe dafür werden würde, warum Deutschland bei der Digitalisierung im Infrastrukturbereich so weit hinterherhinkt, das war – hoffentlich – damals doch keinem der für diese Entscheidung Verantwortlichen in der vollen Tragweite deutlich.

Im Nachgang dieser Entscheidung versuchten sich alle zu arrangieren. Die *Telekom* bewegte sich nur dann, wenn die Netzkunden, die eigentlich ihre Wettbewerber waren, von ihr zu wenig Luft zur wirtschaftlichen Existenz erhielten und infolgedessen unangenehmen Druck aufbauten. So entwickelte sich über die Jahre ein Marktverhalten, bei dem die *Telekom*-Wettbewerber nicht zu aggressiv auftraten, um deren Management nicht zu verärgern. Umgekehrt ließ die *Telekom* dem Wettbewerb in Deutschland nur so viele Marktanteile zukommen, dass bei ihr die Schmerzgrenze nicht erreicht wurde, die Wettbewerber auskömmlich wirtschaften konnten und sie selbst im Rahmen ihres Marktverhaltens nicht kartellrechtlich angreifbar wurde.

Dies ging leider zulasten des nachfrageorientierten Netzausbaus, was sich in verschiedener Hinsicht bis heute niederschlägt, zum Beispiel in vergleichsweise zu hohen Nutzungskosten. Erst Mitte Juni 2020 bat das Verkehrsministerium, sozusagen als Dienstherr der Bundesnetzagentur, zu einer Art Hearing nach Berlin. Ziel dieser Veranstaltung war es, Lösungen für die in Deutschland immer noch bestehenden Funklöcher zu finden. Auch diese Initiative dürfte den – in diesem Fall negativen – Erfahrungen mit den Mobilfunknetzen in Deutschland während der Corona-Pandemie geschuldet sein.[29] Arbeiten aus dem Homeoffice war in bestimmten Bereichen nicht möglich, da es keine Funkabdeckung gab. Was für ein Armutszeugnis für uns alle, nachdem fast 35 Jahre seit der Einführung des Mobilfunks vergangen sind! Während dieses langen Zeitraums waren wir in Deutschland nicht in der Lage, in dieser Hinsicht unsere Hausaufgaben zu machen.

Die *Telekom* war ohne größere Anstrengungen in der Lage, mächtigen Druck auf ihre Wettbewerber zu entfalten, falls erforderlich auch mithilfe der Politik, mit der sie nach wie vor eng verbunden war. Sie hatte zudem zum damaligen Zeitpunkt mit Ron Sommer einen Vorstandsvorsitzenden, der sich energisch für die Interessen seines Konzerns einsetzte und für diesen auch eine anspruchsvolle Vision verfolgte. Nach seinem Verständnis war er nur dem Erfolg der *Telekom* und deren Aktionären verpflichtet.

„Deutschland-AG": Ein absurder Staffellauf

Die Nachfolger von Ron Sommer sahen sich vor allen Dingen einem Aktionär verpflichtet: dem deutschen Staat. Sie hatten nach Sommers Sturz sofort verstanden, wohin es führt, wenn der *Telekom*-Chef zu eigenständig auftritt und aus Sicht der Politik zu mächtig wird.

Zudem hatte sich der Bund entschlossen, eine „neue Managergeneration" an die Spitze des größten deutschen Telekommunikationskonzerns zu entsenden. Diese Truppe hatte eigentlich bereits das Vorruhestandsalter erreicht oder war davon nicht weit entfernt und verstand zudem von der Telekommunikation nicht allzu viel – was ja in manchen Fällen für einen klaren Blick durchaus hilfreich sein kann.

Dass die räumliche Nähe von Düsseldorf, wo *Henkel* geschäftsansässig ist, zu Bonn der Grund für die Beförderung dieses Trios war, ist jedenfalls nicht völlig auszuschließen. Ansonsten sprachen kaum andere Gründe für die Besetzung dieser zentralen Positionen mit Managern, die über keinerlei Erfahrung aus dem Bereich „Telekommunikation, Medien und Technologie" (TMT) verfügten und ein Unternehmen dieser Größenordnung und Struktur nie zuvor von innen gesehen hatten. Jedenfalls ist der Waschmittelkonzern *Henkel* im Vergleich zur *Telekom* ein im Kern chemiegetriebenes

Markenartikelunternehmen und im Größenvergleich eher ein gesunder Mittelständler. Diese Kultur hatte sie geprägt, nicht der Überlebenskampf im digitalen Silicon Valley.

Wie bei einem Staffellauf übergab der eine den Stab an den nächsten. So funktioniert die Deutschland AG. Helmut Sihler, ehemaliger Waschmittelmanager, kurzzeitiger „Interim-Chef" bei *Porsche* und danach Aufsichtsratsvorsitzender der *Telekom*, wechselte aus dem Amt des Aufsichtsratsvorsitzenden und agierte zunächst als Vorstandsvorsitzender in der Nachfolge von Ron Sommer zusammen mit Hans-Dietrich Winkhaus, seinem Nachfolger im Vorstandsvorsitz bei *Henkel*, der aber jetzt bei der *Telekom* als sein Aufsichtsratsvorsitzender tätig wurde.

Es kam dann zu einem kurzen Intermezzo der besonderen Art mit Klaus Zumwinkel, der als Vorstandsvorsitzender der *Deutschen Post* tätig war und dort zu seinem größten Leidwesen einige Jahre im öffentlichen Schatten von Ron Sommer leben und leiden musste, solange dieser noch bei der *Telekom* tätig war. Zumwinkel, der zuvor bei *McKinsey* gearbeitet hatte und dann als *Quelle*-Chef den Niedergang des Versandhandels nicht aufhalten konnte, beerbte Winkhaus als Aufsichtsratsvorsitzender der *Telekom*. Er führte die *Deutsche Post, DHL* als Vorstandsvorsitzender und die *Telekom* als deren Aufsichtsratsvorsitzender. Eigentlich war er in dieser Rolle der neue Postminister der Republik, allerdings mächtiger und besser bezahlt. Eine „Rolle rückwärts" nennt man so etwas im Volksmund.

Nach seinem unfreiwilligen Ausscheiden wurde die Position von Klaus Zumwinkel als Aufsichtsratschef der *Telekom* dann an Ulrich Lehner – man mag es gar nicht glauben: einen weiteren *Henkel*-Manager – weitergereicht, der dieses Erbe bis heute verwaltet, wohingegen er sich aus dem Aufsichtsratsvorsitz bei *ThyssenKrupp* verabschiedet hatte, als der Konzern in schwere Turbulenzen geraten war.

Man stelle sich einmal vor, bei *Apple* wäre als CEO in Nachfolge von Steve Jobs zunächst der pensionierte CEO des US-Waschmittelkonzerns *Procter & Gamble* angetreten, zusammen mit seinem Nachfolger, der ihn bei *Apple* aber als sein Chairman beaufsichtigt. Und nach einigen Jahren hätte dann wieder der pensionierte *Procter & Gamble*-CEO das Amt des neuen Chairman von *Apple* übernommen. Die Wall Street hätte den Konzern gnadenlos abgestraft, das *Apple*-Board wäre mit Klagen überzogen worden und hätte das nächste Annual General Meeting kaum lebend überstanden.

Ja, so kurios kann das Wirtschaftsgeschehen in Deutschland sein. Man stelle sich vor, was aus *Apple* geworden wäre, wenn die Nachfolge von Steve Jobs in einer solchen Form gehandhabt worden wäre. Anscheinend glauben die Verantwortlichen, Manager seien beliebig austauschbar. Doch ähnlich wie im Fußball gibt es auch unter Managern spezialisierte Spitzentalente, ob im defensiven oder offensiven Bereich.

Alle, die Ron Sommer nachfolgten, hatten aus Sicht des Wettbewerbs Gott sei Dank nicht mehr sein Format, waren aber ebenfalls beim Einsatz ihrer Mittel im Kampf mit den Wettbewerbern keine Heiligen. Und die Wettbewerber, die die Marktmacht der *Telekom* bis heute fürchten, machten nur dann Druck auf deren Geschäftsgebaren, wenn sie wirklich keine andere Wahl hatten.

Oder sie suchten den Weg unmittelbar über die Politik, wie es Leo Kirch über Helmut Kohl versuchte, um die *Telekom* für seine unternehmerischen Interessen einzuspannen. Der damalige Aufsichtsratschef Rolf-Dieter Leister konnte hierzu einiges berichten.

In der unheilvollen Vermischung von Politik und Konzerninteressen liegt einer der wesentlichen Gründe für den unzureichenden Stand der digitalen Infrastruktur unseres Landes!

Die Bundesnetzagentur:
Das Auge des Herrn macht das Vieh fett

Trotz – manche Beobachter meinen sogar „wegen" – der Tätigkeit der Regulierungsbehörde konnte die *Telekom* bis heute ihre Vormachtstellung auf dem Markt für Telekommunikation verteidigen und darüber hinaus in neue Segmente vorstoßen, wie zum Beispiel in den Sportrechtebereich. Mit 80,5 Milliarden Euro Umsatz im Jahr 2019 ist sie das größte Telekommunikationsunternehmen in Europa und baut mithilfe ihrer Kapitalkraft ihre Präsenz im Medienbereich immer weiter aus. Sie vermietet heute immer noch einen großen Teil der deutschen Telekommunikationsnetze an ihre Wettbewerber, nimmt Wartungen bei technischen Störungen vor und unterstützt bei der Abrechnung.

Als ein Unternehmen der freien Marktwirtschaft ist es für die *Telekom* natürlich nicht sehr attraktiv, den Wettbewerb durch ein herausragendes Leistungsangebot zu fördern. Die neuen Telekommunikationsunternehmen sind betriebswirtschaftlich und von den Finanzierungsmöglichkeiten her nicht in der Lage, die Investitionsmittel für eine eigene, komplett neue Netzinfrastruktur aufzubringen. Ein solches Vorgehen würde zudem unnötigerweise die Investitions- und damit verbundenen Nutzungskosten der Telekommunikation in die Höhe treiben. Da greifen sie dann doch lieber auf das qualitativ in manchen Fällen minderwertige Angebot der *Telekom* zurück und akzeptieren zur Not auch höhere Netznutzungskonditionen.

Auch aus diesem Grund ist die Bundesnetzagentur im Interesse aller Marktteilnehmer gefordert, für eine offene, gleichberechtigte und faire Nutzung der Netze Sorge zu tragen. Leider erfüllt sie diese Aufgabe gegen den Willen der *Telekom* nicht immer. Oder sie kann es ganz einfach nicht.

Darüber hinaus ist die Bundesnetzagentur für den Verbraucherschutz und die Verhinderung von Preisabsprachen in der

Telekommunikationsbranche zuständig. Darunter fällt auch die Kontrollfunktion bei Tarifänderungen größerer Telekommunikationsunternehmen.

Bis heute ist die *Telekom* das mit Abstand größte Mobilfunkunternehmen in Deutschland geblieben. Und nicht wenige Beobachter sehen den Bonner Konzern noch heute nahe an seiner ursprünglichen Monopolstellung. Es dauerte allerdings bis zum Jahr 2015, bis die Monopolkommission und die Wettbewerber im Zuge des geplanten Ausbaus der Vectoring-Technologie in Deutschland öffentlich gegen die Gefahr einer erneuten Monopolbildung durch die *Deutsche Telekom* Stellung bezogen.

Fazit: Bis heute verfügt Deutschland nicht über einen freien Markt für Telekommunikation im Bereich der Netzinfrastruktur. Dies drückt sich in langsamen technologischen Fortschritten und relativ hohen Kosten für die Nutzer aus. Deutschland läuft Gefahr, dass uns dies unsere Zukunftsfähigkeit kostet.

DIE DEUTSCHE UTOPIE VOM DIGITALEN GLOBAL CHAMPION

In der Politik und in Teilen der Wirtschaft herrscht nach unserem Eindruck heute der Glaube vor, mit einem ausreichenden Einsatz an Finanzmitteln könne man alles regeln – auch die erfolgreiche Entwicklung von digitalen Geschäftsmodellen. Häufig haben wir in diesem Zusammenhang aus Kreisen der Politik Statements gehört wie: „Mit einem Einsatz von 40 Milliarden Euro könnten wir ja auch unser eigenes *Facebook* bauen."

Diese Haltung beruht auf falschen Fakten und auf der Ausrichtung auf irreführende Kriterien, wie beispielsweise der Anzahl der in einem Unternehmen oder einer Branche beschäftigten Mitarbeiter.

Es herrscht offensichtlich noch immer der Glaube vor, wenn ein Unternehmen groß genug ist, dann hat es auch die Kraft und das Potenzial, neue Geschäftsmodelle zu entwickeln.

Tatsächlich fehlt heute in Deutschland noch immer alles, was erforderlich wäre, um einen Digital Global Champion zu entwickeln, der sich international erfolgreich durchsetzen kann: Talent, ausreichende Finanzmittel, die relative Größe des Heimatmarkts und des damit verbundenen Sprachraums und ganz besonders die für diese Aufgabenstellung notwendigen Visionen der zuständigen Politiker. Von dem für ein solches Projekt notwendigen Mut ganz zu schweigen. Andererseits wartet ein herausragender Digitalunternehmer wie Jeff Bezos nicht auf Deutschland und die hiesige Politik, um von ihr entdeckt oder gerufen zu werden.

Die Mehrheit der deutschen Politiker glaubt offensichtlich auch heute noch, *Siemens* sei im Technologiebereich das Maß aller Dinge. Je mehr Mitarbeiter ein Konzern beschäftigt, je mehr Arbeitsplätze er im Inland unterhält, umso wichtiger und bedeutender ist er nach wie vor in den Augen eines Politikers. Ob diese Arbeitsplätze in zum Teil überalterten Industriebereichen bei schrumpfenden Umsätzen unterhalten werden, interessiert die Politik nicht sonderlich, wie das Beispiel *ThyssenKrupp* eindrucksvoll zeigt. Wir haben den Eindruck, dass dieser Konzern, der scheinbar unaufhaltsam in Richtung Zerschlagung und Liquidation zu marschieren scheint, für die Politik aus welchen Gründen auch immer ganz besonders schutzwürdig ist.

Um die besondere Bedeutung ihres Konzerns zu unterstreichen, argumentieren Manager heute genauso, wie sie es bereits in der Vergangenheit gegenüber Politikern getan haben: Die Anzahl der in ihrem Konzern beschäftigten Mitarbeiter ist das Maß aller Dinge.

Die Politik sollte es heute eigentlich besser wissen. Bereits Mitte der 90er-Jahre wurde der Internetkonzern *AOL Inc.*, der zu diesem Zeitpunkt über 100 Jahre jünger war als der *Siemens*-Konzern, an der Börse um einen Faktor von drei höher bewertet als der gesamte *Siemens*-Konzern. Zu diesem Zeitpunkt waren bei *AOL* jedoch nur zehn Prozent der Mitarbeiter der *Siemens AG* beschäftigt. Die Höhe der Börsenkapitalisierung spiegelt die Einschätzung der Märkte bezüglich Skalierbarkeit des Geschäftsmodells und damit verbunden des Wachstums- und Ergebnispotenzials eines Unternehmens wider.

Wie wenig der zeitpunktbezogene Blick eines Politikers auf die Mitarbeiterzahl aussagt, zeigt die Entwicklung von *Amazon*. Auf dem Höhepunkt der Corona-Krise, einem Zeitpunkt, an dem alte Industriekonzerne Kurzarbeit, Fabrikschließungen etc. im Stundentakt verkündeten und bei der Politik um finanzielle Hilfen bettelten, gab *Amazon* bekannt, dass das Unternehmen allein in den USA (!) 100.000 Mitarbeiter neu einstellen werde, um dem durch Covid-19 ausgelösten Nachfragewachstum nachkommen zu können. Man stelle sich vor: In einer der dramatischsten Weltwirtschaftskrisen überhaupt stellt ein Internetkonzern – allein in den USA – rund ein Viertel der weltweiten Mitarbeiterzahl der *Siemens AG* ein.

Während Automobilproduzenten wie *VW*, *BMW* und *Daimler* – sozusagen das Rückgrat der deutschen Wirtschaft – während der Coronakrise dramatische Absatzeinbrüche und Werksschließungen verkünden mussten, machte *Netflix* sich Sorgen, ob die Kapazitäten des Internets weltweit ausreichen würden, um der gestiegenen Nachfrage nachkommen zu können.

Diese Wachstumsmeldungen von digitalen Unternehmen während einer Krise sollten jedem Politiker vor Augen halten, dass eine einseitige zeitpunktbezogene Fokussierung auf die Mitarbeiterzahl – zumal in relativ alten Industrien – und die Strategie, daraus etwas über die zukünftige Bedeutung des jeweiligen Unternehmens abzuleiten, in die Irre führen kann.

Fazit: Auch 20 Jahre nach dem Crash des Neuen Marktes können wir keine Bestrebungen der deutschen Politik erkennen, in ihrer

Wirtschaftspolitik umzudenken. Die erkennbaren Bemühungen reichen nicht weit genug. Sie sind halbherzig und werden dem Potenzial nicht gerecht, das die digitale Entwicklung für den Wirtschaftsstandort Deutschland haben könnte. In Teilen müssen sie als „technologiefern" bewertet werden.

Dieser Sachverhalt hat in vielfältiger Weise Einfluss auf unser tägliches Leben. Leider haben wir uns an manche Unzulänglichkeiten gewöhnt. Dann kann der unverstellte ausländische Blick gelegentlich zu einem „Wake-up-Call" werden.

KONSERVATIVISMUS UND DIGITALISIERUNG – EIN GEGENSATZ?

Bereits Mitte der 1990er-Jahre sprach Thomas auf einem „Zukunftsparteitag" der CDU über Entwicklungstendenzen der digitalen Welt. Er erläuterte, welche infrastrukturellen Anforderungen das Internet für seine weitere erfolgreiche Verbreitung stellen würde. Die Forderungen aus Sicht der Wirtschaft waren klar und eindeutig:

Ein sofortiger Ausbau der breitbandigen Übertragungswege sei nötig, um eine schnelle und erfolgreiche Diffusion des Internets zu fördern. Schulen müssten dringend mit leistungsfähigen PCs ausgestattet werden sowie einen besseren Netzanschluss erhalten, und die digitalen Medien seien in die Lehrpläne zu integrieren. Außerdem müssten durch die Digitalisierung Verwaltungsprozesse in öffentlichen Haushalten effizienter gestaltet werden.

Eine schnelle politische Befassung mit der Thematik und eine Umsetzung entsprechend dieser Forderungen wurde damals von Bundeskanzler Helmut Kohl und von weiteren Spitzenpolitikern der CDU zugesagt. Dachten wir beide damals über den Begriff „Konservatismus" nach, schien er uns zweifelsohne ein Erfolgsfaktor für die schnelle und erfolgreiche Digitalisierung des Landes zu sein.

Heute, 20 Jahre später, kommen wir zu einem ernüchternden Fazit: Die breitbandige Infrastruktur ist bei uns im internationalen Vergleich auch aktuell nur unzureichend ausgebaut. Selbst osteuropäische Länder haben uns beim Netzausbau und dem Einsatz digitaler Prozesse, beispielsweise in öffentlichen Verwaltungen, weit hinter sich gelassen, von asiatischen Ländern ganz zu schweigen. Ein chinesischer Unternehmer, der uns besuchte, behauptete – möglicherweise zu recht –, die Netzqualität in der Wüste Gobi sei deutlich besser als im Großraum Köln. Wir sollten nicht vergessen: Das Headquarter der *Telekom* liegt in Bonn, also weniger als 20 Kilometer von Köln entfernt.

Stellen Konservativismus und Digitalisierung heute statt einer Erfolgsformel also eher ein Paradoxon dar? Die politische Gegenwart einerseits und die unzureichende Digitalisierung andererseits legen diesen Schluss nahe.

Rezo und die Entzauberung der CDU

Wie fern sich diese beiden Welten zu sein scheinen, bewies im Frühjahr 2019 auch ein junger YouTuber mit Namen Rezo. Er schaffte es mit einem einzigen Video, das den – je nach Sichtweise – einfältigen oder martialischen Titel „Zerstörung der CDU" trägt und für das er im Mai 2020 den „Nannen-Preis" aus dem Hause *Bertelsmann* erhielt, den Europa-Wahlkampf der Partei derart negativ zu beeinflussen, dass die CDU neben der SPD als großer Verlierer daraus hervorgehen „musste". So jedenfalls die eigene Einschätzung der CDU-Parteistrategen.

Unmittelbar nach der verlorenen Wahl forderte Parteichefin Annegret Kramp-Karrenbauer angesichts des „Rezo-Videos" denn auch prompt eine Regulierung von Meinungsäußerungen im Internet. Damit stellte sie unter Beweis, dass die Politik den Kern des Internets noch immer nicht verstanden hat. Statt dessen Vorteile sinnvoll zu nutzen, setzt die deutsche Politik auf den (untauglichen) Versuch von Verboten.

Dabei ist weniger die mit 1,4 Millionen Aufrufen virale Verbreitung des Rezo-Beitrags nur wenige Stunden nach dessen Veröffentlichung auf YouTube überraschend, sondern vielmehr die Reaktion der konservativen Volkspartei CDU erschreckend: Mit einem 12-seitigen Fax (!) an die Parteimitglieder suchte sie Tage später die inhaltliche Auseinandersetzung mit der Argumentation von Rezo. Zu diesem Zeitpunkt hatte dessen Beitrag die Millionengrenze an Abrufen längst überschritten.

Es scheint, als seien unsere konservativen Volksparteien nicht in der Lage, eine sinnvolle Strategie für eine zunehmend digitalisierte Welt zu entwickeln. Viel schlimmer aber: Es scheint bei ihnen an dem grundlegenden Verständnis zu mangeln, welche Bedeutung die Digitalisierung und deren Möglichkeiten für uns haben. Eine erschreckende Erkenntnis, knapp zehn Jahre nach dem Ende des verlorenen Jahrzehnts.

Fazit: Es fehlen umfassende Lösungen für den Ausbau der Infrastruktur, für die zielgerichtete Förderung von Start-ups und für den ausreichenden Einsatz digitaler Medien in der Bildung – und in der Kommunikation mit dem Wähler. Es fehlt aber vor allem das grundlegende Verständnis für die Chancen und Risiken der Digitalisierung in unserem Alltag, wie es die Nutzer des Internets während der Corona-Krise weitgehend eigenständig und eigeninitiativ entwickelt haben, übrigens fern jeglicher staatlich verordneter Bevormundung.

Bedeutet Konservativismus „Technikfeindlichkeit"?

Es steht die Frage im Raum: Tun sich gerade jene Parteien, die programmatisch auf einem konservativen Kern beruhen, mit der Entwicklung moderner Technologien und deren Verbreitung besonders schwer? Steht eine konservative Haltung der Digitalisierung hierzulande möglicherweise im Wege? Verhindert der Konservativismus eine wettbewerbsfähige Rolle unseres Landes im sogenannten „Global Village"? Sind Nationen, die eine andere politische Ausrichtung oder Kultur aufweisen, besser auf die Diffusion des Internets vorbereitet? Oder haben Länder, die im digitalen Bereich weiterentwickelt sind, ein anderes Verständnis von Konservativismus? Oder steht vielleicht der Konservativismus in seiner aktuellen politischen Ausgestaltung in Deutschland inhaltlich für gar nichts mehr, außer für Pragmatismus und Opportunismus?

Der Begriff Konservativismus geht auf das lateinische *conservare* zurück und bedeutet in seinem Wortkern so viel wie „erhalten" oder „bewahren". Während im kontinental-europäischen Verständnis des Konservatismus dem Staat eine relativ starke ordnungspolitische Funktion zugewiesen wird, an dem sich konservatives Ordnungsdenken ausrichtet, spielt im angelsächsischen Konservatismus das Individuum eine zentrale, positiv bewertete Rolle. Im angelsächsischen Wirtschaftsmodell kommt dem Staat eine eher untergeordnete Rolle zu, bei zugleich starker Ausrichtung auf die Förderung der Wirtschaft, wie beispielsweise von Start-ups.

Nach diesem Verständnis des Konservativismus hätte es für den deutschen Staat, der die bedeutendste kontinental-europäische Wirtschaft beheimatet, eigentlich eine vordringliche Aufgabe sein müssen, die für eine erfolgreiche Entwicklung der digitalen Wirtschaft erforderliche Infrastruktur zu schaffen. Nichts anderes versteht man unter wirtschaftspolitischer Zukunftssicherung.

Dass die konservative deutsche Politik sehr wohl zu massiven technologischen Einschnitten fähig ist, hat Frau Merkel mit der von ihr verantworteten Energiewende bewiesen. Als Folge des Reaktorunglücks in Fukushima, dessen Ursache ein Tsunami war, wurde der Ausstieg aus der Atomenergie von ihr politisch erzwungen – obwohl die Geschichtsschreibung noch von keinem einzigen Tsunami in hiesigen Breitengraden berichtet hat. Diese von konservativen Politikern zu verantwortende Entscheidung, die vielleicht von der Kanzlerin aus „machttaktischen" Gründen vor den anstehenden Landtagswahlen herbeigeführt wurde, hat und wird den deutschen Steuerzahler auch künftig jährlich Milliardensummen kosten und die Umwelt belasten. Sie wird verhindern, dass Deutschland seine CO_2-Ziele ohne den Einsatz von Atomkraft wird erreichen können. Dagegen wird in Japan – dem Land des Fukushima-Unfalls – weiter in die Atomenergie investiert, trotz des dort tatsächlich bestehenden Tsunami-Risikos.

Die Konsequenzen dieses politisch gewollten Abbaus von Technologie sind eindrucksvoll, ebenso wie der konservativ politisch zu verantwortende fehlende Ausbau der digitalen Infrastruktur: Der Industriestandort Deutschland hat heute im internationalen Vergleich sehr hohe Energiekosten; relativ sichere eigene Atomkraftwerke wurden abgeschaltet, während unsichere Atommeiler unmittelbar jenseits der nationalen Grenze weiter betrieben werden. Die deutsche Wirtschaft musste darüber hinaus ein zentrales Technologiefeld räumen, auf dem sie weltweit wettbewerbsfähig und führend tätig war. Der Ausstieg aus der Atomenergie widerspricht im Kern eigentlich den Prinzipien konservativer Politik. Und er entspricht auch nicht dem bürgerlichen Gedanken des Bewahrens. Helmut Kohl hatte diese Argumente wegen ihrer Bedeutung für die weitere wirtschaftliche und technologische Entwicklung Deutschlands seinerzeit in einem Meinungsartikel vertreten, der in der BILD publiziert wurde. Leider ohne viel Resonanz in seiner Partei

Auch in einer anderen ehemaligen Königsdisziplin deutscher Ingenieure fährt Deutschland dem internationalen Wettbewerb hinterher – wenn denn die Züge überhaupt fahren.

Bei dem Kriterium „Hochgeschwindigkeits-Streckenkilometer" liegen andere Länder deutlich vor Deutschland. Dieser Sachverhalt ist wenig überraschend, wenn man den Einfluss der mächtigen

Autolobby auf die Berliner Politik berücksichtigt. Gerade in den Wochen nach den ersten Corona-Lockerungen wurde wieder einmal sehr schnell der altbekannte Hinweis laut, dass in Deutschland mehr als zwei Millionen Arbeitsplätze von der Automobilindustrie abhängen. Für die Politik heißt das Signal nichts anderes als: zwei Millionen Wähler! Auf diese Weise sollte bei den konservativen Politikern der Weg zu Kaufprämien für den „Sale", oder – wie es früher noch so nett hieß – den „Sommerschlussverkauf" der von den Automobilmanagern vor (!) Corona auf eigenes Risiko produzierten Lagerbestände geebnet werden. Für uns war es schon überraschend, dass dem Druck der Autolobby nach Kaufprämien post-Corona nur indirekt in Form eines reduzierten Mehrwertsteuersatzes für reine Verbrennungsmotoren stattgegeben wurde.

Als größter Vorteil der Hochgeschwindigkeitszüge gilt ihre Pünktlichkeit. Verspätungen werden anderenorts nicht etwa in Stunden gemessen, wie dies in Deutschland immer mehr zur Gewohnheit zu werden scheint, auch nicht in Minuten, sondern in Sekunden. Als der „Shinkansen" einmal 20 Sekunden zu früh abfuhr, führte dies zu einer öffentlichen Entschuldigung der Betreibergesellschaft.

Dabei entstammt ein Teil der beim Bau der Hochgeschwindigkeitszüge „China Railway High-Speed" eingesetzten Technologie dem ehemaligen deutschen Prestigeprojekt „Transrapid", das sich wegen politischen Widerstands oder mangels politischer Unterstützung oder wegen Unfähigkeit des Managements, die Vorteile dieser Technologie unter Beweis zu stellen – möglicherweise auch aus allen drei Gründen –, in unserem Land nicht durchsetzen konnte. Auch dieses Projekt scheiterte zu Zeiten einer konservativ geführten Regierung. Für *Thyssen* hätte es ein zukünftig interessantes Geschäftsfeld bedeuten können, das die lebensbedrohliche Abhängigkeit vom Stahlbereich zumindest in Teilen früh genug reduziert hätte.

DIE QUALITÄT DEUTSCHER TECHNOLOGIEN AUS JAPANISCHER SICHT

August 2018, 4:15 p. m., Hauptbahnhof, Berlin

Es ist eine bunt gemischte Gruppe von Reisenden, die am frühen Nachmittag eines sehr warmen Augusttages in einem schwarzen Van mit getönten Fensterscheiben am Berliner Hauptbahnhof vorgefahren wird. Der Chauffeur springt aus dem Wagen und öffnet die seitlichen Schiebetüren. Aus dem Van klettern Conny und einer seiner Associates, zusammen mit drei japanischen Geschäftsleuten, die als wichtige potenzielle Investoren in der deutschen Start-up-Szene die digitalen Gegebenheiten in Deutschland persönlich in Augenschein nehmen wollen.

Bei Connys letzter Reise nach Japan hatten ihm seine japanischen Geschäftsfreunde voller Stolz den „Bullet-Train" vorgeführt: auf die Sekunde pünktlich, fast lautlos, breitbandiger Internetzugang während der gesamten Fahrt, Klimatisierung, luxuriöse Sitze, gedämpfte Atmosphäre.

Conny hatte dem entgegengehalten, dass auch Deutschland über eine ausgereifte Generation von Schnellzügen verfüge. Vielleicht nicht ganz so pünktlich, nicht ganz so schnell und auch nicht so luxuriös wie der Bullet, aber dennoch schon ein Premium-Produkt, von *Siemens* entwickelt und gebaut.

Kurz nach ihrer Ankunft in Deutschland baten die Japaner darum, den deutschen ICE in Augenschein nehmen zu dürfen. Warum nicht die Strecke von Berlin nach München, wo man einige von *Mountain Partners* finanzierte Start-ups besuchen will, gemeinsam im ICE zurücklegen?

Auf dem Weg zur Plattform fällt den japanischen Gästen auf, dass die Sauberkeit an deutschen Bahnhöfen nicht so ist, wie dies dem japanischen Verständnis entspricht. Ob vielleicht die Reinigungskräfte streiken, wollen sie wissen, während sie Pappdeckel mit Mayonnaise, leere Bierdosen und Verpackungen von Magnum-Eis umkurven. Conny fällt auf diese überraschende Frage keine überzeugende Antwort ein.

Connys Team hat die Fahrt zum Hauptbahnhof so geplant, dass sie zehn Minuten vor der Abfahrt am Gleis ankommen würden. Die Japaner wundern sich zwar über diesen großzügigen zeitlichen Puffer, schreiben dies aber dem deutschen Hang zu Pünktlichkeit und Disziplin zu.

Nun steht Conny mit seiner Reisegruppe am Gleis. Jeden Moment muss der ICE einlaufen. Die Japaner sind freudig gespannt. Dann erscheint ein Hinweis auf den Anzeigetafeln: Der ICE 1515 ist aufgrund technischer Störungen um 15 Minuten verspätet. Die Japaner kommentieren diese Botschaft mit einem verstörten „Ohhhh", sind aber zu höflich, um Fragen zu stellen. Man wandert das Gleis hoch und wieder zurück, hoch und zurück, hoch und zurück. Jetzt sind es nur noch fünf Minuten.

Plötzlich erscheint eine neue Nachricht auf den Tafeln, kombiniert mit einer schwer verständliche Lautsprecherdurchsage. „Der ICE 1515 wird sich auf Grund einer Signalstörung um weitere sechzig Minuten verspäten."

Conny schämt sich an diesem Tag zum ersten Mal, ein Deutscher zu sein. Die Japaner glauben kurzzeitig nicht mehr wirklich, noch in Deutschland zu sein. Nein, nein, alles in Ordnung, das ist der Hauptbahnhof der Hauptstadt des wiedervereinigten Deutschlands, einer der führenden Wirtschaftsnationen der Welt.

Schließlich läuft der ICE 1515 ein – eine Stunde und 15 Minuten verspätet. Die Japaner registrieren, dass sich niemand hierfür in besonderer Form entschuldigt, das scheint in Deutschland normal zu sein. Ein wenig angeschmuddelt sieht der Zug für die Japaner auch aus, die sein Bild mit dem strahlenden Weiß eines Bullet vergleichen, bei dem sich die Sonne im Lack spiegelt.

Aber jetzt kann die Reise starten, denkt Conny. Da hat er seine Rechnung allerdings ohne die Deutsche Bahn gemacht.

„Beim ICE 1515 musste die Reihenfolge der Waggons geändert werden", kommt jetzt die Durchsage, was zu einem totalen Chaos führt. Die von Conny in der 1. Klasse reservierten fünf Plätze sind nicht mehr erreichbar. Außerdem wurde der Zug (2. und 1. Klasse) gnadenlos überbucht. Und die anderen Reisenden, die einsteigen wollen, sind schneller, weil die höflichen Japaner alle vorlassen und ihnen noch beim Einsteigen behilflich sind.

Jetzt sind alle, wirklich alle Plätze belegt. Ganz egal, ob in der 1. oder in der 2. Klasse. Conny kann froh sein, einen Platz im Gang zu finden: für die drei Japaner, für die Koffer und für die eigenen Füße. Der Zug ist restlos überfüllt und auch innen ziemlich schmutzig; den Japanern bleibt dies natürlich nicht verborgen. Conny gibt sein Bestes, um dennoch die Stimmung hochzuhalten. „Jetzt geht es schnell, wir werden beim nächsten Halt unsere Plätze finden. Es ist zwar nicht wie im Bullet, aber alles wird gut, wir sind in Deutschland."

Leider wird gar nichts gut. Nach einigen Minuten beginnen die höflichen Japaner vielsagende Blicke zu tauschen, bis einer von ihnen Conny freundlich fragt, ob er und seine beiden Freunde Connys Gefühle verletzen würden, wenn sie sich der Sakkos entledigen. Die Klimaanlage ist ausgefallen. „Nein, natürlich, kein Problem. Bitte gerne die Sakkos ausziehen und die Krawatten lockern."

Nun greifen die Japaner zu ihren Smartphones. Schnell die letzten E-Mails checken und die Zeit für Telefonate mit der Familie im fernen Japan nutzen. Nach weniger als einer Minute fragt einer der Japaner Conny, ob es ein bestimmtes Netzwerk gäbe, in welches sie sich einwählen müssen, sie alle hätten keinen Netzempfang. Dass Conny den auch nicht hat, macht die Situation nicht weniger beschämend. Conny teilt seinen erstaunten Freunden mit, dass möglicherweise bis nach München mit Beeinträchtigungen beim Netzempfang zu rechnen sei. Das ist leider untertrieben, wie die Japaner später feststellen: Bis München gibt es nur einen ständig unterbrochenen Netzempfang, der Telefonate und Online-Arbeit fast unmöglich macht.

Nun gut, Hauptsache der Zug rollt, auch wenn man keine Sitzplätze hat, für die man zwar bezahlt hat, auf denen jetzt aber andere Menschen sitzen – man kann ja auf dem eigenen Reisegepäck im Gang sitzen –, die Klimaanlage bei 30 Grad nicht funktioniert und man über einen Großteil der Fahrtstrecke nicht vernünftig arbeiten oder telefonieren kann.

Nach gut 30 Minuten fragt einer der Japaner, wo denn eine Toilette zu finden sei. Conny zeigt ihm den Weg, erleichtert, dass jeder ICE immerhin über Bordtoiletten verfügt. Wenig später steht der Japaner wieder vor Conny. Die Toilette ist defekt. Conny begleitet seinen wichtigen Geschäftsfreund zum nächsten stillen Örtchen, was einige Zeit dauert: Wegen technischer Probleme sind nur noch zwei Bordtoiletten in Funktion.

Die japanische Delegation erreicht schließlich völlig erschöpft München: auf Koffern im Gang sitzend, anderthalb Stunden verspätet, mit vielen unbearbeiteten E-Mails, Familien, die in Japan sorgenvoll auf den versprochenen Anruf warten, verschwitzt und unter Verlust des letzten Restes an Glauben in die deutsche Technologie.

Getrübter Realitätssinn?

Wenn es einen nationalen Konsens für den Ausstieg aus der Atomenergie gegeben hat (so zumindest wurde es von den konservativen Entscheidungsträgern kommuniziert), wäre nach unserer festen Überzeugung die Herbeiführung eines solchen Konsenses über den Nutzen der Digitalisierung für Wirtschaft und Gesellschaft und den adäquaten Ausbau der notwendigen Infrastruktur eine ebenso zentrale Aufgabe des Staates gewesen. Und es wäre politisch durchaus machbar gewesen, diesen „digitalen Konsens" herbeizuführen. Der gegenwärtige Status quo ist allerdings ein Armutszeugnis. Ist die konservative Politik also besser im Abbau von Technologien mit der Abrissbirne als in deren zukunftsfähiger Entwicklung? Oder verschläft Berlin schlichtweg weiter die Bedeutung der Digital Economy für die Zukunft unseres Landes?

Die Gemütslage konservativer Politik schwankt zwischen Selbstüberschätzung und Naivität: Da wird gern die Forderung erhoben, in einem vergleichsweise kleinen Sprachraum wie dem deutschen könnten auch Global Player wie *Google*, *Apple* oder *Amazon* entwickelt werden. Dabei liegen die Stärken der hiesigen Wirtschaft woanders: Spezialisierte digitale Lösungen für mittelständische Anwendungen sind das, was deutsche Entwickler weltweit leisten und durchsetzen können, und was mittelständische Unternehmer – das Rückgrat der deutschen Wirtschaft –, bislang zum weltweiten Erfolg geführt haben.

In dem Kontext zeigt auch der Ruf nach einer Regulierung von Meinungsäußerungen im Internet, dass es in weiten Teilen der – konservativen? – Politik bis heute nicht wirklich verstanden wurde. Man muss ohnehin die Frage stellen dürfen, inwieweit eine konservative Partei, die bei der Europawahl 2019 zu rund 40 Prozent von mindestens 70-Jährigen gewählt wurde, Schwerpunkte im Bereich Zukunftstechnologien setzen kann. Angesichts einer solchen Wählerstruktur muss die Sicherung der Renten logischerweise bedeutsamer sein, auch wenn innovatives Denken nicht notwendigerweise an das biologische Alter gekoppelt sein muss.

Fazit: Die letzten 20 Jahre haben eindrucksvoll verdeutlicht, dass der Konservatismus die Entwicklung der technischen Infrastruktur als Grundlage einer digitalen Gesellschaft und Wirtschaft nicht ausreichend vorangetrieben hat. Für uns ist nicht zu erkennen, wie die Politik dies in der Zukunft gestalten will. Die flächendeckende schnelle Anwendung digitaler Prozesse kann daher politisch bedingt nicht schnell Realität werden. Das Internet wird in Deutschland von konservativen Kräften zudem noch immer oft als „feindlich" eingestuft, die gesellschaftlichen Risiken werden überbewertet und der individuelle Nutzen kleingeredet.

ANGELA MERKELS VERMÄCHTNIS

Dass dies eine grundlegend falsche Haltung und Sichtweise ist, die mit der vom Bürger gelebten Praxis wenig zu tun hat, haben die schweren Monate der Corona-Pandemie gezeigt. Die deutsche Gesellschaft hat zur Lösung ihrer mit der Pandemie verbundenen Herausforderungen genau das eingesetzt, was jahrzehntelang von konservativen Politikern sträflich vernachlässigt worden ist: die Digitalisierung!

Die langen Jahre der Kanzlerschaft Merkel werden in wirtschaftlicher Hinsicht wahrscheinlich erst in einigen Jahren von Volkswirtschaftlern und Historikern abschließend evaluiert und eingeordnet werden können, obgleich die Welt uns heute darum beneidet, dass wir eine Kanzlerin mit dem Format einer Angela Merkel haben. Diesen Ruf hat sie sich innerhalb und außerhalb Deutschlands insbesondere auch für ihre Führungsqualitäten in Zeiten der Krise erarbeitet: Finanzkrise, Ukraine, Flüchtlingsstrom etc. Sie hat sich zumeist durch Intellekt, Augenmaß, Besonnenheit und ein differenziertes Urteilsvermögen ausgezeichnet.

Es könnte sein, dass sie für die entschlossene und eigenmächtige Öffnung der Grenzen für Flüchtlinge dauerhaft verehrt wird, unter anderem weil der Arbeitsmarkt und die Alterspyramide nachhaltig davon profitieren, und weil sie die Corona-Pandemie vorbildlich gemanagt hat.

Es könnte auch sein, dass wir uns „post Merkel" gezwungen sehen, in der Energiepolitik in Teilen den Einstieg in den Ausstieg vom

Ausstieg aus der Atomenergie zu verkünden, um unsere CO_2-Ziele erreichen zu können und um einen Weg zu finanzierbaren Energiekosten für den Bürger zu finden. Dies wäre für Deutschland ein unvorstellbares Desaster, weil zwischenzeitlich viel Zeit und Know-how verloren gingen. Wenn dann noch Integrationsprobleme von Flüchtlingen und damit verbundene gesellschaftliche Spannungen oder sogar Spaltungen hinzukommen sollten, wäre das für uns alle ein unerfreuliches und ungemütliches Szenario.

Es könnte aber auch sein, dass die Maßnahmen zur Bekämpfung der wirtschaftlichen Folgen der Corona-Pandemie, die überwiegend nur veralteten Industriebereichen zugutekamen, und die unfassbaren Beträge, die für alles Mögliche, nur nicht dafür genutzt wurden, systematisch eine zukunftssichernde, digitale Infrastruktur für Deutschland zu entwickeln, kritisch als verpasste Chance bewertet werden. Wir würden in diesem Fall als Folge der „Politik Merkel" mit einem hohen dreistelligen Milliardenbetrag belastet bleiben, und wichtige Unternehmen werden zumindest vom Staat finanziert oder zu einer Staatsbeteiligung „gezwungen" worden sein – sozusagen ein „teilstaatlicher Sozialismus" durch die Corona-Hintertür, zu verantworten durch die Partei, die sich konservativ nennt.

Notwendige Investitionsmittel, die für die Zukunft unseres Landes entscheidend wären, fehlen hingegen. Am Ende der Ära Merkel wären Finanzmittel aufgenommen worden, die zukünftige Generationen belasten und von diesen refinanziert werden müssen, um Industriebereiche zu sichern, die nur noch für wenige Jahre stabile Arbeitsplätze bieten können.

Wenn man die mit diesen drei Szenarien verbundenen Kosten im Worst Case summiert, ergibt sich ein in seiner Höhe unvorstellbarer Betrag, der im schlechtesten Fall die wirtschaftliche Hinterlassenschaft der Ära Merkel beziffert.

Dass bei diesen gigantischen Ausgaben keine ausreichenden Finanzmittel für den beherzten Ausbau der Digitalisierung in

Deutschland vorhanden gewesen sein sollen, ist für uns nicht vorstellbar. Das legt die Einschätzung nahe, dass die Ära Merkel durch rückwärtsgerichtetes Denken und rückwärtsgewandte Reformen geprägt war.

Erst wenn es gelingt, programmatisch konservativ die Pflicht des Staates herauszuarbeiten, eine moderne digitale Infrastruktur zu schaffen, lassen sich die vermeintlichen Gegensätze des Bewahrens im konservativen Verständnis und der Notwendigkeit des verändernden Gestaltens in der digitalen Welt vereinen.

Für die zukünftige Wettbewerbsfähigkeit unseres Landes im digitalen Bereich bleibt zu hoffen, dass der Konservativismus in Deutschland hierfür kurzfristig die notwendigen Voraussetzungen schaffen kann. Sicher ist dies allerdings nach unserer Einschätzung leider nicht.

DIE MANAGER – EIN OFFENER HEMDKRAGEN MACHT NOCH KEINEN DIGITALEN UNTERNEHMER

Immer wieder haben wir den Zusammenhang zwischen der Digitalisierung und dem typischen Verhalten von Managern diskutiert. Bringen Manager heute in einem Konzern den Mut auf, die Verantwortung für die erfolgreiche Entwicklung digitaler Geschäftsmodelle zu übernehmen? Besitzen sie die Sensibilität, für eine effizientere und humanere Gestaltung der administrativen Prozesse in einem Unternehmen einzutreten, vor allen Dingen vor dem Hintergrund ihrer Erfahrungen, die sie mit dem Einsatz der Digitalisierung während der Corona-Krise sammeln konnten? Haben sie den positiven Impact wirklich verstanden, den die Digitalisierung, im richtig verstandenen Sinne, auf unser gesellschaftliches Leben besitzt? Je länger wir diese Art von Fragen diskutieren, umso unsicherer sind wir, wie die richtigen Antworten darauf lauten. Auf jeden Fall sind unsere Diskussionen dazu emotional eingefärbt, auch vor dem Hintergrund der Erfahrungen, die wir persönlich sowohl in der Rolle als Manager als auch in der Zusammenarbeit mit Managern machen konnten.

Wie stehen Führungskräfte heute den Vor- und Nachteilen der Digitalisierung gegenüber? Die Beantwortung dieser Frage hat (leider) viel zu tun mit „typischen" Verhaltensmustern von Managern. Dabei spielt das Ego eines Managers häufig eine ganz besondere Rolle. Dies muss Thomas auch mit einem großen Maß an Selbstkritik aus leidvoller Erfahrung mit seinem eigenen Verhalten in der Vergangenheit feststellen.

Manager wollen häufig der Umwelt und sich selbst gegenüber beweisen, dass sie klüger sind, aber auch über die besseren Kontakte und mehr Erfahrung verfügen als alle anderen. Sie haben häufig die innere Haltung, dass das, was nicht auf ihrem eigenen geistigen Nährboden gewachsen ist, nicht gut sein kann. Diese Einstellung geht einher mit dem Wahn, alles und jeden kontrollieren zu müssen.

Nicht Dezentralität ist für sie das Maß der Dinge, sondern sie selbst sind es, und zwar als zentrale Entscheidungsinstanz. Die Möglichkeit der Kontrolle vermittelt ihnen das Gefühl der Macht. Eine solche Haltung konnten wir auch während der Corona-Krise beobachten. Das hat uns in der Tat überrascht, da wir immer unterstellt hatten, das Internet werde dezentral eingesetzt und fördere so die dezentrale Arbeitsweise und Entscheidungsfindung. Auf den Gedanken, dass man diesen Sachverhalt auch anders sehen kann, nämlich als Bedrohung der eigenen Autorität und Position, sind wir bis zum Ausbruch von Covid-19 nicht gekommen.

Mitarbeiter in Konzernen verstanden in der Regel sofort nach dem Ausbruch der Corona-Pandemie die Notwendigkeit, ins Homeoffice zu wechseln. Demgegenüber befassten sich einzelne Manager in dieser Situation lieber mit der Frage, wie diese Mitarbeiter zukünftig bei ihrer Arbeit zu Hause am besten zu kontrollieren seien. Es wurden sinnlose Kontrollinstrumente entwickelt und eingesetzt, von der Pflege komplizierter Projektstrukturpläne bis hin zu täglichen Routine-Calls, bei denen akribisch ausgeforscht wurde, ob die Mitarbeiter zu Hause auch tatsächlich arbeiteten. In ihrer Wirkung erzeugten sie dann völlig unnötig genau das, was ansonsten das Ergebnis ihrer täglichen Führungspraxis ist: Demotivation.

Dieses in der heutigen Zeit schwer verständliche kontrollfixierte Verhalten von Managern basiert nach unserer Meinung nicht nur auf mangelndem Selbstbewusstsein, sondern steht für ein nicht mehr zeitgemäßes Führungsverständnis. Was für die Manager von *Apple* und *Google* ein eher alltäglicher Vorgang ist, nämlich dezentral und teilweise aus dem Homeoffice zu arbeiten, bedeutet für viele Manager in deutschen Konzernen ein absolutes Novum. Sie bewegen sich auf einem neuen Terrain, das ihnen nicht vertraut ist und auf dem sie sich deswegen nur ungern aufhalten.

In den zurückliegenden Monaten haben viele Manager die Vorteile einer dank digitaler Technologien möglichen Tätigkeit im Homeoffice kennen- und schätzen gelernt. Sie haben verstanden, was für eine motivierende Wirkung diese Arbeitsweise für die Mitarbeiter entwickeln kann. Dies gibt Grund zu der Hoffnung, dass post Corona zukünftig Arbeitsprozesse dezentraler, effizienter und selbstbestimmter gestaltet werden können – ob in Konzernen, mittelständischen Unternehmen oder bei Freiberuflern. Zugleich eröffnet sich damit gerade für größere Unternehmen die Möglichkeit, Hierarchien flacher und damit zeitgemäßer gestalten zu können.

DIE TYPISCHEN REFLEXE VON MANAGERN

Bei vielen Managern findet sich zudem nach unserer Erfahrung auch ein schon fast „ritualisiertes" Abwehrverhalten neuen digitalen Geschäftsmodellen gegenüber. Es beginnt mit der Phase „Spott und Verniedlichung" durch den Manager, wenn er in einem noch frühen Stadium mit einer Innovation in Kontakt kommt. Zwar weiß dieser Managertypus nicht allzu viel über das neue digitale Geschäftsmodell, aber das, was er nicht weiß, oder besser formuliert: das, was er zu wissen glaubt, reicht ihm völlig aus, um das Neue durch sarkastische Äußerungen in seiner Bedeutung so klein zu machen, dass eigentlich niemand in seiner Umgebung für die nächsten 20 Jahre die Zivilcourage aufbringen kann, sich intensiver mit dieser neuen Geschäftsidee zu befassen.

Danach folgt die Phase „Schlechtreden". Die neue Geschäftsidee hat – entgegen seiner Prognosen – erste Erfolge gezeigt. Jetzt muss der deutsche Manager unter Beweis stellen, dass nicht sein kann, was nicht sein darf. Das Neue wird in Grund und Boden geredet. Fakten sind hierbei nicht entscheidend. Wie häufig haben wir diese Phase des ritualisierten Verhaltens erleben oder besser: ertragen müssen. Halbwahrheiten, Lügen oder Unterstellungen wurden verbreitet, um klarzustellen, dass das neue Geschäftsmodell keinen Erfolg haben werde. Ob im Blick auf *Amazon* oder die *Scout*-Gruppe, auf *AOL*, *Tesla* oder *Uber*: Immer wieder zeigten Manager uns gegenüber dieses durch nichts gerechtfertigte überhebliche Verhalten, völlig unabhängig von der Branche oder der Größe des Unternehmens, in dem sie beschäftigt waren.

Es folgt die Phase des „Kopierens". Nun wird versucht, in letzter Sekunde das neue, augenscheinlich erfolgreiche Geschäftsmodell, das man zu lange nicht ernst genommen hatte, mit der heißen Nadel zu kopieren. Uns ist bis heute kein einziger Fall bekannt, in dem eine solch verspätete Reaktion jemals zu einem nachhaltigen Erfolg in der digitalen Welt geführt hätte.

Häufig, wenn alles zu spät ist und die Geschäftschance durch zynische Untätigkeit des Managers verspielt wurde, wird von ihm der Schlusspunkt unter das ritualisierte Verhaltensmuster gesetzt. Mit der im geschilderten Kontext eigentlich schizophren anmutenden Feststellung wird sichergestellt, dass man nicht persönlich für die verpasste Chance zur Verantwortung gezogen werden kann: „Ich habe das alles genau so kommen sehen, aber mir hat ja niemand zugehört."

Dieses ritualisierte Verhaltensmuster des Managements hat der Zukunftsfähigkeit vieler deutscher Unternehmen bereits massiv geschadet, ob es sich nun auf der Vorstandsebene eines Großkonzerns abspielte oder im Management eines mittelständischen Unternehmens. Und grundsätzlich gilt, dass Pessimismus immer einfacher ist als Optimismus. Dies spiegelt ein Kernproblem der deutschen Gesellschaft wider: Wir tendieren dazu, viel eher die Risiken als die Chancen in der Veränderung zu sehen.

In der Zukunft wird allerdings der durch das geschilderte Verhalten entstandene Schaden noch größer sein, falls Führungskräfte nicht zu einer konsequenten Änderung ihrer Haltung gegenüber Neuerungen fähig sein sollten. Und wir sind uns sicher, dass die Mitarbeiter, auch aufgrund der Corona-bedingten Erkenntnis, dass es mit dem Mut zur Innovation durchaus anders geht, zukünftig gegen ein solches Verhalten Widerspruch einlegen werden. Wir sind optimistisch, dass neue Managergenerationen diese Verhaltensrituale ablegen werden. Bei den Älteren hingegen, die sich derzeit noch primär in den Aufsichtsräten befinden, haben wir alle Hoffnung aufgegeben.

Angst vor Machtverlust

Sperrig ist auch der Managertyp, der Innovationen kritisch gegenübersteht, weil er glaubt, dass durch die konzernweite Durchsetzung einer Innovation der eigene Entscheidungs- und Verantwortungsspielraum eingeschränkt werden könne.

Kaum eine Haltung im Management ist schädlicher für die Durchsetzung von Innovationen. Da der Manager sich durch die Innovation bedroht fühlt, bekämpft er teils fast wahnhaft alle Kollegen, die Promotoren der neuen Idee sind. Wer das für eine übertriebene Darstellung hält, den müssen wir aus eigener Erfahrung eines Besseren belehren: Ob *Napster* für die Musikbranche oder die digitale Druckvorstufe für den Satz in einer Druckerei – im Zusammenhang mit jeder dieser Innovationen konnten wir das geschilderte Verhalten beobachten, bei dem auch vor persönlicher Diffamierung nicht Halt gemacht wurde

Fazit: Wir hoffen, dass die neue Generation deutscher Manager offener ist für Innovationen. Wir wünschen der deutschen Wirtschaft, dass unsere neue Führungsgeneration ihrer Tätigkeit ohne falschen Stolz und Hochmut, dafür aber mit ansteckender Begeisterung für Veränderungen und Innovationen nachgeht. Wir setzen darauf, dass diese Generation ihre Tätigkeit mit einem neuen Verständnis von zeitgemäßen Führungsinstrumenten ausüben wird.

Die tradierten Muster der Bildung und Reaktanz

Zwar ist die Mehrheit der deutschen Manager empirischen Studien zufolge gut ausgebildet. Allerdings fallen unsere Universitäten und Business Schools in den letzten Jahren im internationalen Ranking kontinuierlich zurück. Bei den PISA-Studien bewegt sich Deutschland allenfalls im europäischen Durchschnitt. Zudem hat sich unser PISA-Ranking, nach einer leichten Erholung in den Vorjahren, 2019 wieder verschlechtert. Von der bereits geschilderten zukunftsweisenden Verzahnung zwischen Universitäten und Inkubatoren sind wir noch weit entfernt.

Konzernmanager können in der Regel wegen ihrer schulischen und universitären Ausbildung und dem Besuch von konzerninternen Schulungsprogrammen nur sehr schlecht mit der systemimmanenten Fehlerrate umgehen, die mit einem Risikokapital-Ansatz verbunden ist. Manager wollen planen und kontrollieren, das entspricht ihrem eigentlichen Berufsverständnis. Zugleich hassen sie jede Form der Ungewissheit. Diese ist aber mit dem Einsatz von Venture Capital, mit Innovationen und der Entwicklung neuer Geschäftsmodelle in der digitalen Welt zwangsläufig verbunden. Wir sollten in diesem

Zusammenhang nicht vergessen, dass sich bei Start-ups Misserfolge schneller einstellen als Erfolge und deutlich mehr als jedes zweite Investment scheitert.

Dieser Sachverhalt erklärt, warum die überwiegende Mehrzahl der Manager eher eine Kurzfrist-Orientierung verfolgt, statt systematisch über langfristige Trends und deren Bedeutung für das Unternehmen nachzudenken und Visionen für die Zukunft zu entwickeln. Marc Wittmann hat diesen Zusammenhang in seinem Buch *Gefühlte Zeit* folgendermaßen beschrieben: „Nur was in einem gewissen Zeithorizont des Gegenwärtigen angesiedelt ist, wird für den zeitlich Kurzsichtigen handlungsrelevant. Alles, was zeitlich weiter entfernt ist, jenseits eines gewissen Zeithorizonts, findet dagegen keine Berücksichtigung."[30]

Pero Mićić, Autor des Buches *Wie wir uns täglich die Zukunft versauen*, weist zudem auf einen weiteren Aspekt hin: „Je größer der Verantwortungsbereich, desto weitreichender sind die Folgen der Kurzfrist-Falle."[31]

Die geschilderten Verhaltensmuster vieler Manager lassen sich auch unter dem Begriff „Reaktanz" zusammenfassen – also als komplexe Abwehrreaktion, die eigenen, zumeist unbewussten Mechanismen folgt.[32]

Reaktanz der digitalen Welt gegenüber ist auch heute, 20 Jahre nach dem Zusammenbruch des Neuen Marktes, in zahlreichen deutschen Konzernen zu beobachten. Wir beobachten, spüren oder erleben dort täglich diesen in der „Konzern-DNA" verankerten „Blindwiderstand" gegenüber Start-up-Gründern oder disruptiven Innovationen. Das kann dazu führen, dass ein erfolgreicher Unternehmensgründer sich zunächst eher wie ein Bittsteller fühlen muss, wenn er in Verhandlungen, die in der Regel in der Konzernzentrale geführt werden, auf Manager trifft.

Eine vergleichbare Reaktanz-Neigung gibt es leider auch auf der anderen Seite, nämlich bei den „Gründern" gegenüber den „typischen

Konzernmanagern", denen ungeachtet ihres tatsächlichen Verhaltens automatisch Arroganz und Besserwisserei unterstellt werden.

Die Wahl der Konzernzentrale als Verhandlungsort mit einem Start-up-Unternehmer ist aus unserer Erfahrung bereits der erste größere Fehler, den ein Manager bei der Auseinandersetzung mit einer neuen Geschäftsidee machen kann. Für ein „Out-of-the-box"-Denken kann ein Tapetenwechsel hilfreich sein und sendet ganz nebenbei zudem ein starkes Signal des Respekts an den „kleineren" Verhandlungspartner.

Der Konzern-CEO bestimmt in aller Regel den Besuchstermin, unterstützt von einer zumeist hoch engagierten Assistenz, der es wichtig ist, dass alle Welt versteht, warum ihr Chef die bedeutendste Person ist, zumindest auf diesem Planeten. Damit gerät schon die Terminplanung gern zu einer Art Staatsempfang. Jeder erfolgreiche Gründer stellt sich spätestens an dieser Stelle die Frage, ob er dieses Prozedere zukünftig dauerhaft ertragen will.

Abbildung 12: Interaktionsmuster zwischen deutschen Managern und Startups.

Hat ein Start-up sich dann aber am Markt erfolgreich durchgesetzt und wurde es zu einem Unicorn, dann dreht sich das Verhaltensmuster zwischen Konzernmanagern und Start-up-Unternehmer um. Der nun sehr erfolgreiche und meist auch (sehr) vermögende Unternehmer zahlt nun all das mit Zinsen zurück, was er in den Gründungsjahren an Demütigungen durch den Manager hat einstecken müssen. Nun wird ihm von den Managern vorgehalten, dass er seine digitale Marktstellung „missbräuchlich" ausnutzen würde.

CONTROLLING ALS TOTENGRÄBER FÜR START-UPS

Nach unserer Erfahrung sind die Reporting- und Controlling-Systeme großer Konzerne eine wichtige Voraussetzung auch für die Zukunftssicherung im digitalen Bereich. Richtig und mit Augenmaß eingesetzt sind sie für die systemische und professionelle Steuerung eines Konzerns unverzichtbar. Bei Start-ups müssen sie hingegen mit Bedacht eingesetzt werden, weil hier die Entwicklung in der Startphase häufig nicht planbar ist. Allerdings gibt es in Konzernen häufig kein Know-how für die Beurteilung von Start-ups.

Das kann dazu führen, dass Controlling-Instrumente rigide eingesetzt und so zu einer Innovationsbremse werden. Sie können dann kollaterale Wirkungen erzielen, wie bei den „Säuberungsaktionen" nach dem Zusammenbruch des Neuen Marktes. Wir haben beobachtet, dass Mitarbeiter im Controlling sich nicht selten fühlen und auftreten, als seien sie die wahren Chefs des kontrollierten Start-up-Unternehmens. Sie nehmen für sich in Anspruch, über einen deutlichen Wissensvorsprung zu verfügen. Im Ergebnis wird engagierten und talentierten Start-up-Unternehmern vom Controller vorgeschrieben, was sie zu tun haben, um ihr Geschäft zum Erfolg zu führen. In diesem Zusammenhang denken wir an die scherzhafte

Bemerkung eines guten Freundes, der über intensive Erfahrungen in der Zusammenarbeit mit Controllern verfügt: „Die psychische Grundprägung eines typischen Controllers ist dadurch bestimmt, dass im Kindesalter auf dem Schulhof niemand mit ihm spielen wollte."

Die Übermacht der Controller kann leicht zu einer Innovationsfalle für Konzerne werden. Schon Helmut Thoma, Manager der ersten Stunde bei *RTL Deutschland*, sah Mitte der 90er-Jahre bei *Bertelsmann*, das damals noch minderheitlich an *RTL Deutschland* beteiligt war, „auf jedem Baum in Gütersloh einen Controller sitzen".[33] Wir befürchten, dass dies sinngemäß auch heute noch auf das typische Biotop deutscher Konzerne mit starker Controlling-Prägung zutrifft.

Viele Controller haben leider auch heute noch ein nicht immer zeitgemäßes Verständnis von ihrer Tätigkeit. Abbruchkriterien, die bei der Investitionsentscheidung richtigerweise festgelegt wurden, setzt das Controlling häufig mechanistisch zu früh ein, ohne die Ursachen der Planabweichung fundiert zu analysieren und die Pros und Cons eines Abbruchs in diesem frühen Stadium ausreichend abzuwägen.

Junge Start-up-Talente lassen sich nicht oder nur unter großen Schwierigkeiten in die tiefgestaffelten Managementebenen eines Konzerns einbinden. Um dieses Problem zu umgehen, versuchen sich Konzerne in der Disziplin des Corporate Venturing: Das Beteiligungsunternehmen soll sich außerhalb der Konzernorganisation entwickeln. Dieses Beteiligungsunternehmen bekommt es aber auch bei diesem Ansatz mit Vertretern des Konzern-Controlling zu tun, die gern schon mal in Truppenstärke auftreten können.

WIE CORPORATE GOVERNANCE INNOVATIONEN ERSTICKEN KANN

Ein weiterer Grund für die unbefriedigende Entwicklung im digitalen Bereich ist aus unserer Sicht im Bereich der Governance eines Unternehmens und dem damit verbundenen typischen Managerverhalten zu suchen. In Deutschland wird mit „Vorstand" und „Aufsichtsrat" ein zweistufiges Governance-System praktiziert, während man im angloamerikanischen Raum eher auf ein einstufiges „Board-System" setzt.

Das Selbstverständnis eines deutschen Aufsichtsrates, der ja den Vorstand kontrollieren soll, beinhaltet daher häufig auch heute noch vor allen Dingen eines: „pflichtgemäße Bedenken" in bedeutungsschwerem, mahnendem Ton zu äußern. Häufig wirkt dies auf uns, als sei es eine notwendige Voraussetzung, sich in deutschen Gremien kritisch zu verhalten, um in der dort vorherrschenden Uniformität nicht aufzufallen.

Es ist in diesem zweistufigen System verständlich, dass es klüger wirkt, wenn ein Aufsichtsratsmitglied in nachdenklichem Ton etwas Kritisches sagt – oder im Zweifel gar nichts. Äußert sich ein Aufsichtsrat hingegen positiv zu einer Entscheidungsvorlage oder zu strategischen Überlegungen, kann diese Person schnell den Ruf erlangen, nicht professionell zu sein oder sich nicht angemessen zu verhalten. Ein negatives Statement wirkt in deutschen Aufsichtsräten auch heute noch klüger und weiser als ein positives. Als Ergebnis müssen wir feststellen: In deutschen Aufsichtsräten herrscht eine destruktive Haltung statt einer offenen, konstruktiven Einstellung dem Neuen gegenüber vor.

Darüber hinaus wollen Aufsichtsräte bewahren und für Kontinuität sorgen. Wahrscheinlich zählt der Begriff „Kontinuität" zu denjenigen, die in deutschen Aufsichtsgremien am häufigsten genutzt werden. Oft in seiner richtig verstandenen Bedeutung, nämlich: Zukunftssicherung des Unternehmens. Nicht selten aber wird der Begriff falsch benutzt oder auch nur falsch verstanden. Die monokausale Fokussierung auf die „Kontinuitätssicherung" kann logischerweise dazu führen, dass Innovationen und disruptive Ansätze, die die Kontinuität zwar auf den ersten Blick infrage stellen können, aber auf den zweiten Blick mittelfristig sicherstellen, nicht mehr ernsthaft in Aufsichtsräten behandelt werden. So erklärt sich, warum Innovationen in deutschen Aufsichtsräten wenig Chancen darauf haben, nicht zerredet und verworfen zu werden.

Deutsche Aufsichtsräte haben verständlicherweise ein anderes Risk Assessment und eine andere Risikopräferenz-Kurve als ein junger Start-up-Unternehmer. Sie verfolgen in der Regel das Credo: „Wenn wir unsere Reputation schützen wollen, können wir uns keinen Flop erlauben." In vielen Fällen wurde dieses Argument gerade bei Investitionsentscheidungen von Großkonzernen missbraucht. Dagegen sucht der Start-up-Unternehmer mit allen Mitteln seine Chance. Trotz aller Bemühungen lassen sich diese gegensätzlichen Sichtweisen nur schwerlich zu vereinen.

Harmonie in der Führungsetage

Viele Vorstände scheuen zudem das Risiko, sich mit ihren Aufsichtsräten kontrovers oder konfrontativ auseinanderzusetzen. Sie fürchten in nicht wenigen Fällen eine robust strittige Diskussion und steuern daher lieber einen Harmoniekurs, der sich in seinem Kern mit „vorauseilendem Opportunismus" oder „Wohlverhalten" wohl zutreffender beschreiben lässt. Statt einer richtig verstandenen Streitkultur wird in den Gremien deutscher Konzerne nur allzu oft eine „Wohlfühlatmosphäre" mit viel Harmonie gepflegt.

In zahlreichen Fällen sind Manager der Diskussionen in den Gremien, die häufig nach dem geschilderten systemimmanenten Negativmuster ablaufen, ganz einfach überdrüssig oder wollen das Risiko vermeiden, in Sichtweite der eigenen Pensionierung zu große Risiken in Form der Entwicklung neuer digitaler Geschäftsmodelle einzugehen. Selbst wenn sie bereit sind, in neue digitale Geschäftsmodelle zu investieren, ist das Risiko nicht gering, dass der Altersnachfolger, der schon ungeduldig in den Startlöchern auf seine Chance wartet, sofort nach Übernahme versucht, das vom Vorgänger geerbte Projekt öffentlichkeitswirksam zu beenden, verbunden mit den dann üblichen Schuldzuweisungen an die Adresse des Vorgängers.

Die Art und Weise, wie Jürgen Schrempp, der ehemalige Chef von *Daimler Benz*, sofort nach seinem Amtsantritt das Konzept des „integrierten Technologiekonzerns" abservierte, das er von seinem Vorgänger übernommen und an dessen Umsetzung er unter diesem als normales Vorstandsmitglied ohne erkennbare Vorbehalte jahrelang gearbeitet hatte, wird wohl auch für die neue Führungsgeneration noch für lange Zeit in dieser Hinsicht eine Warnung bleiben. Auch diese Form des Umgangs mit dem Vorgänger scheint sich übrigens zwischenzeitlich in der deutschen Wirtschaft zu einem Ritual entwickelt zu haben. Es gehört zum guten Ton in Vorstandsetagen, die Start-up-Initiativen des Vorgängers unmittelbar nach dem Amtsantritt infrage zu stellen und kurz danach per Sonderabschreibung zu Grabe zu tragen. Mit ausreichend zeitlichem Abstand erfahren diese dann nicht selten eine Revitalisierung, diesmal allerdings „sehr viel besser".

DISRUPTION UNERWÜNSCHT!

Wenn wir versuchen, den Impact von Managern auf die weitere Digitalisierung zu verstehen, steht für uns eine Frage im Mittelpunkt: Ist die heutige Managergeneration bereit, disruptive Strategien für ihr Unternehmen zu verfolgen?

In seinen umfangreichen Werken, die er zwischen 1910 und 1940 verfasste, hatte der österreichische Nationalökonom Joseph Schumpeter, der später auch die amerikanische Staatsbürgerschaft annahm, die „Theorie der kreativen Zerstörung" entwickelt. Bestehende Systeme sollten nach seiner Meinung immer wieder zerstört werden, um neuen Entwicklungen und damit Wachstum Raum zu geben. Nach diesem Muster wurde die frühere amerikanische *Telekom AT&T* in die regionalen *Baby Bells* aufgespalten. In Deutschland fehlte nach unserer Beurteilung, wie bereits beschrieben, bei der Privatisierung der *Telekom* der Mut für einen solchen Ansatz, mit den geschilderten negativen Konsequenzen für die Digitalisierung unseres Landes.

Bereits Schumpeter wies auf die Bedeutung langfristiger Strategien hin, die Wettbewerbsvorteile schaffen können. Allerdings wurde dies von nicht wenigen Managern völlig falsch verstanden, indem sie sich einseitig auf eine Reduzierung der Personalkosten konzentrierten, statt zugleich – heute – daran zu arbeiten, die Grundlagen für den technologischen Vorsprung der Zukunft zu schaffen.

In Deutschland ist ein disruptiver Ansatz, wie Joseph Schumpeter ihn von verantwortungsvollen Entscheidungsträgern einforderte, selbst heute noch nur schwer vorstellbar. Manager haben hierzulande eine negative Einstellung zu allem, was das existierende Geschäftsmodell infrage stellen könnte. Das kann in vielen Fällen gut sein, wenn ihr Urteil auf einer reflektierten Meinungsbildung beruht. Wenn die Meinung des Managers hingegen eher einer Art „Glaubensbekenntnis" entspricht, ist es eher ungünstig.

Einige Beispiele für Aussagen aus verschiedenen Branchen, die wir in den zurückliegenden Jahren immer wieder gehört haben: „Kleinanzeigen erscheinen IMMER mittwochs und samstags." – „Kein Buchkäufer erwartet, dass er ein Buch innerhalb von 24 Stunden geliefert bekommt." Oder auch: „Für den Musikgenuss nutzt man einen physischen Datenträger wie die CD."

Heute erscheinen Anzeigen jeder Art 24/7 online, der frühere Printmarkt am Mittwoch und Samstag existiert nicht mehr. Bücher werden spätestens nach 24 Stunden geliefert und E-Books sofort – und dies wird vom Kunden auch erwartet. Und Musik hört man anywhere und everywhere per Streaming. CDs sind heute nur noch als „Retro-Nische" existent.

Aber welcher Manager sägt schon gerne den Ast ab, auf dem er sitzt? Eine notwendige Voraussetzung für einen disruptiven Ansatz wäre zumindest die Bereitschaft, die Konsequenzen des eigenen Tuns in Kauf zu nehmen. Aber auch das „Unterlassen" hat Konsequenzen, das sollte ein Manager nie vergessen.

DEUTSCHLAND AG: DER KLÜNGEL SETZT SICH FORT

Über lange Jahre hat eine Allianz von Managern die Geschicke der deutschen Wirtschaft mitbestimmt. Wechselnde Rollen als Vorstand in dem einen und als Aufsichtsrat in einem anderen Unternehmen bedingten gegenseitige Abhängigkeiten, die echte Kontrolle deutlich behinderten. Eine kritische Betrachtung der Interessenlage eines Vorstandsvorsitzenden war einem Aufsichtsrat nur schwer möglich, wenn der zu kontrollierende Vorstandsvorsitzende zugleich Aufsichtsrat in den Gremien seines Kontrolleurs war. Im Rückblick fragt man sich, wie stark die deutsche Wirtschaft eigentlich tatsächlich sein muss, dass sie diese schwere Form des Klüngels bis heute relativ schadlos überstanden hat.

Dieses System der Überkreuzaufsicht wird seit langen Jahren zutreffend als „Deutschland AG" bezeichnet. Sie hat den einen oder anderen Vorteil gehabt, etwa Kontinuitätssicherung und die Vertretung der Interessen der deutschen Wirtschaft gegenüber der Politik. Aber auch den gravierenden Nachteil, dass diese Konstellation leicht in einen gegenseitigen „Nichtangriffspakt" münden kann nach der Devise: „Solange du mir keine Schwierigkeiten in meinem Aufsichtsrat machst, werde ich dies bei dir auch nicht tun."

Aus unserer Sicht hat diese Form der Deutschland AG ganz wesentlich zur Verkrustung der deutschen Wirtschaft beigetragen, zu ausufernden Pensionsmodellen, die man sich gegenseitig unterhalb des öffentlichen Radars bewilligte. Und insbesondere hat sie wesentlich dazu beigetragen, dass Deutschland heute bei der Digitalisierung so weit zurückliegt.

Wir hatten seit 2015 den Eindruck, als würde sich dieses System der „greisen Vertreter" der Deutschland AG durch Überalterung und Sterberate auflösen. Leider stellen wir aktuell fest, dass es wieder zu Bestrebungen kommt, eine jüngere Version der Deutschland AG zu etablieren („Man kennt sich.").

Nach dem Crash im Jahr 2000 und nach der Finanzkrise 2008 wurden viele CEOs durch den CFO ersetzt. Bei aller Bedeutung und Wertschätzung dieses Managertypus', der gerade bei Private Equity-Investoren en-vogue scheint, die häufig nach der Übernahme eines Unternehmens die Spitzenposition mit einem Finanzfachmann besetzen – es ist schon ein gewaltiger Unterschied, ob man sich in Steuer- und Finanzierungsfragen auskennt oder ob man einen Konzern mit unternehmerischem Gespür strategisch neu auszurichten hat.

Häufig werden auch heute noch, genau wie Mitte der 1990er-Jahre, die ITler in einer Organisation für den Aufbau digitaler Geschäfte verantwortlich gemacht. Auch in diesem Fall liegen die Skills des Verantwortlichen auf anderen Gebieten, als es die Entwicklung und der Aufbau eines digitalen Geschäftsmodells erfordern würden. Die Planung einer Server-Architektur erfordert andere Talente als das Aufspüren einer Nische für ein erfolgversprechendes digitales Geschäftsmodell.

Diese fehlende Erfahrung ist ein wesentlicher Grund für die hohe Misserfolgsrate der Beteiligungen von Großkonzernen an Start-ups

Conny Boersch (rechts) im Gespräch mit Hakan Koç (links), Gründer des Unicorns *Auto1* am Unternehmertag 2018.

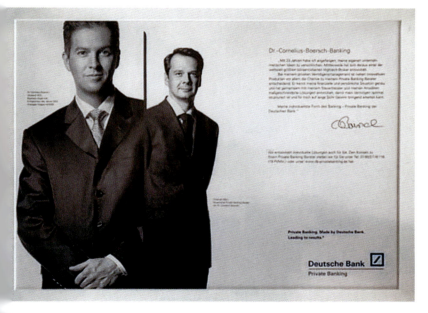

Werbekampagne der *Deutschen Bank* mit Conny Boersch als Testimonial zur Zeit des Neuen Marktes.

Conny Boersch (links) mit Guido Westerwelle (rechts) am Unternehmertag 2009.

Thomas Middelhoff, Alex Hornung, Conny Boersch und Nobuyuki Idei (ehem. CEO Sony Corporation) in dessen Büro in Tokio 2019 (von links nach rechts).

Juan Villalonga (CEO *Telefonica*), Bob Davies (Founder & CEO *Lycos*) und Thomas Middelhoff (CEO *Bertelsmann*) bei der Bekanntgabe einer strategischen Allianz zwischen den drei Unternehmen.

Conny Boersch, Gerhard Schröder und Philipp Rösler am Unternehmertag 2019 (von links nach rechts).

Thomas Middelhoff zusammen mit Bill Gates, Jeff Bezos, Steve Case, Steve Jobs, Warren Buffet et. al. bei der Sun Valley Konferenz in Idaho.

Shawn Fanning (Founder *Napster*) und Thomas Middelhoff bei der Bekanntgabe der „Übernahme" von *Napster* durch *Bertelsmann*.

Conny Boersch mit Michimasa Naka (Ex-Managing Director *Citibank Japan*) beim Besuch eines japanischen Startups (von links nach rechts).

Conny (links) und Thomas (rechts) auf dem Unternehmertag 2019.

Thomas und Jiren Liu (Gründer und CEO von *Neusoft*) bei einem Besuch von Conny und Thomas in Peking beim Mittagessen (von links nach rechts).

Alex Hornung, Philipp Rösler, Conny Boersch und Thomas Middelhoff beim Besuch des *Innovation Showrooms* der Tsinghua-Universität in Peking zusammen mit chinesischen Partnern.

Zum Schluss war selbst die Bordtoilette des ICE 1515 nicht mehr funktionstüchtig für die japanischen Geschäftsfreunde von *Mountain Partner*

und dafür, dass Gründungsunternehmer häufig Kommunikationsprobleme mit Repräsentanten dieser Großkonzerne haben. Conny kann aus seiner jahrzehntelangen Erfahrung als Venture Capitalist berichten, dass sich selbst erfolgreiche Gründer der Start-up-Szene wie unterprivilegierte Bittsteller fühlen, wenn sie den Kontakt zu Konzernmanagern suchen. Doch einen Konzern zu managen erfordert völlig andere Skills, als ein Start-up erfolgreich zu entwickeln.

Ähnliches trifft auch auf die Venture-Ansätze von ehemaligen Beratern zu. Conny weiß aus Erfahrung, dass die schlechtesten Investments seiner langjährigen Tätigkeit als Start-up-Investor diejenigen sind, bei denen sich ehemalige *McKinsey*- oder *Roland Berger*-Berater als Gründer betätigten. Es ist ein fundamentaler Unterschied, ob man einen Kunden theoretisch bei der Formulierung einer Strategie berät oder ob man selbst für die operative Umsetzung verantwortlich zeichnet. Denn dabei kommt es häufig auf Eigenschaften an, die man beim Unternehmensberater so nicht lernen kann: Durchsetzungsvermögen, Überlebenswille, operatives Geschick und weniger politisches Taktieren.

Bei aller Kritik dürfen wir nicht übersehen, dass Berater und Analysten in Investmentgesellschaften strukturiertes Denken und Arbeit unter Zeitdruck lernen. Sie sind belastbar und verfügen über eine Toolbox der Herangehensweisen an komplexe und unbekannte Probleme. Daher kann es zu gegebener Zeit durchaus sinnvoll sein, sie im Team eines Start-ups einzusetzen.

DIE BEDEUTUNG VON TIMING UND MOMENTUM BEI INNOVATIONEN

Für die zukünftig richtige Strategie im digitalen Bereich ist das Timing und Momentum entscheidend. In den Anfangstagen der Digitalisierung hörten wir häufig das Argument, man solle doch abwarten, bis sich erkennen ließe, ob sich ein tragfähiges Geschäft entwickeln würde. Falls dem so sei, würde man einfach den „Sieger" kaufen.

Der Nachfolger von Thomas bei der *Bertelsmann AG* war ein Vertreter dieser Spezies, der mit diesem Statement in der Wirtschaftswoche zitiert wurde.[34] Realistisch betrachtet ist diese Sichtweise völlig wirklichkeitsfremd: Wie kann Bertelsmann „Tech Sieger" wie *Amazon, Facebook* oder *Google* etc. kaufen wollen? Es wurde häufig versucht, diese Haltung von Managern mit dem Satz zu beschreiben: „Dann springe ich eben bei der nächsten Haltestelle auf den Zug, der sich bereits in Fahrt gesetzt hat."

Das Verhalten vieler deutscher Manager ehemals führender Konzerne lässt sich mit der Vorstellung vergleichen, dass eine internationale Topmannschaft wie Bayern München gegen einen Kreisligisten – denn das sind Start-ups zu Beginn – mit der Strategie aufs Feld liefe: „Wir gehen kein Risiko ein, hauen die Bälle nur hinten raus und spielen erst gar keine Pässe." Dass man gänzlich ohne Risiko keine Tore erzielen kann und schlussendlich bestenfalls unentschieden spielt, ist klar. Allerdings kann der Gegner sich ohne Angriffsbemühungen auf dem Platz frei entfalten und so lange lernen, bis er irgendwann ein Tor schießt, während auf der anderen Seite das Fußballspielen verlernt wurde.

Inzwischen wissen wir, dass diese Strategie nur auf den ersten Blick plausibel scheint. Man erspart sich unnötige Risiken, solange nicht abzusehen ist, ob sich ein neues Geschäftsmodell erfolgreich entwickelt. Es werden Managementressourcen, Finanzreserven und der gute Ruf geschont.

Tatsächlich hat sich in der Praxis aber schnell gezeigt, dass dieser Ansatz nicht das Papier wert ist, auf dem er geschrieben steht. Im Erfolgsfall verläuft die Wertentwicklung eines Start-ups derart exponentiell, dass Konzerne bei der dritten oder vierten Finanzierungsrunde nicht mehr mithalten können oder wollen.

Softbank's Vision Fund kann heute mit einem Fondsvolumen im Umfang von 100 Milliarden US-Dollar wirtschaften und selbst der europäische Venture Fund 735 *Lakestar* kann mit einem Fondsvolumen in Höhe von 735 Millionen Euro[35] bei der Finanzierung von Akquisitionen oder Start-ups spielend konkurrieren.

Häufig wird nach einem verpassten frühen Einstieg in ein Start-up argumentiert, man könne jetzt ja noch selbst gründen und werde sich mit der eigenen geballten Marktkraft aus der Offline-Welt gegen den neuen Wettbewerber durchsetzen. So geschehen bei der *METRO* gegenüber *Amazon*. Die ungebrochene Entwicklung von *Amazon* und die Umsatz- und Gewinneinbußen beim *METRO*-Konzern unterstreichen, wie falsch eine solche Strategie gegen einen digitalen Wettbewerber ist.

Andererseits sind die Gründer von Start-ups auch heute in den meisten Fällen nicht daran interessiert, ihr digitales Geschäftsmodell in die Hände von Konzernen zu legen, deren Wettbewerber sie sind. Sie sorgen sich, und dies nach unserer Erfahrung häufig völlig zu recht, um den Fortbestand einer eigenständigen Unternehmenskultur ihres Start-ups nach einer Übernahme durch einen „analogen" Konzern. Außerdem ist die Zusammenarbeit mit Führungskräften, die einen Konzern als Gesellschafter im Aufsichtsrat vertreten, sich selbst aber als eine bedeutende Konzerngröße verstehen, im Aufsichtsrat oftmals ein wenig mühselig. Aufgrund dieser Erfahrung hat Conny entschieden, nicht mehr in Unternehmen zu investieren, an denen die *Deutsche Telekom* beteiligt ist.

Die teure Übernahme von *Myspace* durch die *News Corporation* von Rupert Murdoch für 580 Millionen US-Dollar im Juli 2005 steht hierfür als warnendes Beispiel. *Myspace* hätte nach dem Willen von Rupert Murdoch die zentrale digitale Plattform für alle Inhalte seiner *News Corporation* werden sollen. Allerdings war die Unternehmenskultur von *MySpace* nicht deckungsgleich mit der von *News Corp.*, dessen Führungskräfte zudem unter Beweis stellen wollten, dass sie ihre Internetgeschäfte durchaus erfolgreich allein entwickeln können. Rupert Murdoch sah sich aufgrund dieser internen Widerstände bereits kurz nach der Übernahme von *MySpace* gezwungen, die Beteiligung komplett abzuschreiben.

Tatsächlich bringt eine „Wait and see"-Strategie keine überzeugenden Vorteile für einen Konzern, sondern beinhaltet zahlreiche Nachteile. Neben dem Nachteil, dass der spätere Einstieg im Erfolgsfall in der Regel an der Höhe der Bewertung scheitert, wird in der Zwischenzeit wertvolle Zeit vertan, in der sich das Management konkret mit dem neuen digitalen Geschäftsmodell hätte befassen können. Eigene Managementtalente wären in dem verstrichenen Zeitraum entwickelt worden, und dem Start-up-Wettbewerber hätte man Marktanteile streitig machen können.

Es ist wissenschaftlich bewiesen, dass Unternehmen, die zu lange mit einer Innovation warten oder glauben, diese später „einsammeln" zu können, in eine Diffusionsfalle geraten. Sie erkennen den Handlungszwang, bewegen sich aber zunächst nicht, und wenn es bereits zu spät ist, versuchen sie im – analogen! – Sprinttempo zu folgen. Dieser häufig zu beobachtende Vorgang erinnert ein wenig an den armen Frosch, der im langsam heißer werdenden Wasser sitzt und sich keiner Gefahr bewusst ist, bis es plötzlich um ihn herum brodelt.

„WOLLT IHR AUF EWIG IN DEN GREMIEN SITZEN?" ODER: DER CLUB DER ALTEN HERREN

Dass die Vermeidung starker informeller Strukturen negative Auswirkungen auf die Digitalisierung hat, ist deutlich. Auch im Hinblick darauf glauben wir, dass die Berufungsperioden für Vorstände auf maximal (in Summe) zehn Jahre begrenzt werden sollten. Der anschließende Wechsel eines ehemaligen Vorstandsvorsitzenden in den Aufsichtsrat muss nach unserer Überzeugung grundsätzlich unterbunden werden. Die Altersgrenze für Aufsichtsräte sollte bei 70 Jahren liegen. Die Gefahr, dass andernfalls tradierte Sichtweisen über die Arbeit in den Gremien fortgeschrieben werden, ist groß, und der Spielraum für Innovationen dürfte sich ansonsten kontinuierlich verkleinern.

Pensionierte Vorstände, die sich noch zu jung für den Ruhestand fühlen, sollten ihre Erfahrung und Kompetenz – vielleicht aber auch einen Teil ihres Vermögens – besser als Business-Angels zur Verfügung stellen, als ihre Zeit auf den Golfplätzen dieser Welt zu verplempern. Sie könnten junge Gründer kritisch begleiten und unternehmerisch unterstützen. Wenn jeder pensionierte Vorstand nur zwei Start-ups begleiten und finanziell unterstützen würde, wäre der Impact auf die Digitalisierung Deutschlands sofort spürbar. Ihre Zeit wäre so weit sinnvoller investiert. Denn als Aufsichtsrat in den Gremien ihres ehemaligen Unternehmens wollen sie, wenn man ehrlich ist, nur darüber wachen, dass ihr eigenes über Jahre mühsam aufgebautes Denkmal nicht beschmutzt wird.

Manager befinden sich gelegentlich im Irrtum im Blick auf ihre eigene Rolle und Verantwortung. Sie nehmen dann für sich in Anspruch, sie seien doch eigentlich Unternehmer. Tatsächlich haben diese Manager auch heute noch in der Regel ausschließlich einen Corporate Background. Sie besitzen keinerlei Erfahrung damit, ein Unternehmen aus kleinen Anfängen gegen alle Widerstände zu entwickeln. Sie wissen nicht, wie belastend es sein kann, wenn man für die Kredite mit dem eigenen Haus haftet und wie viel Spott und soziale Ächtung ein Gründer in Deutschland erfährt, wenn er scheitert. Und sie wollen auch nicht verstehen, dass unternehmerischer Erfolg nicht nur das Ergebnis harter Arbeit ist, sondern auch auf Visionskraft und dem Gespür für Marktentwicklungen beruht.

Ein weiteres Problem sind die Bonussysteme für Führungskräfte. Wir beobachten mit Sorge, dass sich die Struktur der erfolgsabhängigen Vergütung in den letzten 20 Jahren nicht weiterentwickelt hat. Bereits Anfang 2000 gab es erste Ansätze, den Anteil des digitalen Umsatzes am Gesamtumsatz als Plangröße in Managementverträgen festzuschreiben. Nachdem der Neue Markt zusammengebrochen war, wurde davon wieder Abstand genommen. Auch alle damals neu entwickelten Vergütungskomponenten, die auf den Wert der neu entwickelten Geschäfte Bezug nehmen sollten, wurden beim Großreinemachen über Bord geworfen. Seit 2002 bewegen sich die Bonussysteme wieder in gewohnten und berechenbaren Bahnen. Ergebnisverbesserung, Umsatzwachstum, Gewinnung von Marktanteilen etc. wurden wieder zu zentralen Stellgrößen. Innovationen (x Prozent vom Umsatz mit Produkten, die jünger sind als y Jahre etc.), die Vorgabe von CO_2-Zielen oder die Vorgabe einer Umsetzung disruptiver Strategien finden sich in der Regel in den Bonus-Verträgen deutscher Führungskräfte nicht.

Auch die Basis, auf der digitale Umsätze gemessen werden, erscheint uns fragwürdig. Wenn die Zahlen stimmen sollten, die von deutschen Medienunternehmen quartalsweise veröffentlicht werden, dürften diese schon bald keinen Umsatz mehr mit klassischen Medien machen. Das Gegenteil ist aber richtig. Um eine nach innen und außen irreführende Kommunikation zu vermeiden, sollten Aufsichtsräte bei der Formulierung von Bonuszielen genau darauf achten, dass das, was sie als Ziele formulieren, auch tatsächlich gemessen oder objektiv evaluiert werden kann – und zwar nach „Inhalt, Ausmaß und Zeitbezug", auch in der digitalen Welt. Mangelnde Präzision an dieser Stelle täuscht Mitarbeitern und Aktionären eine Sicherheit vor, die nicht unbedingt Anhaltspunkte in der Realität hat.

Fazit: Obgleich im internationalen Vergleich gut ausgebildet, haben deutsche Manager auch 20 Jahre nach dem Zusammenbruch des

Neuen Marktes noch immer eine zu indifferente Haltung zur Digitalisierung und zu disruptiven Strategien. Die Ursachen hierfür liegen in berufsstandtypischen Verhaltensmustern und in der Art und Weise, wie Steuerungs- und Kontrollinstrumente in den Unternehmen eingesetzt werden. Die Governance in deutschen Konzernen, die Altersstruktur in den Gremien und die Bonussysteme entsprechen in der Regel noch nicht dem, was die Beschleunigung von Innovationen und die Entwicklung disruptiver Strategien fördern würde.

Es bleibt zu hoffen, dass die Erkenntnisse, die während der Corona-Pandemie mit dem Einsatz der Digitalisierung in der Führungsarbeit eines Unternehmens gemacht wurden, dazu beitragen, ein zeitgemäßeres Führungsverständnis unter deutschen Managern zu entwickeln. Wir sollten uns in Erinnerung rufen, was der legendäre Harvard-Professor Clayton Christensen in einem Satz zusammenfasste: „Disruption und Innovation gehen Hand in Hand!"

DIE SUCHE NACH DER NEUEN ROLLE – DIE GEWERKSCHAFTEN IN DER DIGITALEN WELT

Die Gewerkschaften befinden sich heute, insbesondere post Corona, in ihrer Haltung der Digitalisierung gegenüber in einer mehr oder weniger ambivalenten Rolle.

Nach dem Crash des Neuen Marktes hatten sie sich enttäuscht von dem vermeintlichen Jobmotor „Digitalisierung" abgewandt. Zu schlecht waren die Erfahrungen, die sie mit einem Teil der frühen Internetunternehmer sammeln mussten: keine Einbeziehung der Gewerkschaften in die schnell wachsenden Start-ups, die latente Gefährdung der analogen Welt durch die Digitalisierung, der Niedergang einzelner Branchen im Wettbewerb mit ihren digitalen

Wettbewerbern und das „Manchester-kapitalistische" Treiben einiger Unternehmer der New Economy, die mit allen Mitteln versuchten, die Gewerkschaften aus ihren neu gegründeten Unternehmen herauszuhalten – Gründe genug, um skeptisch zu sein.

Trotz des rationalen und „wirtschaftsvernünftigen" Verhaltens der Gewerkschaften in der Vergangenheit – es schien fast so, als wollten die digitale Welt einerseits und die Gewerkschaftsidee andererseits, die aus unserer Sicht einen wesentlichen Beitrag zur positiven wirtschaftlichen Entwicklung unseres Landes geleistet hat, nicht zueinander passen.

Heute hat sich dieses Bild grundlegend gewandelt. Die Gewerkschaften erkennen sowohl die Bedeutung der Digitalisierung für die Schaffung neuer Arbeitsplätze an als auch die Chancen, die durch die Digitalisierung für ein selbstbestimmtes, mobiles Arbeiten entstehen. Sie verstehen, dass viele Beschäftigte heute unabhängig von einem ortsgebundenen Arbeitsplatz agieren und Arbeitszeiten flexibel selbst gestalten wollen.

Eine Studie zur Einstellung der Deutschen zur Digitalisierung, die 2019 von der *Friedrich-Ebert-Stiftung* veröffentlicht wurde, kommt in dieser Hinsicht zu überraschend positiven Erkenntnissen: „Der überwiegende Teil der Befragten lässt sich durch die technischen Weiterentwicklungen nicht verunsichern. Die Skepsis gegenüber Technologien, die für viele im Alltag bereits etabliert sind, wie beispielsweise der Computer oder Onlineplattformen, fällt dabei deutlich geringer aus als bei Technologien, die derzeit insbesondere als Zukunftsvisionen in der öffentlichen Diskussion thematisiert werden, wie beispielsweise die Entwicklung von künstlicher Intelligenz oder des autonomen Fahrens. Außerdem ist festzuhalten, dass die Befragten die Digitalisierung durchaus auch als Macht- und Verteilungsfrage wahrnehmen. Rund 50 Prozent der Befragten sind der Meinung, dass die fortschreitende Digitalisierung mit wachsender Einkommensungleichheit einhergehen wird."[36]

Während der Corona-Pandemie bekamen wir unvorhergesehen den Beweis dafür geliefert, dass die Arbeitnehmer die Vor- und Nachteile der Arbeit im Homeoffice sehr wohl eigenständig einschätzen können. Dem Vorteil der stärker eigenbestimmten Tätigkeit im häuslichen Umfeld stand allerdings in diesem speziellen Fall vor allen Dingen der Nachteil fehlender Betreuung der Kinder entgegen, ob in der Schule oder in der Kita.

Auch der DGB hat sofort erkannt, welches positive Potenzial mit der Tätigkeit in einem Homeoffice verbunden sein kann, wenn man richtige Rahmenbedingungen setzt und missbräuchliche Nutzung auszuschließen versucht. Ob es dafür nun tatsächlich einer gesetzlichen Regelung bedarf, wie vom DGB umgehend nach den ersten Corona-Lockerungen gefordert, vermögen wir noch nicht sicher zu beurteilen. Auf jeden Fall sollte eine Evaluierung der Digitalisierung unter einem veränderten Blickwinkel post Corona in Auftrag gegeben werden.

Für uns ist zumindest sicher, dass die Digitalisierung den Arbeitnehmern deutliche Vorteile bietet. Das haben sie selbst während des Lockdowns unmittelbar verstanden. Beispielsweise kann die Frauenquote in der Wirtschaft, aber auch in Verwaltungen und Behörden, durch Homeoffice-Tätigkeiten deutlich erhöht werden. Sie schafft Flexibilität für Arbeitnehmer und Unternehmen gleichermaßen und kann – als Nebeneffekt – zu einer spürbaren Entlastung der morgendlichen Rushhour beitragen.

Im Juni 2019, aus unserer Sicht leider sehr verspätet, veröffentlichte der DGB ein Diskussionspapier, in dem das Recht auf selbstbestimmtes mobiles Arbeiten eingefordert wird. Weitere Forderungen bezogen sich auf Arbeitszeiterfassung, Einhaltung der Arbeitszeitgrenzen, Stärkung der Nicht-Erreichbarkeit, Arbeits- und Gesundheitsschutz, Leistungspolitik, Arbeitsorganisation, Datenschutz und Mitbestimmung sowie digitale Zugangsrechte für Gewerkschaften auf die Intranets der Unternehmen – alles Bereiche, die es wert sind, im Licht der aktuell gesammelten Erfahrungen thematisiert zu werden.

Der große Spagat: Machen Digitalisierung und Globalisierung gewerkschaftliche Solidarität überflüssig?

Mit diesem Diskussionspapier und einer progressiven Haltung gegenüber der Digital Economy reagieren die Gewerkschaften spät, für einige kritische Beobachter zu spät, auf die längst schon stattfindenden Änderungsprozesse in den Arbeitswelten als Folge der Digitalisierung.

Im September 2019 fasste Heribert Prantl in einer Kolumne die durch die Digitalisierung entfachte Herausforderung der Gewerkschaften in einem Satz zusammen: „Solidarität ist kein nachwachsender Rohstoff."[37]

In einer zunehmend digitalen Welt gibt es immer weniger ortsgebundene Arbeitsplätze. Dies hat zur Folge, dass soziale Bezüge in der Arbeitswelt an Bedeutung verlieren. Dieser im eigentlichen Verständnis „feste" soziale Bezug war aber bislang ein entscheidendes Element aller industriellen Prozesse. Fließbandfertigung mit festen Arbeitsplatzzuweisungen wurde historisch gesehen zu einer tragenden Säule der Arbeitersolidarität.

Im Hinblick auf die zunehmende Digitalisierung der Arbeitswelten, die Globalisierung der Wirtschaft und die starke Exportabhängigkeit der deutschen Wirtschaft müssten sich Gewerkschaften heute eher wie transnationale NGOs aufstellen. Konzerne können ansonsten einzelne Fabrikstandorte weltweit gegeneinander ausspielen. Mit digitalen Geschäftsmodellen lassen sich die Standorte bestimmen, die die höchsten Subventionen und Gewinne bieten.

Schon immer haben Gewerkschaften eine wichtige Rolle bei der Weiterbildung von Mitarbeitern gespielt. Wir wünschen uns, dass dies zukünftig in der digitalen Welt mehr sach- und themenbezogen erfolgt, als ideologiegetrieben ausgestaltet zu sein. Dies passt immer weniger in eine digital verfasste Gesellschaft.

Die Gewerkschaften wären gut beraten, die Digitalisierung und die mit ihr einhergehende Globalisierung als Chance für die Schaffung neuer Arbeitsplätze zu verstehen und zu nutzen. Dazu ist es wichtig, die Gewerkschaftsmitglieder neben allen Risiken über die Vorteile dieser zukünftigen Entwicklung aufzuklären.

Vor jeder industriellen Revolution bestand in der Bevölkerung die große Angst, nun würde eine gewaltige Welle der Arbeitslosigkeit folgen. Historisch hat aber jede industrielle Revolution – und auch die Digitalisierung ist eine solche – nach einem kurzen Anstieg der Arbeitslosigkeit als Folge des Einsatzes der neuen Technologien insgesamt mehr Arbeitsplätze geschaffen, und zwar vor allem besser bezahlte, da einfache Tätigkeiten automatisiert werden konnten.

Don Quijote? – Die Suche nach einer neuen Gewerkschaftsidee

In diesem Zusammenhang muss auch die Grundlage der Gewerkschaftsidee kritisch überdacht werden. Welchen Stellenwert und welche Ausgestaltungsmöglichkeiten hat das Prinzip der „Solidarität" noch in einer digitalen Gesellschaft?

Denken wir in diesem Zusammenhang nur an das Beispiel *Facebook*, das seinen Mitarbeitern dauerhaft einen Homeoffice-Arbeitsplatz bieten will. Die bislang fehlenden (richtigen) Antworten der Gewerkschaften auf diese Fragen lassen ansonsten Lücken entstehen, die von Trittbrettfahrern besetzt werden können. So haben bei der letzten Bundestagswahl 15 Prozent der Gewerkschaftsmitglieder die AfD gewählt (im Osten 22 Prozent). Den Gewerkschaften droht also Gefahr von innen, wenn ihre Kritik an den „ausbeuterischen Effekten der Globalisierung" von extremen rechtspopulistischen Freund-Feind-Schemata und Volksgemeinschaftsdenken überlagert wird. „Dann färbt sich Solidarität braun."[38]

Genau diese Gefahr hat Alexander Gauland, der damalige Parteivorsitzende der AfD, in einem Gastbeitrag für die *FAZ* in umgekehrter Argumentation, nämlich als Chance der AfD, klar formuliert: all denjenigen eine politische Heimat zu geben, die sich durch Digitalisierung und Globalisierung alleingelassen fühlen.

Fazit: Die Gewerkschaften haben aus unserer Sicht in der Vergangenheit einen wesentlichen Beitrag für die kontinuierlich positive Entwicklung Deutschlands geleistet. Wollen sie, dass sich die wirtschaftliche Wettbewerbsfähigkeit Deutschlands in Zukunft fortsetzt, und wollen sie verhindern, dass einige ihrer Mitglieder aus Zukunftsangst rechtsnationale Parteien wählen, so müssen sie schnell eine deutlich progressivere Haltung gegenüber den Chancen der Digitalisierung und Globalisierung einnehmen.

PROFESSIONELLE INVESTOREN DRINGEND GESUCHT!

Wer ist eigentlich in Deutschland als Investor in der digitalen Welt aktiv und mit welcher Qualifikation? Die Antwort auf diese banal wirkende Frage ist uns vor dem Hintergrund unserer langjährigen Tätigkeit in der digitalen Welt nicht wirklich schwergefallen, und sie ist ernüchternd: Investoren, die mit einer unzureichenden Qualifikation spekulativ zu geringe Finanzmittel in neue Geschäftsideen investieren, in der Hoffnung, per Zufall auf ein Unicorn zu treffen.

Warum ist das so? Und welche Anforderungen werden an einen professionellen Venture Capitalisten gestellt?

Bis heute betätigen sich recht unterschiedliche Investorentypen mit mehr oder weniger Erfolg in der Start-up-Szene, so zum Beispiel professionelle Venture Capital-Unternehmen, die Finanzmittel aus dem In- und Ausland verwalten und anlegen. Erfolgreiche Unternehmer, die persönlich über die (unternehmerische) Anlage ihres Vermögens entscheiden wollen. Gelangweilte Erben. Renditegetriebene Family Offices. Versicherungen mit starren Sichtweisen und Anlagerichtlinien. Selbstbewusste Mitarbeiter aus dem Corporate Venture-Bereich von Konzernen. Und last but not least eine Truppe von TV-Darstellern, die in einem Format wie „Höhle der Löwen" eine Welt repräsentieren, die es nach unserer Erfahrung in der Realität nicht gibt.

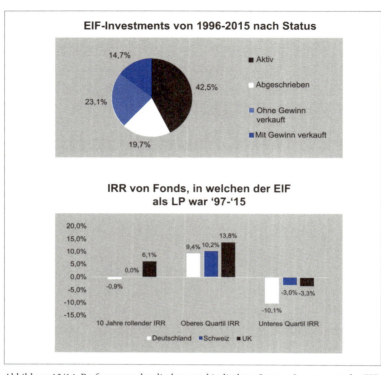

Abbildung 13/14: Performance der direkten und indirekten Startup-Investments des EIF: Weniger als 15% der Investments zwischen 1996 und 2015 wurden mit Gewinn verkauft. (Quelle: Europäische Investitionsbank).

Gelegentlich betätigen sich im Venture Capital auch ehemalige Vorstände aus der Medienbranche, die in Ostwestfalen, Hamburg oder München ansässig sind und mit einem „goldenen Handschlag" nach Hause verabschiedet wurden. In nicht wenigen Fällen haben sie in ihren früheren Unternehmen niemals ihre digitale Kompetenz unter Beweis gestellt.

Viel schlimmer: In einigen Fällen haben sie mit allen Mitteln versucht, die Digitalisierung zu verhindern. Heute bereichern sie aus dem Füllhorn ihrer Erfahrungen die Investorenszene in der regional digitalen Welt.

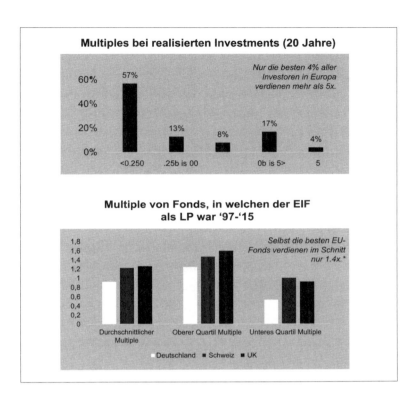

Nur wenige Vertreter aus diesen Gruppen können Erfahrung und Urteilsvermögen als Investor in der digitalen Welt vorweisen. Nicht allen ist bewusst, dass Venture Capital hohes Risiko und harte Arbeit bedeutet.

Im Vergleich zur Situation im Silicon Valley sind die Rahmenbedingungen für Investoren in der deutschen Start-up-Szene eher herausfordernd. Eigentlich ist es nahezu unmöglich, unter den hiesigen Bedingungen im Venture Capital langfristig erfolgreich tätig zu sein. Vor allen Dingen die in Deutschland noch immer begrenzten

Exit-Möglichkeiten führen dazu, dass diese Anlagenklasse für professionelle Investoren eher uninteressant ist. Der fehlende Exit-Markt erzwingt geradezu eine Akkumulation von Beteiligungen an Start-ups durch die Investoren. Vor diesem Hintergrund wurde Conny in einem Porträt im *Handelsblatt* als „Der Firmen-Sammler" vorgestellt.[39]

Die Entwicklung eines „Exitmarktes" ist auch in anderer Hinsicht notwendig. Nur auf diesem Weg lassen sich auch in Deutschland außergewöhnlich erfolgreiche digitale Unternehmer zu sogenannten „Leuchttürmen" entwickeln – Unternehmen mit einer breiten positiven Ausstrahlung in die Öffentlichkeit.

Unabhängig hiervon ist mit Investitionen im Venture Capital zwangsläufig das Problem verbunden, dass sich schlechte oder „underperforming" Investments schneller realisieren als die guten, werthaltigen. Dieser Sachverhalt führt dazu, dass viele unerfahrene Investoren im Venture Capital-Business zu früh aufgeben, ihre vielleicht einzige werthaltige Beteiligung unter Wert verramschen und dem Venture Capital-Markt enttäuscht den Rücken kehren.

Es ist erstaunlich, wer alles glaubt, als Venture Capitalist tätig werden zu können, ohne überhaupt über grundlegende Qualifikationen, Erfahrungen und unterstützende Systeme zu verfügen. Venture Capital hat sich weltweit zu einer hoch spezialisierten Industrie entwickelt. Das Know-how, das erforderlich ist, um dieses Geschäft erfolgreich betreiben zu können, kann man nicht ohne erheblichen Einsatz erwerben, und die für eine erfolgreiche Tätigkeit notwendigen Netzwerke werden weder durch den lokalen Lions Club abgebildet noch durch Start-up-Initiativen auf regionaler Ebene.

Selbst EU-Funds aus dem Top Quartile erreichen im Durchschnitt eine Wertsteigerung von nur 1,4x. Deutlich bessere Renditen werden von den sogenannten zertifizierten Super Angels erzielt, von denen es in Europa neben Conny weitere 90 gibt.

„Wir sind konservative Investoren! Wir investieren in Immobilien und Bonds!"

Es sind nicht nur die durchwachsenen Renditen – vor allen Dingen im Early Stage-Bereich –, die erfahrene und wirklich professionelle Investoren dazu bewegen, sich bei Investitionen in Start-ups zurückzuhalten. Es gibt noch einen weiteren Grund, und der lautet: „Wir sind konservativ!" Was soll mit dieser Feststellung eigentlich gesagt werden?

Wollen die Investoren möglicherweise damit begründen, warum über viel zu viele Jahre ein Großteil der deutschen Anlagegelder in Immobilien geflossen ist? Man stelle sich vor, wo die deutschen Firmen weltweit in der digitalen Welt heute stehen würden, wenn auch nur ein Prozent der Gelder, die seit 2000 im Immobilienmarkt angelegt wurden, in Start-ups investiert worden wären. Nach einer überschlägigen Berechnung sprechen wir in diesem Szenario über Beträge von knapp 100 Milliarden Euro.[40]

Abbildung 15: Typische Selbsteinschätzung und Sichtweise deutscher Großinvestoren.

Mit ihrer Haltung, Vermögensanlagen im Immobilienbereich den Vorzug gegenüber Investitionen in Start-ups zu geben, haben sich diese Anleger eigentlich an der Zukunft Deutschlands versündigt. So wichtig die Schaffung von bezahlbarem Mietraum ist: Mauern und Beton, leer stehende Einkaufscenter und Büroparks schaffen nur wenige neue Arbeitsplätze im Gegensatz zu Start-ups, sofern diese sich erfolgreich entwickeln.

Für dieses typisch deutsche Anlageverhalten von Investoren lassen sich eine Vielzahl anderer Gründe nennen, die mit einer konservativen Investorenhaltung wenig zu tun haben.

Deutsche Investoren sind bis heute eigentlich immer dem Trend gefolgt. Als die Party am Neuen Markt lief, wollten alle sofort dabei sein. Nach dessen Zusammenbruch änderte sich ihre Risikokurve fundamental. Nun hieß es nicht selten: „Lieber habe ich zwei Prozent sicher als zwanzig Prozent mit Risiko." Professionell kann man diesen risikogewichteten Investitionsansatz nicht nennen.

Das Phänomen „schnelles Geld"

Deutsche Investoren erwarten in der Regel Renditen innerhalb eines Zeitraums von zwei bis drei Jahren. Mit einer solchen Haltung wäre der Erfolg von *Amazon* in Europa nicht möglich gewesen. *Zalando* ist in dieser Hinsicht eine große Ausnahme. Dessen Erfolg war aber vermutlich auch nur deswegen möglich, weil *Zalando* ein Copycat des Geschäftsmodells von *Amazon* ist, sich also an das dort entwickelte Modell anlehnte und sich im Kielwasser von dessen Erfolg entwickeln konnte.

Start-ups brauchen viel mehr Zeit, um sich nachhaltig entwickeln zu können, als dies häufig der Renditehunger gieriger Investoren zulässt. Das Statement: „Ich mag Start-ups" aus dem Munde solcher Investoren bedeutet nichts anderes als: „Ich mag große, erfolgreiche Start-ups. Nicht aber Start-ups im tatsächlichen Sinne. Ich will in ein

Unicorn investieren und dabei ohne Risiko über Nacht so viel Profit machen wie möglich."

Großes Interesse besteht daher, wenn ein Unicorn – möglichst in den USA – kurz vor dem IPO steht. Dann wird in letzter Minute, kurz vor dem Ende der Zeichnungsfrist, noch mit allen Mitteln versucht, über persönliche Kontakte einen Anteil zu sichern. Wir hatten – vielleicht fälschlicherweise – geglaubt, dass uns dieses Verhalten und die damit einhergehende besonders schwere Form der Gier nach dem Ende des Neuen Marktes erspart bleiben würden. Vor dem Börsengang von *Uber* im Herbst 2019 beispielsweise wurde mit allen nur denkbaren Versprechungen versucht, Conny dazu zu bringen, über sein internationales Netzwerk *Uber*-Aktien „pre-IPO" zur Verfügung zu stellen – als kleiner Freundschaftsdienst, versteht sich.

Wahrscheinlich liegt einer der wesentlichen Gründe für die selbst auferlegte Abstinenz dieser Investoren der Start-up-Welt gegenüber darin, dass sie eine Investition in eine Immobilie als passiver Investor vornehmen können. Man legt sein Geld mit einer relativ sicheren Rendite an und beschränkt sich darauf, den Eingang der monatlichen Mieteinnahmen zu kontrollieren. Dagegen ist man als Start-up-Investor gefordert, das Unternehmen, in das investiert wurde, durch das eigene Netzwerk und gegebenenfalls auch durch unternehmerischen Rat zu unterstützen.

Der Start-up-Investor: die Eier legende Wollmilchsau?

Die Tätigkeit eines professionellen Venture Capital-Investors sieht in der Realität deutlich anders aus als das, was nach unserer Erfahrung pensionierte Vorstände, die vor allen Dingen im Early Stage-Bereich tätig werden, als Investoren oder Advisor neben ihrer Tätigkeit in „wichtigen" Aufsichtsgremien oder im eigenen Garten leisten wollen oder können. Venture Capital, richtig verstanden, ist ein Fulltime-Job und keine Teilzeitbeschäftigung, um sich im Ruhestand die Langeweile zu vertreiben.

Für einen erfolgreichen Venture Capitalisten sind neben intellektuell-analytischen Fähigkeiten, Kreativität, Gespür für zukünftige Technologien und Trends weitere Faktoren entscheidend: Erfahrung im Finanzierungs- und internationalen Rechtsbereich, die Qualität des ihn unterstützenden Teams, das internationale Netzwerk in der Start-up-Szene und eine Präsenz in den wichtigen Digital-Hot-Spots dieser Welt. *Mountain Partners* und seine Vehikel sind beispielsweise in Tokio, Kuala Lumpur, Bangkok, Singapur, Mexiko-Stadt, Santiago de Chile und Bogotá mit eigenen Teams vertreten. Gerade baut man in New York City ein Büro auf.

In Zukunft wird es vor allen Dingen darauf ankommen, ein Geschäftsmodell, das sich in einem Land erfolgreich entwickelt, schnell und konsequent zu internationalisieren. Dafür ist für ein Venture Capital-Unternehmen eine internationale Präsenz von großer Bedeutung. Die Größe und die Qualität des Netzwerks eines Venture Capital-Unternehmens determinieren seinen Erfolg ebenso wie die relative Größe seiner Organisation.

Wer keine Freude daran hat, mit jungen Menschen zusammenzuarbeiten und ihnen seine Erfahrungen mit Unternehmensgründungen in der digitalen Welt zur Verfügung zu stellen, sollte hier nicht tätig werden.

Venture Capital ist eine spezielle Anlageklasse innerhalb der Gruppe „Alternative Assets". Im Unterschied zu einer anderen Alternative Asset-Klasse, dem Private Equity, hat die Öffentlichkeit nach unserem Eindruck keine klare Vorstellung von der Bedeutung des Venture Capital. Dessen besondere Bedeutung wird ganz offensichtlich, wenn wir uns vor Augen halten, dass – je nach Statistik – sechs oder sieben der zehn wertvollsten Unternehmen der Welt von Venture Capital-Investoren finanziert wurden.[41] Dies ist der Status quo.

Vor dem Hintergrund der weiteren technologischen Entwicklung ist vorhersehbar, dass in naher Zukunft der Großteil der 100 wertvollsten Unternehmen der Welt von Venture Capitalisten entdeckt und finanziert sein werden.

Zur Investmentstrategie eines Venture Capitalisten gibt es einige unterschiedliche Ansätze – vom „Spray and Pray" eines Tim Draper über quantitativ analytische Ansätze auf Basis von mathematischen Modellen bis hin zu einem „industriellen" Ansatz, der auf schiere Größe setzt, wie es *Softbank* unter der Führung von Masayoshi Son entwickelt hat, aber bis heute den Beweis schuldig geblieben ist, dass dieser Ansatz auch Rendite liefern kann.[42]

In jahrzehntelanger Erfahrung haben sich für Conny sieben Key Learnings bei der Formulierung einer Investmentstrategie in der digitalen Welt herauskristallisiert. Wie an anderer Stelle dieses Buches wollen wir den Lesefluss nicht unterbrechen und listen diese hier nur schlaglichtartig auf. Eine ausführliche Erläuterung bieten wir im Anhang Teil 2 (siehe Seite 312).

Connys Key Learnings für Start-up-Investoren

1. „Das große Missverständnis": Traditionelles Venture Capital funktioniert nicht
2. „Das Salz in der Suppe": Special Deals
3. „Die Lebensversicherung": Optionen im Venture Capital
4. „Die Suche nach der Nadel im Heuhaufen": Der Dealflow
5. „Wer zu spät kommt": Back the winners
6. „Die gefälschte Mona Lisa": Investieren in bewiesene Geschäftsmodelle
7. „Der goldene Schuss": Vom Timing und Glück

Dass es unerlässlich ist, die wesentlichen Gründe für ein erfolgreiches Investment, das ein Investor in der digitalen Welt tätigen konnte, zu verstehen, liegt auf der Hand. Mindestens genauso interessant und lehrreich ist eine schonungslose Analyse der verpassten Chancen und Opportunitäten.

Erst wenn man systematisch die Gründe für die Fehleinschätzungen analysiert, die dazu geführt haben, sich *nicht* an einem Start-up zu beteiligen, das sich später zu einem Unicorn entwickeln konnte, lernt man, ähnlich wie in Industrieunternehmen bei der Analyse von verpassten Investitionsmöglichkeiten, was wichtige Kennzahlen des Geschäftsmodells eines Investors in der digitalen Welt sind. Das Gleiche gilt für Investments, die man, aus welchen Gründen auch immer, zu früh veräußert hat.

Der Werkzeugkasten

Für die Phase des „Deal-Making" benötigt ein Venture Capitalist ein schlagkräftiges, belastbares und eingespieltes Team von Inhouse-Anwälten und international erstklassigen Anwalts-, Steuer- und Wirtschaftsprüfungsunternehmen, von Verhandlungsführern und Marktanalysten.

Nach einer vollzogenen Beteiligung begleitet ein Venture Capitalist „sein" Unternehmen durch alle Höhen und Tiefen eines Start-Up-Lebens: von operativen Fehlern über den Zugang zu den besten Talenten und Sicherstellung der Finanzierung bis hin zu Emergency-Finanzierungen, wie es bei Ausbruch der Corona-Pandemie in vielen Fällen weltweit notwendig wurde. Der Venture Capitalist steht dem Gründungsteam als „Thought-Partner" zur Verfügung, wann immer er in dieser Rolle benötigt wird.

Thomas kann sich noch gut daran erinnern, dass er bei seinen Verhandlungen über eine Beteiligung von *Bertelsmann* an *Amazon* mehrere Treffen mit John Doerr, dem damaligen Senior Partner bei *Kleiner Perkins Caufield* im Silicon Valley hatte. John wollte sich in seiner Eigenschaft als Lead-Investor in *Amazon* selbst einen

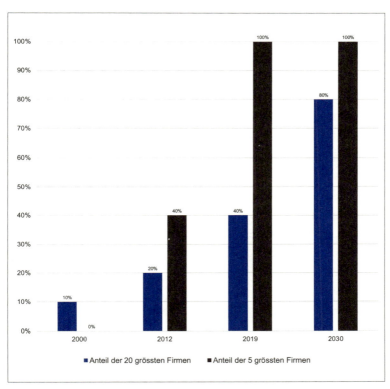

Abbildung 16: Entwicklung des Anteils von Tech-Firmen unter den 5 beziehungsweise 20 wertvollsten Firmen der Welt seit 2000.

Eindruck darüber verschaffen, ob *Bertelsmann* der richtige Partner für *Amazon* sei.

Zugleich überwacht das interne Controlling des Venture Capital-Investors, gelegentlich der „Maschinenraum" genannt, die operative Entwicklung des Start-ups auf Basis des monatlichen Berichtswesens und der geschäftsbezogenen KPIs.

Leider haben die Regulierer in Deutschland die Investitionsmöglichkeit in Start-ups relativ kompliziert gehalten. Die USA sind hier einen völlig anderen Weg gegangen. Infolge eines neuen Legal Acts ist es seit 2019 sogar digitalen Brokern möglich, mit Anteilen von Pre-IPO-Firmen zu handeln.

Zudem investieren große Kapitalsammelstellen wie zum Beispiel Pensionsfonds in den USA in Start-ups. In Deutschland ist das faktisch nicht möglich. Hieraus ergibt sich ein wesentlicher Nachteil für die deutsche Venture-Szene. Mit dieser Haltung schaden die Pensionsfonds nicht nur der Zukunftsfähigkeit dieses Landes, sondern darüber hinaus auch sich selbst.

Legt man die Wertentwicklung der Tech-Unternehmen zwischen 2000 und 2020 zugrunde, hätte ein Pensionsfond kaum eine bessere Anlage tätigen können, als – risikobewusst – in Tech-Firmen zu investieren. Allerdings bleibt nach unserer Einschätzung für die nächsten 20 Jahre noch immer ein ausreichend großes Potenzial, um diesen Fehler zu korrigieren.

In den letzten Jahren hat sich in Deutschland in verschiedenen urbanen Zentren wie München, Hamburg und ganz besonders in Berlin eine interessante Start-up-Szene entwickelt. Auch im innereuropäischen Wettbewerb mit London und Paris konnte Berlin in den letzten Jahren mithalten. Fast scheint es auf den ersten Blick so, als seien mehr Gelder verfügbar, die nach einer sinnvollen Anlage suchen, als geeignete Start-ups. Dieser Eindruck täuscht leider bei einer genaueren Analyse.

Ein Großteil der anzulegenden Finanzmittel stammt aus dem europäischen Ausland, aus den USA, China, England und dem Nahen Osten. Das Gros dieser Mittel wiederum soll sich dabei entsprechend den Auflagen der Investoren der Venture Capital-Unternehmen auf Start-ups konzentrieren, die sich in einer späteren Wachstumsphase befinden und somit relativ groß sind.

ZWEI WELTEN PRALLEN AUFEINANDER

21. September 2018, 9.30 a.m, Bürgenstock, Luzern

Es ist ein herrlicher Septembermorgen am Vierwaldstätter See. Die Sonne steht am Himmel, der dunkelblau und wolkenlos ist. Von der Terrasse des Bürgenstocks haben die Teilnehmer der diesjährigen Veranstaltung einen traumhaften Blick über den See und grüne Hänge bis hin zum Gebirgspanorama des „Pilatus". In der Ferne ist das Geläut von Kuhglocken zu hören.

Man findet sich bei einer Tasse Kaffee ins Gespräch vertieft, es wird gescherzt und gelacht, man kennt sich, Wangenküsschen werden ausgetauscht, was in diesem Ambiente weniger Nähe als vielmehr gesellschaftliches Miteinander auf Augenhöhe symbolisieren soll, man freut sich über das Wiedersehen, man ist froh und dankbar, unter seinesgleichen zu sein. Das Leben meint es gut mit allen, die an diesem Morgen hier sein können, und eines steht unausgesprochen für alle fest: „Das Leben könnte schlechter sein."

Die heutige Veranstaltung vereint geschäftsführende Gesellschafter überwiegend mittelständischer Unternehmen. Die Teilnehmer dürfen eine bestimmte Altersgrenze nicht überschritten haben. Bei den Jahrestreffen finden sie sich zusammen mit ihren Partnern ein. Es gibt Vorträge, Diskussionen und am Abend, nach dem Dinner, auch Gesellschaftstanz in Black Tie und Abendkleid.

In diesem Jahr ist von den Organisatoren der Veranstaltung auch ein relativ junger Start-up-Unternehmer eingeladen worden. Er wird im Kreis der arrivierten Mitglieder, die alle aus sehr gutem Hause kommen, als Kandidat für eine zukünftige Mitgliedschaft vorgestellt. Offensichtlich ist dies der Versuch der Organisatoren, sich zu öffnen, dem Kreis der etablierten Unternehmer „frisches, digitales Blut" zuzuführen. Der heutige Kandidat und seine Partnerin repräsentieren für die ehrwürdige Organisation eher „Revolution" als „Kontinuität".

Nicht nur optisch bilden der junge Start-up-Gründer und seine junge Partnerin einen krassen Gegensatz zu den Vertretern der renommierten Familienunternehmen: lange Haare, Birkenstock-Schuhe, weite, lässige Leinenkleidung hier; *Hermes, Zegna, Louis Vuitton* dort. Offenes, ungekünsteltes Verhalten, die Überzeugung eines erfolgreichen Start-up-Unternehmers auf der einen Seite treffen heute auf viel distinguiertes Verhalten, das vom Bewusstsein der Bedeutung der eigenen Familie gespeist wird, auf der anderen.

Bei der offiziellen Vorstellungsrunde stellt sich heraus, dass sich der „Neue" bislang nicht etwa auf die Gründung und Entwicklung eines einzigen Start-ups konzentriert hat, sondern trotz seines noch relativ jungen Alters bereits eine Vielzahl von Unternehmen gründete. Selbstbewusst stellt er sich den anderen Teilnehmern als „Serial Entrepreneur" vor. Den Gesichtern der Zuhörer, die jetzt im großen Konferenzsaal versammelt sind, kann man deutlich entnehmen, dass nicht jeder etwas mit dieser Beschreibung anzufangen weiß.

Aber auch inhaltlich prallen hier Welten aufeinander. Der junge Selfmade-Unternehmer steht im luxuriösen Ambiente des Bürgenstock einer Generation der Erben gegenüber. Während er Unternehmen gründen und nach erfolgreicher Entwicklungsphase weiterveräußern will, stehen die anderen Teilnehmer auf dem Bürgenstock für „bewahren", „erhalten", „Familientradition und -zusammenhalt". Für die einen kommt ein Verkauf des Unternehmens grundsätzlich nicht infrage. Dagegen fragt der junge Gründer etwas irritiert, was denn an einem Exit verwerflich sein soll.

Während er Wachstum durch Digitalisierung propagiert, setzen die anderen auf Kontinuität. Die einen sehen sich in der Verantwortung für die Firma, den Erhalt der Arbeitsplätze, „der andere" glaubt an das Momentum der digitalen Welt, an die Kräfte des Marktes, an unternehmerische Kreativität und an Wachstum ohne Verpflichtung für eine Familientradition.

In dem luxuriösen Konferenzraum ist an diesem Morgen deutlich der Glaube spürbar, dass nur eine Strategie des Bewahrens die Zukunft des Unternehmens sichern kann. Eine Überzeugung, die in einer digitalisierten Welt nur sehr eingeschränkt zutreffend ist.

Das zuvor beschriebene „Konformitäts-Phänomen" ist deutlich zu erfassen. Dieses Phänomen, gepaart mit der puren Angst davor, den Status quo zu verändern, konditioniert das Entscheidungsverhalten vieler Unternehmer. Ein Verständnis dafür, warum – gerade in einem zunehmend digitalisierten Umfeld – eine „kreative Zerstörung" neue unternehmerische Möglichkeiten und Kräfte freisetzen kann, existiert in der Regel nicht. So bleibt die eigentliche unternehmerische Kraft zunehmend auf der Strecke.

Wir können in unseren Gesprächen mit erfolgreichen Unternehmern immer wieder die Angst vor der unbekannten digitalen Welt spüren. Lieber wollen sie sich auf ihr Stammgeschäft konzentrieren. Die bunten Hunde der digitalen Welt sind ihnen häufig suspekt, was verständlich ist, wenn man an das Treiben am Neuen Markt zurückdenkt. Dass diese Haltung andererseits auch 20 Jahre „post Neuer Markt" noch immer beibehalten wird, ist für uns dann doch schon sehr erstaunlich, auch vor dem Hintergrund der unzähligen, vielfältigen Informations- und Weiterbildungsangebote der Bundesregierung, der IHKs und der jeweiligen Fachverbände.

EINE NEUE GENERATION DIGITALER UNTERNEHMER

Nach unserer Beobachtung unterscheidet sich das Mindset der digitalen Unternehmer heute von dem ihrer Vorgänger. Es steht noch stärker das Motiv im Vordergrund, nachhaltig erfolgreiche Geschäftsmodelle zu entwickeln, die skalierbar sind. Heute weiß jeder Gründer, wie klein und überschaubar die Start-up-Welt ist.

In dieser Szene seinen Namen zu beschädigen, geschieht erstens schnell, zweitens nachhaltig und drittens weltweit. Ebenso ist heute jedem Gründer bewusst, dass es unter Umständen viel Zeit braucht, bis ein Start-up zu einem Unicorn entwickelt werden kann.

Hier tut sich der Gegensatz zwischen dem „alten" und „neuen" Unternehmerverständnis auf. Schon Henry Ford hatte darauf hingewiesen, dass man als Unternehmer nur dann nennenswerte Vermögen schaffen kann, wenn man lange genug in seinem Unternehmen tätig und diesem verbunden bleibt. In der alten Welt blieb man – bis auf wenige Ausnahmen – seinem Gründungsunternehmen verbunden, in der neuen Welt gründet, entwickelt, verkauft und gründet man in Serie. Heute ist sicherlich Jeff Bezos ein Paradebeispiel für diese Haltung. Einerseits hält er an der Entwicklung von *Amazon* fest, zugleich stehen er oder Elon Musk aber auch für die Entwicklung und erfolgreiche Durchsetzung visionärer, technologiebasierter Konzepte wie bemannte Raumfahrt, Hyperloop etc.

Als weiteres Beispiel für diese neue unternehmerische Haltung kann Philipp Westermeyer stehen. Nach Studium und einer kurzen Assistenzzeit bei *Gruner & Jahr* macht er sich selbstständig. Er gründete und verkaufte sehr erfolgreich bereits zwei Unternehmen. Heute ist er Gründer und CEO von *OMR*, das für viele Beobachter das Paradebeispiel eines erfolgreichen Medienunternehmens moderner Prägung in der digitalen Welt ist.

Wenn man der Frage nachgeht, warum nicht mehr junge Menschen in der digitalen Welt unternehmerisch tätig werden, ist sicherlich fehlender Mut zu nennen, aber ebenso das schlechte Image, das Start-up-Unternehmern angeheftet wird. Wir müssen uns darüber hinaus fragen, ob junge Menschen durch ihr Elternhaus und ihr soziales Umfeld falsch konditioniert werden nach dem Motto: „Lern doch erst mal etwas Richtiges." Aber gerade in der digitalen Welt gilt der Grundsatz: „Es ist nie zu spät, als Unternehmer zu starten – man sollte nur früh genug beginnen."

DIE DEUTSCHEN UNIVERSITÄTEN: UND SIE BEWEGEN SICH NICHT

An amerikanischen und chinesischen Universitäten wird seit Jahren eine enge Verzahnung zwischen Forschung, Lehre und Praxis gefordert und auf Inkubatoren-Plattformen umgesetzt, zum Teil auch mit der Finanzierung durch private Investoren. Dagegen fließen an europäischen Universitäten die staatlichen Finanzmittel überwiegend in Forschungseinrichtungen, die häufig „Forschung um der Forschung willen" betreiben. Daran haben auch neuere Ansätze der interdisziplinären Forschungsförderung wenig ändern können. Nach wie vor besteht aus unserer Sicht an deutschen Universitäten eine große Differenz zwischen der finanziellen Quantität des Inputs und der inhaltlichen Qualität des Outputs, der – allgemein formuliert – durch vergleichsweise geringen Praxisbezug gekennzeichnet ist.

Während an chinesischen und amerikanischen Universitäten und Business Schools Studenten für die Entwicklung unternehmerischer Ideen geschult und bei der Gründung eigener Unternehmen unterstützt werden, liegt der Fokus an deutschen Universitäten noch immer auf einer – in Teilen verfehlten – wissenschaftlichen Ausbildung der Akademiker. Zu viele Finanzmittel werden in der Grundlagenforschung gebunden und vergleichsweise zu wenige in anwendungsorientierte Forschung gesteckt.

Es ist erfreulich, dass die Zahl der an deutschen Universitäten gegründeten Start-ups zwischen 2012 und 2017 um 26 Prozent pro Student auf eine Gesamtzahl von 1.776 gestiegen ist.[43]

Bahnbrechende Patente und ein in Breite und Tiefe ungeheures Wissen schlummern an deutschen Universitäten. Leider werden aber den Wissenschaftlern, die dort arbeiten, falsche Anreize geboten. Die Evaluierung ihrer Tätigkeit erfolgt fast ausschließlich anhand der von ihnen publizierten Veröffentlichungen und nicht danach, wie viele Start-ups von ihnen gegründet wurden.

Soll die in Deutschland noch immer schwache Verzahnung von Universitäten und Unternehmen verbessert werden, muss man mit geeigneten Programmen Wissenschaftler bei der Gründung von Firmen unterstützen. Dann kann in Zukunft die Unternehmensgründung zu einem Prüfungsbestandteil werden, ergänzend zu – oder möglicherweise anstelle – einer Bachelorarbeit in Papierform. So wie es beispielsweise an der Cornell Tech University New York City bereits erfolgt.

Leider gibt es in Deutschland auch nicht genügend Investoren, die gezielt in Universitäts-Spin-offs investieren. Gerade in diesem Bereich sehen wir großes Potenzial für eine zukünftige Wertentwicklung. Aus diesem Grund hat *Mountain* Anfang 2020 mit *Rent24* am Campus der Cornell Tech University ein Inkubationszentrum gegründet, das wir gemeinsam mit *Brookfield Properties* und weiteren amerikanischen, chinesischen und israelischen Partnern in den nächsten Monaten erweitern wollen.

BANKEN, HANDEL, AUTOMOBILINDUSTRIE UND MEDIEN: QUO VADIS POST CORONA?

Die Entwicklung in vier Branchen der deutschen Wirtschaft hat uns vor und während der Corona-Pandemie besonders beschäftigt. Teils wegen unseres früheren beruflichen Hintergrundes, teils, weil der durch die Digitalisierung bereits entstandene oder künftig entstehende Veränderungsdruck auf diese Geschäftsmodelle bereits heute so erkennbar groß ist, teils aber auch durch die Corona-bedingte Verschiebung von Werten und die Veränderung eines Konsumverhaltens, das bislang als fest zementiert galt.

Der Handel spürte über Nacht die Macht der eCommerce-Anbieter. Gartenartikel und Heimwerkerbedarf hatten plötzlich

Hochkonjunktur bei *Amazon*, Paketzusteller arbeiteten an der Grenze ihrer physischen Belastbarkeit und manchmal wohl auch darüber hinaus. Gastronomen schöpften – trotz der dramatischen Lage, in die sie unverschuldet durch Corona geraten waren – ein wenig Hoffnung aus den Lieferdiensten, die sie sozusagen über Nacht mithilfe des Internets eingerichtet hatten. Banken schlossen ihre Filialen, während Covid-19 Deutschland und die Welt verunsicherte – die *Deutsche Bank* allein nach Zeitungsmeldung ein Drittel des Filialnetzes –, und dennoch lief das Bankgeschäft der deutschen Haushalte unbeeinträchtigt weiter, dank Onlinebanking.

Der Verbraucher hat zwangsläufig während der Corona-Monate, die eigentlich durch Beschränkungen, Entsagung und Verzicht gekennzeichnet waren, sehr schnell gelernt, welche unschätzbaren Vorteile das Onlinebanking für ihn hat. Wir wissen nicht, ob wir uns heute mit diesen nun digitalen Bankkunden freuen sollen, weil sie ihr alltägliches Leben deutlich entlastet haben und das sicherlich auch für die Zukunft so beibehalten werden. Dass sie post Corona wieder zu althergebrachten, umständlichen Überweisungsverfahren zurückkehren werden oder plötzlich Sehnsucht nach dem persönlichen Besuch von Bankfilialen und den stets freundlichen Gesprächen mit bestgelaunten Bankmitarbeitern entwickeln, halten wir für unwahrscheinlich. Oder sollten wir stattdessen Mitleid haben mit all den Mitarbeitern in den Filialen deutscher Banken, deren Management diesen Trend jahrelang ignoriert hat?

Die deutsche Automobilindustrie erfuhr während der Corona-Pandemie im Gegensatz zu *Tesla* einen Nachfrageeinbruch. Noch ist nicht eindeutig zu erkennen, ob dieser nur eine kurze zeitliche Verschiebung ist oder ein Erdrutsch in Richtung umweltfreundlicher Autos und E-Mobilität.

Während die deutsche Automobilindustrie wie ein in Runde 10 ausgeknockter Boxer versucht, wankend wieder auf die Beine zu kommen, und mit Verzweiflung im Blick auf Unterstützung aus der

Ringecke hofft – wo in unserem Bild die Politiker hektisch werkeln –, tänzelt *Tesla* trotz Covid-19 voller Energie und Siegeswillen durch den Ring und will jetzt den entscheidenden Haken gegen den doch eigentlich übermächtigen Gegner der letzten Jahrzehnte setzen. Im ersten Quartal 2020 hat *Tesla* Rekorde eingefahren: beim Absatz – auch für das neue Modell 3 –, beim Gewinn und beim Aktienkurs. Alles nur ein Zufall, wie uns jetzt sicher wieder viele Manager der Automobilbranche und die von ihnen teuer beschäftigten professionellen Einflüsterer glauben machen wollen?

Die mit der Pandemie verbundene verstärkte Nutzung digitaler Möglichkeiten durch die Konsumenten und die im Licht einer weltweiten Krise veränderte Sichtweise auf Konsum und Bedürfnisbefriedigung haben ohne Frage nachhaltige kurz- und mittelfristige Konsequenzen.

Wir haben die vier Branchen daraufhin untersucht, wie gut sie aus unserer Sicht auf die dritte Phase der Digitalisierung vorbereitet sind. Diese Branchen haben wir auch deswegen ausgewählt, weil deren Manager, Mitarbeiter und (IT)-Ingenieure über lange Jahre erfolgreich ihre internationale Wettbewerbsfähigkeit unter Beweis gestellt haben.

Wie überzeugend ist die digitale Strategie dieser deutschen Unternehmen? Verfügt das Management in diesen Branchen zumindest heute über das erforderliche Potenzial und den notwendigen Mut, neue digitale Geschäftsmodelle zu entwickeln und durchzusetzen? Wie hoch sind die Cash-Reserven der betrachteten Unternehmen? Treten diese in ihren Branchen eher als „Konsolidierer" auf, oder gelten sie in der Zukunft aufgrund einer relativ niedrigen Börsenbewertung eher als Übernahmeziele? Können diese Unternehmen zukünftig noch mit ihren internationalen Wettbewerbern Schritt halten?

Die Branchen, denen wir uns unter diesem Blickwinkel nähern wollen, sind Banken, Handel, Automobilindustrie und Medien.

Dabei treffen unsere Überlegungen ebenso auf zahlreiche andere Branchen zu, beispielsweise auf den Tourismus oder das Bildungsgeschäft. Gerade der Bildungsbereich hat durch Covid-19 einen Schub der ganz besonderen Art erlebt: von Sprachkursen – interessanterweise boomte in den USA während der Corona-Pandemie die Nachfrage nach Online-Sprachkursen in Mandarin – über Nachhilfeunterricht bis zum online erteilten Musik- und Instrumentalunterricht, ob einzeln oder in Gruppen. Wenig überraschend konnte Connys Beteiligung *Lingoda*, Europas Marktführer im Bereich Live-Online-Sprachunterricht, dramatische Umsatzsteigerungen verzeichnen.

Dummheit, Hybris oder Reaktanz?
Wie die TV-Sender die Fehler der Musikindustrie wiederholen

Bei allen vier betrachteten Branchen fällt uns auf, dass es dem Management bis heute sehr schwerfällt, „out of the box" zu denken und so die Perspektive zu ändern, mit der man seine Kunden und deren Bedürfnisse in einer digitalen Welt betrachtet. In allen vier Branchen mussten wir feststellen, dass auch heute noch mit einer unfassbaren Branchenblindheit und Scheuklappenmentalität operiert wird. Viel zu selten wird beherzigt, was seit Langem akzeptierte Unternehmerweisheit ist: „Der Köder (das Produkt) muss dem Fisch schmecken (dem Kunden), nicht dem Angler (dem Management)."

Die Musikindustrie als bedeutender Teil der Medien- und Entertainmentbranche glaubte über lange Jahre, sie könne trotz der mit der Digitalisierung bereits frühzeitig erkennbar einhergehenden Veränderung der Wertschöpfungskette ihres Geschäftsmodells unverändert an dessen alten Erfolgsfaktoren festhalten: Kontrolle und Besitz der Wertschöpfungskette – das war über Jahrzehnte das brancheninterne Dogma – zum Teil abgesichert durch Patente. Hierunter fielen das Recording der Inhalte, das Mastering, das Pressen, die physische Distribution und der Handel.

Dem gleichen Irrglauben unterlag die Filmindustrie. Hier nahm man an, man könne Rechte- und Verwertungsfenster der Filme kontrollieren, und diese seien selbstverständlich ausschließlich in den Hollywood-Studios zu produzieren. Heute wachsen Anbieter wie *Netflix* und *Amazon* in diesen über Jahrzehnte abgeschotteten Markt und treten nicht nur neben die bislang bekannten Abnehmer der Rechte (wie Kinos, Pay-TV, DVD-Distribution und Free-TV). Vielmehr produzieren sie zunehmend Inhalte im direkten qualitativen Wettbewerb mit den bislang als unangreifbar geltenden Hollywood-Studios. Die Anzahl der Oscar-Nominierungen von 2019 für *Netflix*-Produktionen – 15 Nominierungen, die auch gegen den erbitterten Widerstand der Hollywood-Studios sozusagen aus dem „Nichts" kamen –, spricht eine eindeutige Sprache. Leider gehört zu einer ehrlichen Analyse dieser Entwicklung auch die Erkenntnis, dass deutsche Medienunternehmen bereits heute nur noch eine unbedeutende Rolle im Kampf um diese knappen Rechte spielen. Ein dauerhafter Rechte-Erhalt der Fußballübertragungen durch *SKY* beispielsweise wird im mittelfristigen Wettbewerb gegen *DAZN* und letzten Endes wohl *Amazon* kaum realisierbar sein, von *Pro7* und *RTL* ganz zu schweigen

Während des Corona-Lockdowns boomte das Geschäftsmodell von *Netflix*. Es ist nicht ausgeschlossen, dass sich jetzt ein Trend nochmals verstärken könnte, der bereits seit etwa drei bis vier Jahren deutlich erkennbar war: Immer mehr Werbegelder wandern in Richtung digitaler Medien ab. Verständlich, bieten diese ihren Kunden doch ein deutliches Mehr an Nutzen: von der besseren Zielgruppenansprache bis zur persönlichen Kundenbetreuung und -bindung, von der Erschließung von Zielgruppen mit höherer Kaufkraft bis zum zeitgemäßen, cooleren Auftritt und dem Aufbau von Communities etc. etc.

Auch aufgrund der begrenzten Größe des deutschen Sprachraums und wegen qualitativer Mängel werden deutsche Streaming-Angebote, wie zum Beispiel von *Pro7* oder *RTL*, die leider ziemlich verspätet und deswegen unter unnötigem Druck entwickelt werden, keine ausreichende Nachfrage im Vergleich zu ihren englischsprachigen Wettbewerbern aufbauen. Trash schmeckt nicht deswegen besser, weil man ihn mehrmals aufkocht und in Form von Streaming-Angeboten häppchenweise zu verfüttern versucht. Wenn man „Promis unter Palmen" im Streaming gegen „House of Cards" antreten lässt oder den „Bergdoktor" im öffentlich-rechtlichen Vorabendprogramm gegen „Breaking Bad" oder „Lucifer", muss man sich nicht wundern, wenn der Kunde mit der Fernbedienung abstimmt.

Netflix ist Jahre vor der deutschen Konkurrenz gestartet, verfügt über eine etablierte Abonnement-gestützte Plattform und zeichnet sich vor allen Dingen durch eines aus, gerade während der Corona-Monate: Wachstum. Und das weltweit. Allein im zweiten Quartal 2020 erzielte *Netflix*, je nach Sichtweise trotz oder wegen Corona, ein Wachstum der Abonnentenzahl um rund 17 Millionen weltweit! Diese Zahl markiert für *Netflix* einen neuen Rekord – in einem Krisenmonat, der die führenden deutschen Medienkonzerne in die Kurzarbeit zwang.

Zudem werden den deutschsprachigen Produktionen auf Dauer die erforderlichen Economies of Scales (Skaleneffekte) fehlen. Die deutschen TV-Sender haben sich viel zu spät mit geeigneten Inhalten um den boomenden Streaming-Markt bemüht, obgleich gerade die *RTL* Group mit der noch von Thomas akquirierten *Freemantle* Group über einen auch im englischen Sprachraum führenden Inhalte-Produzenten verfügt. Gegen *Netflix*, *Amazon*, *Apple*, *Disney*, *Telekom* und Co. werden die herkömmlichen Free-TV-Senderfamilien trotz aller verspäteter Bemühungen weder im Streaming-Markt in Deutschland noch weltweit eine ernst zu nehmende Rolle spielen können. Der Trend wurde von den verantwortlichen Managern ganz einfach verschlafen.

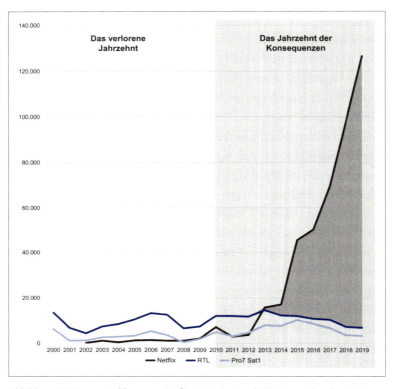

Abbildung 17: Kursentwicklung von *Netflix*, *Pro7, Sat1* und *RTL Group* über den Zeitraum der letzten 20 Jahre. Schraffierte Fläche: „Goodwill", der die Einschätzung des zukünftigen Wachstums von Umsatz und Ertragskraft des Geschäftsmodells widerspiegelt.

Auch im Sportrechtebereich dachten Free- und Pay-TV Sender lange Jahre, sie könnten den Rechtehandel unter sich ausmachen. Heute haben sie es nicht mehr nur mit den öffentlich-rechtlichen Sendern wie ARD und ZDF zu tun, sondern sehen sich mit *DAZN*, *Amazon* und der *Telekom* völlig neuen Wettbewerbern gegenüber, die im Kampf um die knappen Rechte mit „deep pockets" gegen sie antreten.

Die TV-Senderfamilien haben über einen Zeitraum von fast 20 Jahren vergessen, dass es nicht auf das „Endgerät TV" ankommt und auch nicht auf die Produktion von Trash-Inhalten – für die man sich auch als Manager eigentlich schämen müsste – oder den Zugang zu den Übertragungswegen. Die alles entscheidende Frage ist vielmehr: Wie kann man mithilfe der Digitalisierung „out of the box" denken und dabei schnell auf die sich verändernden Bedürfnisse der Kunden eingehen?

Früher betonte Helmut Thoma, ehemaliger Manager bei *RTL Deutschland*: „Das TV-Gerät ist das Lagerfeuer der Familie." Und er war fest davon überzeugt, dass dies immer so bleiben würde. Bis heute wurde aus dem Fernseher etwas völlig anderes, nicht über Nacht, sondern in einem schleichenden Prozess, der aber durchaus hätte wahrgenommen werden können. Durch Innovation entstand nicht nur Streaming, sondern zugleich eine völlig veränderte Erlebniswelt: zeitlich und örtlich selbstbestimmtes Unterhaltungsvergnügen, ohne nervige Werbung, arrogante Moderatoren oder Trash, der für immer mehr Zuschauer eine schwere Form der intellektuellen Körperverletzung statt des „Familienlagerfeuers" ist.

DAS SPÄTE ERWACHEN DER DEUTSCHEN AUTOMOBILINDUSTRIE

Für uns schwer verständlich, versucht die Automobilindustrie bis heute mit allen Mitteln, Alternativen im Antriebsbereich (Brennstoffzellen/Wasserstoff) zu umgehen. Der Einsatz von Elektroantrieben vereinfacht bekanntlich den konstruktiven Aufwand und die Komplexität eines Autos enorm. Motorenentwicklung und -fertigung, aber auch die Produktion der Antriebssysteme insgesamt könnte in den existierenden Fabriken und Produktionsprozessen nicht ohne gewaltige Umstellungen und Investitionen umgesetzt werden, ähnlich wie dies bei den Presswerken der Musikunternehmen vor 25 Jahren der Fall war. Da ist es fast verständlich, dass ein

Automobilmanager in unserem Land lieber den bequemeren und für ihn sicheren Weg nehmen will: Einfluss nehmen auf die Politik, um Zeit zu kaufen und unbeschadet die eigene Pensionierung zu erreichen.

Der mehrstufige physische Vertrieb ist bei einer Out-of-the-Box-Betrachtung in der Automobilindustrie in der bislang praktizierten Form schon lange nicht mehr notwendig, jedenfalls auf keinen Fall bei einer „Zero Base"-Gründung. Von *Tesla* und *Polestar* kann die deutsche Automobilindustrie lernen, wie nicht nur der Vertrieb erklärungsbedürftiger Automobile über das Internet problemlos möglich wird, sondern auch die Online-Überwachung der einzelnen Fahrzeuge hinsichtlich Wartung und Reparaturen gelingt. Bis auf wenige Showrooms hat *Tesla* den Vertrieb auf das Internet konzentriert und ist in der Lage, die Funktionsfähigkeit der verkauften Autos online zu überwachen.

Wir sind uns sicher, dass der Vertrieb von Autos noch effizienter und kundenorientierter gestaltet werden könnte, als es *Tesla* & Co. bislang praktizieren. Ein Smart sollte heute nicht nur online bestellt, sondern auch innerhalb von 24 Stunden geliefert werden können: zugelassen, versichert, und das Car Entertainment-System hätte bereits über die Cloud die Präferenzen des Fahrers gespeichert. Aktuelle Beispiele von Start-ups, die sich in diesem Bereich mit zum Teil beeindruckendem Erfolg entwickeln, sind *Kavak*, *Mynewcar*, *Carnovo* oder *Auto1*, das sich bereits als Unicorn etabliert hat.

Tesla investiert derzeit in ein flächendeckendes Netz von „Superchargern". In absehbarer Zeit werden für das Aufladen eines Tesla „nur noch" 30 Minuten nötig sein. *Tesla* berechnet seinen Kunden für das Aufladen an Supercharger-Stationen nichts. In der „alten" Welt der Autoindustrie hieße das nichts anderes, als dass beispielsweise Porsche seinen Autokäufern den benötigten Treibstoff schenken würde.

In allen der betrachteten vier Branchen können wir feststellen, dass das Management eine schwer nachvollziehbare, fast panische

Angst vor Veränderungen aufweist. Vielleicht ist der befürchtete Machtverlust, der mit einer solchen fundamentalen Veränderung einhergeht, die erklärende Variable für dieses Verhalten. Man möchte den Status quo bewahren und ist deshalb Veränderungen gegenüber feindlich eingestellt.

Das süße Gift der Illusion

Tatsächlich beschleunigt aber gerade diese Einstellung („Ich verschließe die Augen vor den Tatsachen und hoffe, alles wird gut.") die Disruption. Wie immer im Wirtschaftsleben gilt auch für die Gefahr einer befürchteten Disruption, dass ohne Anstrengungen und Bemühungen nichts gut wird. Leider wurden in den vier betrachteten Branchen solche Anstrengungen von anderen, neu in die Branche eintretenden Marktteilnehmern vorgenommen. Solche Unternehmen verändern als Newcomer die Spielregeln einer Branche, die sich oft über mehr als 100 Jahre entwickelt haben, grundlegend. Das können sie, weil sie keine Strukturen oder Fixkosten haben, auf die sie bei der Entwicklung eines völlig neuen Geschäftsmodells Rücksicht nehmen müssten, das nur einen einzigen Bezugspunkt hat: das Bedürfnis des Kunden – und nicht das Interesse der Ingenieure oder Kaufleute, vorhandene Aggregate einzusetzen und auszulasten.

Genau das haben uns Firmen wie *Uber* oder *Airbnb* gelehrt: Sie brauchten keine Rücksicht auf eigene oder geleaste Fahrzeugflotten zu nehmen und auch nicht auf die Remanenzkosten von Immobilien. Sie verfügten über ein neues, tragfähiges Geschäftsmodell, waren schnell und anpassungsfähig und konnten die alten Wettbewerber dort angreifen, wo es diesen ganz besonders wehtat.

Die Manager in den betrachteten Branchen sollten in diesem Zusammenhang eine wesentliche Erkenntnis der Evolutionstheorie immer vor Augen haben: Es ist nicht die stärkste Spezies, die überlebt, es ist auch nicht die intelligenteste. Es ist diejenige, die sich am ehesten dem Wandel anpassen kann.

Im filialisierten stationären Einzelhandel wurde zunächst jahrelang die entstehende Bedeutung des Online-Handels völlig unterschätzt. Danach blockierte sich das Management der stationären Handelsunternehmen intern mit der strittigen – und im Ergebnis unwichtigen – Frage, wem die Adresse und der Umsatz eines Kunden zuzuordnen sei, wenn dieser über das Internet bestellt: der stationären Filiale oder dem Online-Service, der eigentlich keine Unterscheidung zwischen lokalen, regionalen und nationalen Grenzen macht. Diese unnütze Frage hat den Warenhauskonzernen aber auch *Media-Saturn* im Wettbewerb mit *Amazon* oder *Zalando* das Genick gebrochen. Den Kunden interessieren solche interne Streitereien und Sandkastenspiele eines de-fokussierten Managements nicht im Geringsten.

Nicht anders sieht es heute in den Branchen Banking und Automobilindustrie aus. Anstatt neue Geschäftsmodelle voranzutreiben und Marktanteile in der digitalen Welt zu sichern, konzentriert man sich darauf, Besitzstände zu wahren und unter allen Umständen den Status quo beizubehalten. Noch gilt in der Automobilindustrie das Statement, das wir in ähnlicher Form aus anderen Branchen gehört haben, bis es zur Anpassung zu spät war: „Ein Auto hat einen Verbrennungsmotor und wird über den Automobilhandel verkauft, der eine Werkstatt für den (regelmäßigen) Service und die Reparaturen unterhält." Dies wird sich schneller ändern, als es der Automobilindustrie lieb sein kann. Der Trend zu „Sharing-Modellen" ist hier nur eines von vielen Puzzleteilen einer veränderten Gesamtlage.

Das Missverständnis vom Internet als zusätzlichem Kanal

In allen Branchen, die durch eine geringe Anzahl von Großkonzernen dominiert werden, treffen wir immer wieder auf ein Problem, das sich zwangsläufig mit der Komplexität einer Organisationsstruktur zu entwickeln scheint: Die vielen Hierarchiestufen, die zwischen den potenziellen konzerninternen Innovatoren und dem Vorstand stehen, lassen innovative Ideen ganz einfach verkümmern. In keinem Unternehmen der betrachteten Branchen scheint man sich bewusst zu sein, dass auch für sie die Gesetze einer Systemtheorie gelten: Geschlossene Systeme – und seien sie auch noch so groß, wie etwa *VW*, *Siemens* oder *Lidl* –, können dauerhaft nicht überleben, wenn sich die Umwelt verändert. Der Druck an der Grenze zwischen dem geschlossenen Konzernsystem und der sich verändernden Außenwelt wird auf jeden Fall im Lauf der Zeit so stark, dass er das geschlossene System letztendlich implodieren lässt.

In allen vier Branchen stellen wir dagegen zu unserer Überraschung fest, dass immer noch an dem überholten Denkmodell aus den 90er-Jahren festgehalten wird, der digitale Vertriebskanal sei als ein „zusätzlicher" Kanal zum bestehenden Geschäftsmodell zu verstehen. Dies ist allerdings die grundlegend falsche Herangehensweise des Konzernmanagements, wie wir aus langjähriger und zum Teil wirklich leidvoller Erfahrung wissen. Diese Sichtweise basiert nicht nur auf Ignoranz oder dem verzweifelten Versuch des Managements, die eigene Macht zu sichern. In der Regel sind zusätzlich die Unternehmenskulturen der Konzerne nicht darauf ausgelegt, Prozesse neu zu erfinden oder völlig neue Geschäftsmodelle zu entwickeln.

Banken sollten dem Kunden in einem geschlossenen System auf Basis der vorhandenen Daten einen Service bieten, der ihm hilft, das Management seiner gesamten Ausgaben, die per Girokonto,

Kreditkarten etc. erfolgen, on-time vorzunehmen. Hierfür müssen sie mehr Transparenz bieten, alle Ausgaben (auch außerhalb des Hoheitsbereichs ihrer eigenen Bank) erfassen, systematisieren und auf diese Weise transparent machen. Banken könnten sich in diesem Modell zu einem vertrauenswürdigen Dienstleister im Datenmanagement entwickeln. Allerdings haben sie in den vergangenen Jahren die notwendigen Tools hierfür ohne Not aus der Hand gegeben oder sie sich von neuen Wettbewerbern nehmen lassen.

Dies hat möglicherweise auch noch andere Gründe. Ein Geschäftsmodell verliert leider an Renditekraft, wenn die Kunden über zunehmende Transparenz verfügen, wie das Internet sie bietet: Transaktionskosten, Margen, Provisionen und versteckte Kosten.

Corona hat uns allen deutlich gemacht, wie schnell eine ganze Landschaft ehemals stolzer, altehrwürdiger Banken ihre Existenzberechtigung einbüßen kann, wenn Verbraucher die Vorteile von eCommerce und Onlinebanking verbinden – was sie in der Regel schon längere Zeit problemlos tun können.

Für eine Kaufabwicklung bei *Amazon* benötigt ein Kunde schon heute nicht mehr als ein Bankkonto. Und wenn *Amazon* irgendwann selbst eine Banklizenz hält, werden Zahlungsabwicklung und Ratenkreditgeschäft von diesem einen Anbieter aus einer Hand angeboten werden. Eine *Deutsche Bank* mit einer veralteten Infrastruktur von Rechnern und stets bemühten Innendienstmitarbeitern braucht dann eigentlich kein Mensch mehr. Vielleicht kann man in diesem Szenario wenigstens noch für die *Postbank*-Filialen einen sinnvollen Einsatz finden – als Abholstation für *Amazon*-Pakete?

Automobilproduzenten müssen endlich begreifen, dass sie den Service für die von ihnen online verkauften Autos zukünftig in anderer Form wahrnehmen müssen, als ihr Geschäftsmodell dies bisher vorsah. Zum Beispiel durch eine Ausdehnung der Garantiezeiten, Online-Überwachung aller wichtigen Funktionen eines Autos, flexible Reparatur- und Wartungs-Teams sowie flexible

Versicherungsmodelle: „Warum soll ich mein Auto für die Stunden versichern, in denen ich es nicht brauche?" Möglicherweise ist dies auch ein interessanter Ansatz, entlang der Wertschöpfungskette Teilkonzerne zu formen, die abgespalten und eigenständig an die Börse gebracht werden.

DEUTSCHE KONZERNE WEIT ABGESCHLAGEN!

Eine weitere Frage stellt sich vor dem Hintergrund unserer Beobachtungen während der Corona-Krise: Reicht die Finanzkraft der Konzerne, die in den vier betrachteten Branchen operieren, nach der Corona-Pandemie aus, um die unausweichlichen Veränderungsprozesse ihrer Geschäftsmodelle zu finanzieren? Haben sie das Potenzial, in ihrer Branche international zu konsolidieren, oder könnten sie zur leichten Beute anderer (digitaler) Wettbewerber werden, wie es unser vorerst fiktives Szenario einer Übernahme von *Daimler* durch *Tesla/Google* beschreibt?

Bereits wenige Tage nach dem Ausbruch von Covid-19 forderten Politiker und verunsicherte Manager den Schutz deutscher Unternehmen gegen ausländische Wettbewerber. In einer Krise, die aber eigentlich alle weltweit tätigen Unternehmen gleichermaßen betrifft, sahen sie sich als ganz besonders schutzbedürftig. Diesbezügliche Statements deutscher Wirtschaftsvertreter erweckten nicht den Eindruck, als agierten die Entscheidungsträger in Wirtschaft und Politik in Deutschland auf einer Basis von Stärke und Selbstbewusstsein.

Eigentlich befindet sich die deutsche Wirtschaft durch viel zu langes Festhalten an alten Strukturen unter gleichzeitiger Vernachlässigung der Digitalisierung jetzt in einer äußerst unkomfortablen Sandwich-Position. Im Stahlbereich beispielsweise können wir nicht mehr mit Massenproduzenten aus China oder Indien konkurrieren, die ihre Standortvorteile konsequent ausspielen und in der digitalen

Welt ihren deutschen Wettbewerbern weit voraus sind. So ist es kein Zufall, dass deutsche Manager und Politiker befürchten, chinesische Investoren könnten sich *ThyssenKrupp* einverleiben. Wo, so fragen wir uns – und auch unseren Wirtschaftsminister –, soll denn eigentlich die Zukunft unseres Landes liegen?

Für ein Unternehmen wie den Sportartikelhersteller *Adidas* reichten gerade einmal zweieinhalb Monate Lockdown aus, um es an den Rand der Existenz zu bringen. Casper Roerstedt griff aus Sorge, das Unternehmen könne schnell an den Rand der Illiquidität geraten, zur Notbremse: Er setzte die Zahlungen an die Vermieter der *Adidas*-Läden aus und nahm dennoch zugleich Staatshilfen in Anspruch. Eine Mixtur, die ihm der Aufsichtsratsvorsitzende hätte untersagen müssen.

Mit dieser brachialen Vorgehensweise war für jeden erkennbar die Gefahr verbunden, dass die Marke *Adidas* nachhaltig geschädigt werden könnte. Bei allen Bedenken, die gerade deutsche Aufsichtsräte ansonsten zu Protokoll geben, um Innovationen zu verhindern, erstaunt es schon sehr, dass eine Vorgehensweise, die mit einer solchen öffentlichen Tragweite verbunden ist, scheinbar durchgewunken wurde. Da muss die finanzielle Not schon groß gewesen sein.

Die Beispiele *Adidas* oder *H&M*, die ebenfalls Mietzahlungen aussetzten, und das Gejammer vor drohenden feindlichen Übernahmen durch ausländische Wettbewerber legen den Schluss nahe, dass es mit der finanziellen Solidität deutscher Unternehmen möglicherweise nicht so bestellt ist, wie es für die zukünftige Gestaltung der digitalen Welt notwendig wäre.

Diese Annahme wird durch folgende Tatsache bestätigt: Allein *Amazon* ist am 13. Juli 2020 bei der Marktkapitalisierung größer als die Summe der Marktkapitalisierung aller DAX-Konzerne.

Doch es geht nicht mehr nur um wirtschaftlichen Erfolg, der bei *Amazon* unstritig gegeben ist, sondern darüber hinaus um Nachhaltigkeit, Umweltfreundlichkeit, Gerechtigkeit und Solidarität. Und das ist auch gut so. Die Manager-Generation, die nur Machbarkeit und Dollarzeichen in den Augen hat(te), verschläft gerade eine Entwicklung, die sicher mindestens so bedeutend ist wie die Digitalisierung.

Ein Manager, der sich monokausal auf Fragen der „Machbarkeit" konzentriert, und hierzu rein „lösungsorientiert" arbeitet, wird diese Trends, die sich zunehmend verstärken, verpassen. Die Ausrichtung des Managements auf solche gesellschaftlich orientierten Fragestellungen wird zwangsläufig Hand in Hand verlaufen müssen mit der konsequenten Umsetzung einer Digitalstrategie.

WAS COVID-19 UNS ÜBER DIE DIGITALISIERUNG GELEHRT HAT

Schon vor dem Ausbruch von Covid-19 waren wir zumindest von einer Tatsache felsenfest überzeugt: von der Bedeutung der Digitalisierung und davon, welche Chance sie – richtig angewendet – uns allen bietet. Während der Pandemie, als die Digitalisierung auf vielfache Weise ganz unproblematisch und oftmals geradezu „notfallmäßig" genutzt wurde, hat sich diese Sichtweise noch deutlich verstärkt.

Wir machten während des Covid-19-Lockdowns die Erfahrung, dass die Digitalisierung von ihren Anwendern und Nutzern sehr viel schneller, umfassender und kreativer eingesetzt wurde, als wir uns dies zuvor in unseren kühnsten Szenarien hätten vorstellen können. Und mangelnde Kühnheit ist, offen gestanden, wirklich nicht das, was uns bis heute zum Vorwurf gemacht worden wäre.

Mit unserer Einschätzung stehen wir offensichtlich nicht ganz allein da. Eine Befragung von 230 Topmanagern der Wirtschaft lieferte das Ergebnis, dass jeder zweite der Befragten die Meinung vertrat, die deutsche Wirtschaft werde sich nach der Corona-Krise gravierend und langfristig verändern. Ebenfalls jeder zweite rechnet zudem mit einer Konsolidierung des Marktes durch Übernahmen. Ein konsequenter Kurs der Digitalisierung bietet nach Corona aus Sicht der Befragten viele Chancen.

Die Umfrage machte zugleich deutlich, wie groß die Diskrepanz ist zwischen der Absicht, auf Basis der Erkenntnisse während des Lockdowns die Unternehmen zu transformieren, und dem aktuellen Stand in den einzelnen Unternehmen. Die Mehrheit der Befragten stufte den Digitalisierungsgrad ihres Unternehmens vor der Krise als gering oder sehr gering ein.[44]

Wir haben keine Alternative zu einem breiten, aber zugleich verantwortungsvollen Einsatz der Digitalisierung. Das werden die nachfolgenden Kapitel zeigen. Wir verfügen über keine sinnvolle Alternative als den konsequenten Einsatz der Digitalisierung: für die Form, wie wir zukünftig arbeiten und leben, für die Entlastung unserer Umwelt, für unsere Kommunikation, aber auch für das Wachstum unserer Wirtschaft, für die Schaffung zukunftsträchtiger Arbeitsplätze und für die Sicherung unserer internationalen Wettbewerbskraft.

Wir würden uns nichts mehr wünschen, als dass die Elite unseres Landes nicht zum zweiten Mal versagt, was die Einschätzung der Bedeutung der Digitalisierung und deren Einsatz betrifft! Wählen wir heute einen anderen Weg, als auf die Digitalisierung zu setzen, dann werden die Folgen katastrophal sein.

Eine Trauerfeier der besonderen Art

20. April 2020, 6:00 p. m., London

Die Rabbinerin sitzt in ihrem Arbeitszimmer im Londoner Stadtteil Golders Green, vor sich den Laptop, und eröffnet ein Zoom-Meeting. Die Teilnehmer sind Mitglieder einer Familie, die sich an diesem Abend aus mehreren Kontinenten zusammengefunden haben, um der Witwe und den Kindern des Verstorbenen Beistand zu leisten, der am Vortag nach jüdischem Ritus beigesetzt worden ist. Er starb an Covid-19, nachdem Ärzte in einem Londoner Krankenhaus zwei

Wochen lang vergeblich um sein Leben gekämpft hatten. Jetzt sitzen die engsten Familienmitglieder Schiwa, wie es im Judentum heißt, und das bedeutet eine siebentägige Zeit der Trauer.

Die Beisetzung hatte unter strengen, Corona geschuldeten Auflagen stattgefunden. Nur die engsten in London ansässigen Familienmitglieder hatten teilnehmen dürfen. Die übrigen versammeln sich nun virtuell, um Trost zu spenden und gemeinsam das Kaddisch für den Verstorbenen zu beten. Am folgenden Abend werden an der Schiwa 300 Menschen teilnehmen, Freunde, Bekannte und Mitglieder der Gemeinde, und alle ebenfalls virtuell.

Die Familie lebt über verschiedene Erdteile verstreut, und diese ungewöhnliche Schiwa-Zusammenkunft hat auch den Charakter einer Wiedervereinigung. Die Rabbinerin begrüßt die Teilnehmer namentlich. Über die Zoom-Galerie werden sie sichtbar: der Bruder des Verstorbenen, der in Südafrika lebt; die Schwester, die in Israel wohnt; Verwandte aus Los Angeles und Vancouver und andere aus anderen Teilen Großbritanniens. Die Tochter und der Sohn sind jeweils mit ihren Familien aus ihren Londoner Wohnungen zugeschaltet, seine Cousine Deborah sitzt in Hamburg vor dem Laptop.

Unter normalen Umständen hätten wohl die meisten von ihnen versucht, an der Beisetzung real teilzunehmen und persönlich Trost zu spenden. Unter den Corona-Restriktionen gelten indes andere Regeln. In einem Trauerfall sind sie vielleicht am schwersten zu akzeptieren, und mancher bezeichnet das als unmenschlich. Da bleibt dann nur eine virtuelle Schiwa, um gemeinsam zu trauern und des Verstorbenen zu gedenken.

Nach der Begrüßung singt die Rabbinerin ein hebräisches Lied, anschließend wird gemeinsam gebetet. Es sind bewegende Momente für jeden der Teilnehmer. Trauer erfüllt auch die Wohnung in Hamburg, wo Deborah zusammen mit Thomas ihre in alle Welt verstreuten Verwandten auf dem Bildschirm ihres Laptops wiedersieht.

Michaels Sohn erinnert mit einer bewegenden Rede an seinen verstorbenen Vater, danach tragen auch die jungen Enkel ihre Gedanken und Erinnerungen an gemeinsame Erlebnisse bei. In dem gemeinsamen Zurückblicken, mit liebevollen Anekdoten und respektvollen Würdigungen, wird ein unsichtbares Band geknüpft zwischen allen, die sich hier aus verschiedenen Erdteilen virtuell versammelt haben.

Deborah hatte der virtuellen Schiwa-Zusammenkunft mit gemischten Gefühlen entgegengesehen. *Kann das wirklich eine reale Trauerfeier ersetzen? Wie sollten Nähe und Intimität möglich sein, wenn man vor einem Bildschirm sitzt?* Es erschien ihr fast grotesk, sich in dem Moment des Trauerns, in dem die persönliche Nähe vielleicht am wichtigsten ist, auf virtuellem Wege Anteilnahme auszudrücken. Skepsis und Unsicherheit waren groß, als sie sich einwählte.

Andererseits musste sie sich auch fragen, ob unter normalen Bedingungen wirklich alle die Reise so kurzfristig hätten antreten können. Nach jüdischem Ritus wird eine Beerdigung nach dem Tod eines Menschen so schnell wie möglich vollzogen. Ob die Familie in normalen Zeiten diese Zusammenkunft virtuell organisiert hätte, ist fraglich. Vermutlich hätten etliche Familienmitglieder ihre Verwandten dann nicht sehen und sprechen können.

Deborahs Fazit war schließlich ein erleichtertes: Würde und Respekt, Intimität und Nähe, Trost und Menschlichkeit waren auf diesem virtuellen Wege nicht verloren gegangen. Sie beschloss das Zoom-Meeting mit großer Dankbarkeit.

Internet und emotionale Nähe – ein Gegensatz?

Die digitale Welt kann und soll persönliche Kontakte ebenso wenig ersetzen wie Gefühle und Nähe. Vielleicht ist es nicht die Frage, ob Corona die Art und Weise unseres Zusammenlebens verändert hat.

Vielleicht ist die entscheidendere Frage, in welchen Bereichen und wie nachhaltig wir digitale Medien sinnvoll einsetzen können.

Viele Gemeinden, ob christlich, jüdisch oder muslimisch, haben während der Zeit der Kontaktverbote virtuelle Gottesdienste gefeiert. In Rottach-Egern hielt Monsignore Dr. Wildschütz am Gründonnerstag, unterstützt von zwei Messdienern und einem Organisten, eine Andacht und sprach seiner Pfarrgemeinde Mut und Hoffnung zu. Per *YouTube* und Streaming wird diese Andacht von seinen Gemeindemitgliedern abgerufen. Die Kantorin der jüdischen Gemeinde Sukkat Schalom in Berlin ist am Schabbat ebenso virtuell präsent. Dies sind nur zwei Beispiele aus einer ungeheuren Fülle von digitalen Angeboten, die unter den Pandemiebestimmungen überraschend schnell von vielen religiösen Gemeinschaften und Gemeinden entwickelt wurden. Wer wollte, konnte jederzeit per Streaming an Messen, Gottesdiensten oder anderen Feiern religiöser Art rund um den Globus teilnehmen.

Zunächst nur als Mittel gegen das Alleinsein im Rahmen der Kontaktbeschränkungen und um anderen, teils völlig fremden Menschen Mut zu machen, organisierten Musiker virtuelle Bands oder Orchester, die von verschiedenen Orten aus gemeinsam musizierten. Die Musikclips wurden vielfach geteilt und verbreiteten sich je nach Qualität oder Originalität weltweit. Die Creative Kirche in Deutschland lud zu einem virtuellen Konzert über ihre Website ein. Das *GermanPops Orchestra* musizierte gemeinsam mit Komponist Christian Schnarr am Piano.

Auch Bands und Künstler von internationalem Rang wie *Coldplay*, *Lady Gaga* oder *James Blunt* traten in leeren Stadien auf oder übertrugen Songs aus ihrem Wohnzimmer. Michael Patrick Kelly veranstaltete ein Auto-Konzert, dessen Einnahmen er seinen Roadies und Technikern spendete, die wegen des Lockdowns ohne Einkünfte waren. Hatte vor Corona der Konzertbesuch vor allem die persönliche Nähe und besondere Atmosphäre des gemeinsamen Erlebens eines solchen Großevents vermittelt, stellte die Pandemie das einfach auf den Kopf. Die Nutzer holen sich dieses Gefühl jetzt digital in ihre eigenen vier Wände.

Statt eitler Selbstdarstellung auf Instagram oder Facebook und einer Flut von überflüssigen Tweets und Posts nahmen intelligente Anwendungen und Nutzungsmöglichkeiten während der Ausgangsbeschränkungen zu, die nur eine Begrenzung kennen: unsere Kreativität, sie sinnvoll einzusetzen.

Wahrscheinlich müssen wir auch unser „digitales Narrativ" verändern: dass digitale Medien Vereinsamung hervorrufen. Vor Corona wurde dies geradezu stereotyp angeprangert. Es bestehe die Gefahr einer zunehmenden Entfremdung des Individuums, der man mit persönlichen Kontakten begegnen müsse. Post Corona hat sich dieser Blickwinkel verschoben: Wenn reale zwischenmenschliche Kontakte untersagt oder auf ein Minimum begrenzt werden, beugt die Nutzung digitaler Medien wie *FaceTime*, *Zoom* oder *Skype* im Gegenteil der Vereinsamung sogar vor oder hilft, sie zumindest in Teilen erträglicher zu machen. Besonders viele ältere Menschen, wie beispielsweise Thomas' 95-jährige Mutter, entdeckten eine ganz neue Welt der Kontaktpflege mit Kindern und Enkeln.

Dabei gilt auch hier: Es gibt nicht nur Schwarz oder Weiß. Viele stellten fest, dass die digitale Welt trotz aller Vorteile zwischenmenschliche Kontakte nicht ersetzen kann. Andere machten die Erfahrung, dass die Arbeit aus dem Homeoffice „als neue Disziplin" auf Anhieb zwar besser funktionierte als zuvor befürchtet. Andererseits wurde aber auch deutlich, dass nach wenigen Wochen im Homeoffice das Verlangen nach dem realen Austausch immer größer wurde. Fast täglich wuchs der Wunsch nach bzw. die Freude auf eine baldige Rückkehr an den Arbeitsplatz und die reale Begegnung mit den Kollegen.

Vermutlich erreicht die so wichtige soziale Interaktion in einer aufgeklärten digitalen Gesellschaft dann ihr Ideal, wenn das

Individuum eine Balance gefunden hat zwischen so viel digitaler Kommunikation wie sinnvoll möglich, und so viel persönlichem Kontakt wie notwendig und erwünscht.

DIGITALISIERUNG UND GLOBALISIERUNG: MÜSSEN WIR UNSERE PERSPEKTIVE POST CORONA ÄNDERN?

Noch ein anderer Blickwinkel auf die Digitalisierung scheint angepasst werden zu müssen. Vor Corona wurde geradezu apodiktisch – auch von uns – die These vertreten, dass sich Digitalisierung und Globalisierung gegenseitig bedingen. Selbst wenn man unterstellt, Corona habe sich nur deswegen zu einer Pandemie entwickeln können, weil wir in einer globalisierten Welt leben – was als These nicht richtig sein kann, wenn wir allein an die Spanische Grippe Anfang des letzten Jahrtausends denken –, dann hat die Digitalisierung dennoch keine komplementäre Wirkung auf die Pandemie, sondern mildert ihre negativen Konsequenzen.

Ohne die konstruktive Nutzung der Digitalisierung, ob im Gesundheitswesen, im Bereich der pharmazeutischen und genetischen Forschung und Entwicklung, ob bei der Steuerung der Logistik, beim Tracking von Infizierten oder zur Interaktion mit isolierten Menschen, um nur einige wenige Beispiele zu nennen, hätte die Corona-Pandemie mit Sicherheit noch deutlich schlimmere Konsequenzen gehabt.

Und nicht nur das: Auch mit indirektem Bezug nahm die Digitalisierung von Prozessen in nicht direkt mit der Pandemieproblematik zusammenhängenden Teilbereichen plötzlich Fahrt auf. Hessens Behörden akzeptieren beispielsweise nun auch elektronische Rechnungen. Was international schon lange gängige Praxis und seit 2014 als EU-Richtlinie verankert war, ist seit Covid-19 nun endlich auch in Hessen möglich. Kreditlinien wurden in der Schweiz bei Vorliegen bestimmter Kriterien innerhalb von weniger als 24 Stunden zur Verfügung gestelltt.

Wie unzeitgemäß die Steuerung des deutschen Gesundheitswesens in Teilen ist, macht eindrucksvoll die Tatsache deutlich, dass die Gesundheitsämter die relevanten Daten zu Neuinfektionen, Genesungen und Todesfällen per Fax an das *Robert-Koch-Institut* in Berlin meldeten, wo diese händisch übertragen wurden, wie die WELT am 2. Mai 2020 meldete. „Der Gesetzgeber erließ in rasender Geschwindigkeit neue Regelungen. Aktiengesellschaften können nun ihre Hauptversammlungen virtuell abhalten. Krankenhäuser wurden verpflichtet, ihre freien Intensivbetten für eine zentrale Online-Erfassung zu melden. Kurzarbeitergeld und anderes Förderungsgeld werden im Internet beantragt."[45]

Sogar das Betriebsverfassungsgesetz wurde geändert. Betriebsräte können jetzt auch online tagen. Ein wahrer Meilenstein, da solche virtuellen Zusammenkünfte für die Gewerkschaften bis dahin „ein rotes Tuch" waren. Und hatten Professoren bisher gedacht, die Digitalisierung des Hochschulbetriebs würde Jahrzehnte in Anspruch nehmen, wurde während der Pandemie binnen sehr kurzer Zeit ein Großteil der Vorlesungen und Kolloquien online gehalten.

Corona hat unseren Blickwinkel auf die digitale Welt verändert. Die Art und Weise, wie wir digitale Produkte und Services nutzen, wurde durch Corona über Nacht verändert. Die zentrale Erkenntnis dieser Erfahrung lässt sich sehr vereinfacht so zusammenfassen: Digitale Medien können überraschenderweise auch Nähe schaffen, gerade dann, wenn räumliche Distanzen überwunden werden müssen. Die Pandemie hat unsere Sichtweise, wir bräuchten unser Verhalten nicht infrage zu stellen, als Ignoranz entlarvt.

Jetzt ist es an der Zeit, diesen Erkenntnisgewinn zu nutzen, bevor er allmählich zu verblassen beginnt und in der täglichen Routine eines neu anlaufenden Sozial- und Wirtschaftslebens untergeht.

Jetzt sind die Entscheidungsträger in Politik, Wirtschaft und Gesellschaft gefordert, umzudenken und die Chance zu nutzen, die uns in eine neue Richtung führt. Modelle, die ihre Untauglichkeit in der digitalen Welt bereits unter Beweis gestellt haben, sollten nicht weiter fortgeschrieben werden. Wir brauchen einen konsequenten Neuanfang. Das sind wir uns und den nachfolgenden Generationen schuldig!

Homeoffice: Die deutsche Realität?

20. März 2020, 4:30 p.m., Hamburg

Peter Möller sitzt schlecht gelaunt vor seinem Schreibtisch, auf dem sich Akten türmen. Die Tür seines Büros hat er vor 30 Minuten geräuschvoll geschlossen, nachdem seine beiden Gesprächspartner den Raum verlassen hatten.

Möller bekleidet die Position eines Hauptabteilungsleiters bei *Hendricks & Cie*, einem alteingesessenen Import- und Exporthaus für Gewürzstoffe, das in diesem Jahr auf eine 120-jährige Firmengeschichte zurückblicken kann, 136 Mitarbeiter beschäftigt und dessen Büroräume in einem ehrwürdigen Kaufmannshaus in der Hamburger Speicherstadt gelegen sind.

Nach seinem Hauptschulabschluss hat Möller vor 37 Jahren als Lehrling im Unternehmen begonnen. Der alte Hendricks hat ihn noch höchstpersönlich eingestellt. Seit fünf Jahren ist er Hauptabteilungsleiter, und Hendricks jr., der jetzt in der fünften Generation die Geschäfte des Unternehmens verantwortet, hat ihm kürzlich gesagt, er könne sich durchaus vorstellen, Möller zum Direktor des Unternehmens zu berufen.

Peter Möller läuft ein Schauer der freudigen Erregung über den Rücken, wenn er sich vorstellt, wie ihn seine Mitarbeiter zukünftig ansprechen werden: „Herr Direktor Möller, dürfen wir Sie einen kleinen Moment stören?" Das wird die Krönung seiner Laufbahn sein. Er, Peter Möller, der ehemalige Lehrling, wird zu den 15 Direktoren dieses Unternehmens zählen, die unmittelbar an die vierköpfige Geschäftsleitung berichten. Er kann sich nicht erinnern, dass irgendein anderer aus seiner ehemaligen Abschlussklasse der Hauptschule eine auch nur ansatzweise vergleichbare Karriere vorweisen kann.

Heute Nachmittag, kurz vor dem Wochenende, ist seine Stimmung allerdings ziemlich schlecht. Vor knapp 120 Minuten hatte ihn die Sekretärin von Hendricks jr. zum Chef beordert. Der war in seinem blasierten, hanseatischen Ton unmittelbar zum Punkt gekommen: „Möller, dieser Virus scheint sich für uns zu einer echten Gefahr zu entwickeln", hatte Hendricks begonnen und ihm mit einer knappen Handbewegung bedeutet, sich zu setzen. „Natürlich dürfen wir jetzt nicht überreagieren, aber wir müssen gewährleisten, dass unser Geschäftsbetrieb weitergeht. Virus hin oder her. Wir werden einen Teil unserer Mitarbeiter ins Homeoffice schicken müssen, der andere Teil muss unter Einhaltung der gesetzlichen Auflagen weiter hier arbeiten. Und Sie, Möller, Sie werden das organisieren. Ich bin mir sicher, Sie schaffen das, und dann winkt ihnen endgültig der Direktorentitel."

Möller war seine Überraschung anzusehen, aber er hatte sich instinktiv entschlossen, keine Fragen zu stellen, die Zweifel an seiner Eignung für die Bewältigung dieser Aufgabe säen können. Covid war das eine, aber für ihn ging es auch darum, endlich den Direktorenposten zu erreichen.

„Nur eine einzige Frage, Chef", sagte er. „Wie kontrollieren wir die Mitarbeiter, die aus dem Homeoffice arbeiten?"

Hendricks jr. schaute ihn an. „Genau das wird Ihre Aufgabe sein. Natürlich dürfen unsere Mitarbeiter, die von zu Hause arbeiten, nicht faulenzen, Urlaub machen oder den Rasen mähen. Ich lege alle damit verbundenen Fragen und Maßnahmen in Ihre Hände, Möller."

Jetzt, 110 Minuten nach diesem denkwürdigen Gespräch, sitzt Möller vor seinem Schreibtisch. Er hat zwischenzeitlich ein erstes Taskforce-Meeting „Homeoffice" einberufen, an dem neben ihm der Personalleiter und der IT-Chef des Unternehmens teilgenommen haben. Das Ergebnis war leider ernüchternd.

Für einen Großteil der Mitarbeiter würden PCs für die Arbeit nach Hause geliefert werden müssen, was ja noch relativ einfach zu organisieren ist. Wie aber ließ sich sicherstellen, dass in den Wohnungen der Mitarbeiter funktionstüchtige Internetanschlüsse mit ausreichender Datenübertragungsrate vorhanden sind? Wie soll man sie zwischen heute am Freitagnachmittag bis Montagmorgen mit dem Gebrauch von digitalen Meetingtools vertraut machen? Werden die Server das erhöhte Volumen an Zugriffen aushalten, was der IT-Chef in Zweifel zieht mit der Begründung, gegen seinen wiederholten und ausdrücklichen Rat sei bei *Hendricks* in den zurückliegenden Jahren viel zu wenig in die IT investiert worden? Jetzt rächt sich, dass bei *Hendricks* in jüngerer Vergangenheit ganz offensichtlich viel zu wenig auf die Digitalisierung der Geschäftsprozesse gesetzt wurde. Während der Wettbewerb den Aufbau des eCommerce-Geschäfts vorantrieb, wurde bei *Hendricks* immer wieder betont, man werde sich weiterhin so verhalten, wie es ein hanseatischer Kaufmann über Jahrhunderte getan hat. Nämlich nicht allem neumodischen Kram einfach blindlings zu folgen.

Zu allem Übel war der Personalleiter während des Taskforce-Meetings auf die Idee gekommen, Hendricks jr. solle ab Montag täglich eine E-Mail direkt an die Mitarbeiter im Homeoffice schicken, um diese auf diesem Wege zu motivieren. Das muss er, Möller, unbedingt verhindern! Eine direkte Kommunikation zwischen Hendricks jr. und den Mitarbeitern würde doch vor allen Dingen nur eines tun: die Position von Peter Möller im Unternehmen untergraben, die er sich über Jahre unter Einsatz aller Mittel erarbeitet hat. So viel ist ihm klar, und für diese Erkenntnis muss man nun wirklich nicht studiert haben.

Die Lösung dieses Problems ist allerdings wiederum denkbar einfach. Er wird die Sekretärin von Hendricks jr., mit der er vor vielen Jahren während der Lehre intim war, bitten, zunächst ihm die jeweilige an die Mitarbeiter gerichtete E-Mail zu schicken, die die Botschaft an die Mitarbeiter zum Inhalt hat. Dies wird kein Problem sein, da die Sekretärin alle E-Mails von Hendricks entweder verfasst oder nach dessen Diktat absendet. Er würde dann diese E-Mail an die Mitarbeiter weiterleiten, verbunden mit einem kurzen persönlichen Anschreiben. Das wird ausreichen, um deutlich zu machen, wie im Unternehmen die Hierarchie verläuft, nämlich von Hendricks jr. zu ihm, Peter Möller, und dann von ihm zu den Mitarbeitern. Das wird mehr als genug sein, um seine Machtposition zu sichern.

Das entscheidende Problem ist, wie er die Mitarbeiter kontrolliert, die zukünftig im Homeoffice arbeiten werden. Wenn das nicht läuft, wird er den Direktorentitel für die nächsten Jahre vergessen können. Diese Erkenntnis ist ebenso klar wie unangenehm.

Möller seufzt kurz. Er wird jetzt erst einmal nach Hause fahren. Übers Wochenende wird ihm schon etwas einfallen. Wahrscheinlich wird er auf überraschende „Hausbesuche" bei den Mitarbeitern zwecks Arbeitskontrolle zurückgreifen. Oder er wird die Mitarbeiter anweisen, Stundenzettel auszufüllen, die sie am Ende eines jeden Arbeitstages per Brief oder vielleicht ja auch per Fax an ihn senden müssen.

Er zögert einen Moment und greift dann zum Telefon. Sein Sohn Mats meldet sich. „Mats, bist du heute Abend zu Hause?", fragt Möller den 14-Jährigen.

„Ja, Paps."

„Könntest du mir vielleicht zeigen, wie man eine Telefonkonferenz über den PC so organisiert, dass man sich dabei auch sehen kann?"

Mats lacht. „Paps, ich glaube du meinst *Google Hangout* oder *Zoom*. Sag mal, in welchem Jahrhundert leben du und deine Firma eigentlich? Den Weg nach Hause findest du aber, nehme ich an?"

SCHÖNE NEUE ARBEITSWELT?

Seit mehr als 20 Jahren wächst das Internet über die Grenzen von Ländern und Kontinenten hinweg. Es wird von Menschen aller Altersstufen und Hautfarben genutzt, von Personen aller Bildungsniveaus und mit den verschiedensten beruflichen oder wirtschaftlichen Hintergründen. Parallel zu dieser Entwicklung gab es in der Vergangenheit immer wieder kritische Beiträge, die mehr oder weniger sachkundig versuchten, die Vor- und Nachteile der neuen digitalen Welt abzuwägen. Dazu gehörte die zum Teil sehr emotional vorgetragene Kritik – vornehmlich aus den Reihen der SPD und des DGB –, das Internet würde eine Zweiklassengesellschaft schaffen: Menschen, die sich keinen PC leisten können, würden ausgegrenzt, hieß es.

Um dieser Kritik zu begegnen, gründete Thomas bei *Bertelsmann* die Initiative „PC 4 all", bei der jeder der damals fast 100.000 Mitarbeiter kostenfrei mit einem PC und einem Netzanschluss ausgestattet wurde. Ron Sommer, damals Chef der Telekom, brachte die Initiative „Schulen ans Netz" auf den Weg, die dafür sorgen sollte, dass Schulen mit funktionsfähigen PCs und Netzanschlüssen ausgestattet werden. Lehrer sollten in die Lage versetzt werden zu verstehen, welche didaktischen Vorteile die Digitalisierung im Schulbetrieb und bei der Hausaufgabenbetreuung bietet.

Seither sind mehr als 20 Jahre vergangen. Die Digitalisierung hat unser Leben verändert, sie ist sogar in Teilbereichen unseres Lebens unverzichtbar geworden. Aber wir haben uns nicht entsprechend weiterentwickelt. Nach wie vor organisieren und erledigen wir unsere Arbeit oftmals nach althergebrachten Mustern. Nach wie vor galt ganz selbstverständlich das Dogma: Die Arbeit muss man im Büro verrichten, in das man morgens fährt, um abends wieder nach Hause zurückzukehren.

Dass es auch völlig anders geht, sehr viel selbstbestimmter und nicht weniger effektiv, das haben wir weithin erst durch Corona begriffen. Wir halten gern an alten Strukturen fest, weil wir hoffen, dass diese unserem ohnehin schon anstrengenden Leben Ordnung und Richtung geben. Dabei sind es gerade die digitalen Möglichkeiten, die uns helfen, mehr Ordnung und Struktur in unser Wirtschafts- und Privatleben zu bringen.

Wieder einmal einen Schritt voraus war Mark Zuckerberg, als er im Mai 2020 seine Mitarbeiter auf dem *Facebook*-Campus zu einem Meeting zusammenrief. Er verkündete seiner Belegschaft, dass der Technologie-Konzern künftig die Prinzipien unserer seit Jahrhunderten festgefügten Arbeitsordnung verändern würde. Das *Facebook*-Management habe aus den Erkenntnissen der Corona-Pandemie Lehren gezogen, berichtete *Agence France Press*. Zukünftig wolle man unter anderem zu zeitgemäßeren Arbeitsformen finden.

Was er dann verkündete, war auch für die besonderen Gegebenheiten im Silicon Valley schon fast eine kleine Revolution: *Facebook* werde es den Mitarbeitern zukünftig nicht nur ermöglichen, dauerhaft aus dem Homeoffice zu arbeiten, sondern sie auch den Ort frei wählen lassen; selbst abgelegene ländliche Gegenden weit entfernt von urbanen Zentren seien möglich.

Ein solcher Schritt stellt nicht nur die festen Strukturen tradierter Arbeitsbedingungen auf den Kopf. Der Einsatz digitaler Technologie in dieser Konsequenz versetzt die *Facebook*-Mitarbeiter in die Lage, durch die freie Wahl ihres Wohnsitzes ihre Lebenshaltungskosten signifikant zu senken. Das Leben auf dem Land, etwa in Colorado oder in Idaho, ist deutlich günstiger als in einer Großstadt wie New York oder Los Angeles. Dass das auch betriebswirtschaftlich sinnvoll ist, bewies *Facebook* mit der Ankündigung, man werde sich vorbehalten, Gehälter gegebenenfalls entsprechend anzupassen, wenn das Verhältnis zwischen realen Lebenshaltungskosten und Lohnniveau allzu großen Veränderungen unterliegt.

Die Vorteile für Mitarbeiter, Unternehmen und Umwelt liegen auf der Hand: Den Angestellten bleibt der Stress in der täglichen Rush

Hour erspart, was Effizienz für das Unternehmen und eine höhere Lebensqualität für den Mitarbeiter bedeutet. Auch die Umwelt wird durch weniger CO_2-Ausstoß signifikant entlastet. In Kalifornien arbeiten rund 45.000 Mitarbeiter für den Technologie-Konzern.[46] Man kann sich leicht vorstellen, was es für die täglichen Verkehrsflüsse bedeutet, wenn auch andere Großkonzerne diesem Beispiel folgen würden. Und noch ein weiterer Vorteil bewog Zuckerberg zu der Entscheidung: Die Motivation der Mitarbeiter würde auf diese Weise weiter erhöht. Präsenzkontrollen am Arbeitsplatz sind bei Arbeitsformen, bei denen Projektfortschritt und Zielerreichung jederzeit online einsehbar sind, ohnehin überflüssig.

Schätzungen zufolge werden bis zu 50 Prozent der *Facebook*-Mitarbeiter künftig von zu Hause arbeiten. Unternehmensinterne Untersuchungen kamen zu dem Ergebnis, dass 40 Prozent in eine ländliche Gegend umziehen würden, wenn sie dauerhaft aus dem Homeoffice arbeiten können. Um für eine solche neue Arbeitskonstellation bestens aufgestellt zu sein, stellte Mark Zuckerberg in Aussicht, dass *Facebook* Hubs in Atlanta, Dallas und Denver einrichten könnte, um den Mitarbeitern auf diese Weise die Möglichkeit zu bieten, sich gelegentlich zu physischen Meetings zu treffen und die Anbindung an das Unternehmen und die Kollegen nicht zu verlieren.

Was ein solcher grundlegender Sinneswandel für unsere Arbeitswelt bedeuten könnte, mag an folgendem Beispiel deutlich werden: Die *Telekom* ermöglicht ihren über 90.000 Mitarbeitern den Wechsel ins Homeoffice, sofern sie nicht im technischen Bereich gebunden sind.

Würden analog zu *Facebook* 40 Prozent der Beschäftigten in ländliche Regionen umziehen, würden städtische Infrastrukturen merklich entlastet. Würden auch Konzerne wie die *Allianz AG* und die *Siemens AG* diesem Beispiel folgen, würde die Verkehrsdichte zum Vorteil aller reduziert, öffentlicher Nahverkehr und

Autobahnen würden in den Ballungszentren deutlich entlastet. Die Arbeitnehmer könnten deutlich leichter bezahlbaren Wohnraum bei besserer Lebensqualität außerhalb der teuren Zentren wie München finden, und der Mietspiegel dürfte sich zwischen Großstädten und ländlichen Einzugsgebieten ein Stück weit egalisieren. Zudem würde weniger Bürofläche benötigt, was der Durchmischung der innerstädtischen Strukturen zugutekäme, wogegen kommunikative Co-Working-Spaces ein neues Miteinander fördern würden. Hierfür ist das Start-up *rent24*, an dem Conny beteiligt ist, ein hervorragendes Beispiel.

Während Wirtschaftsminister Peter Altmaier und Arbeitsminister Hubertus Heil Ende Mai 2020 in einer öffentlichen Debatte über eine gesetzliche Verankerung des Rechts auf Homeoffice wegweisende Visionen zerredeten, hatten die Technologiefirmen im Silicon Valley längst Fakten geschaffen. *AWeber* gab „die größte Veränderung des Unternehmens in 21 Jahren bekannt" und schickte mehr als 100 seiner Teams dauerhaft ins Homeoffice, bei *Coinbase* entscheiden die Mitarbeiter, wo sie arbeiten wollen. Bei *Lambda School* können die Beschäftigten von jedem beliebigen Ort aus arbeiten, *Otis* verkündete eine ähnliche Regelung, und *Spotify* gab bekannt, dass nach dem Reopening 2021 das Office-zentrierte Arbeiten einer Remote-Struktur weichen soll.

Das mutet einmal mehr an wie ein Déjà-vu: Nach dem Zusammenbruch der New Economy begriff man im Silicon Valley die Krise als Chance für eine Neuorientierung. In Deutschland dagegen wurde alles Digitale verteufelt und mögliche neue Wege mit typisch deutscher Gründlichkeit und Skepsis zerredet.

KOMMUNIKATION IN EINER ZUNEHMEND DIGITALEN WELT

Nicht nur unsere Arbeitswelt muss neu gestaltet werden. Auch die Möglichkeiten der Kommunikation und der Verbreitung von Inhalten verändern sich. Wo diese in der Öffentlichkeit bisher überwiegend auf einer Einbahnstraße über die Medien in einem starr vorgegebenen Rahmen vom Sender zum Empfänger gelangten, findet heute ein direkter Austausch von Inhalten und Meinungen in den sozialen Medien statt. Mittels kollaborativem Schreiben werden Inhalte gemeinsam digital erstellt, wie wir es auch bei diesem Buch praktiziert haben: Zwei Autoren an zwei verschiedenen Orten arbeiten parallel an ein und demselben Manuskript. Und: Inhalte sind heute zu jeder Zeit und an jedem Ort für jeden frei verfügbar; per Streaming oder Download – inklusive der Möglichkeit der direkten Kommentierung.

Natürlich bergen Möglichkeiten immer auch Risiken, in diesem Fall sogar gleich mehrere: Die Schnelllebigkeit von (anonymen) Statements und Schlagzeilen ist einerseits enorm, die Langlebigkeit von Inhalten aber andererseits ebenso – das Internet vergisst nichts. Das geflügelte Wort „Was kümmert mich mein Geschwätz von gestern?", müsste heute in der digitalen Welt lauten: „Was kümmert mich mein Geschwätz der vergangenen Minute?"

Daneben birgt die Möglichkeit der öffentlichen Vernetzung auch die Verlockung der Selbstdarstellung – in verschiedensten Ausprägungen und Formen. Und das quer durch alle Schichten: User teilen über *Facebook*, *Instagram* & Co private Einsichten, die einschlägigen Vertreter mit C-Prominentenstatus erarbeiten sich mit absurden Posts neben einer Fangemeinde auch den entsprechenden Spott; Wirtschaftskapitäne twittern, weil die PR-Abteilungen das für sinnvoll halten, Spitzenpolitiker nutzen digitale Kanäle, um Botschaften an die Wähler zu bringen. Was sie allerdings noch immer nicht verstanden haben: Wo die Einbahnstraße aufgehoben und Gegenverkehr möglich ist, greift das Korrektiv – der Rezipient kommentiert und straft Nutzlosigkeit ab.

Die Kanzlerin wendet sich über alle verfügbaren digitalen Kanäle an den Bürger. Dass sie dies nicht aus Überzeugung tut, ist ihr dabei – in Abhängigkeit von der Wahrnehmung des Empfängers – anzumerken. PR-Berater und ihr Regierungssprecher sehen darin eine Notwendigkeit. Deshalb sind diese „Botschaften" dann eben gerade nicht, was diese Form der direkten Kommunikation eigentlich auszeichnet: glaubwürdig und authentisch. Vorgefertigte Texte der Kanzlerin wie auch vieler andere Politiker können dann für den Einzelnen so klingen wie Colin Firth als König Georg VI. im Film *The King's Speech*. Aber die Nutzer unterscheiden authentische Kommunikation von zielgerichteten Botschaften. Und das nicht erst seit der junge YouTuber Rezo mit seinem Video „Die Zerstörung der CDU" diese Inszenierungen als das entlarvt hat, was sie tatsächlich sind.

Politik und Konzerne müssen endlich lernen, dass das Internet kein zusätzlicher Kommunikations- oder Vertriebsweg ist, sondern ein eigenständiger Ansatz zur direkten Kommunikation mit selbstbewussten und informierten Nutzern.

Dazu gehört auch, dass man sich dem Feedback und der Kritik stellen muss, die früher im Hinterzimmer geäußert wurde – Shitstorm inklusive. So funktioniert die aufgeklärte digitale Gesellschaft. Dennoch gilt auch hier: Die neuen Kommunikationswege werden mit alten Modellen und Verhaltensmustern noch immer viel zu oft falsch genutzt.

Oder noch schlimmer: Sie werden ignoriert. Die öffentlichen Verwaltungen sind größtenteils unzeitgemäß aufgestellt, von kleineren Veränderungen abgesehen hat sich seit Jahrzehnten nichts Grundlegendes getan. Warum können Bürgerbüros, Ordnungs- und Finanzämter, Bau- und Umweltbehörden nicht vernetzter arbeiten, als sie dies heute tun? Die Digitalisierung kann das mühelos leisten. Warum wird sie ausgebremst?

Warum wehren wir uns so gegen Veränderungen? Warum beschwören wir so oft immer erst den Nachteil und weniger den Vorteil einer Veränderung?

Wir halten an alten politischen Strukturen und Prozessen fest. Das gilt auch für die Wirtschaft. Während die Politik versuchte, den Sanierungsfall *Deutsche Bank* mit allen Mitteln zu lösen, und notfalls mit einem „erzwungenen" Merger mit der *Commerzbank* einen neuen deutschen Bank-Riesen aufbauen wollte, wird anderswo auf diesem Globus längst die nächste Finanz-Generation auf den Weg gebracht. Das Beispiel *Blockchain* hat gezeigt, wie schnell dies geht. Während deutsche Politiker eine Bankenlandschaft als systemrelevant betrachten, die dies in dieser Form nicht mehr ist, wird der Sprung in die nächste Generation der FinTechs wieder verpasst.

Wir leben heute in einer Welt, die dezentraler ausgestaltet ist, als wir es lange gewohnt waren, und jedem, der über die technischen Möglichkeiten verfügt, fast uneingeschränkte Interaktion gewährt. Verhindern kann man das nicht. Auch nicht mit Regulierung oder Abschottung. Wenn wir unsere gesellschaftlichen und politischen Strukturen nicht anpassen, wird der Druck der Gesellschaft irgendwann so groß werden, dass Veränderung mit allen, möglicherweise auch radikalen Mitteln eingefordert wird. Das ist keine gute Perspektive!

Nicht die Technik ist das Problem, sondern das Nutzerverhalten

Das Internet bietet uneingeschränkt alles. Ebenso offenbart es uneingeschränkt alles. Das „Wissen der Welt" einerseits, die Eigenschaften seiner Nutzer andererseits; die guten wie auch die schlechten. So selbstverständlich dies sein mag, so wenig scheint es das

Nutzungsverhalten zu bestimmen. Meinungen und Kommentare jeglicher Schattierung von mehr oder weniger differenziert bis zweifelsfrei rechtswidrig werden in Foren und Social-Media-Kanäle millionenfach und im Sekundentakt eingespeist – weltweit. Dass jeder Einzelne für die Inhalte verantwortlich ist, die er der digitalen Öffentlichkeit zugänglich macht, scheint bisweilen in Vergessenheit zu geraten.

Die Frage, wie diese Verantwortung zum selbstverständlichen Kodex der Nutzung werden kann, ist eine elementare Herausforderung. Wer die Möglichkeiten des Internets zur unbeschränkten Äußerung von Meinungen und Inhalten nutzt, muss das in einer Form tun, die unseren demokratischen Werten und gesellschaftlichen Normen in der analogen Welt entspricht. Das gilt für den privaten Nutzer digitaler Kanäle, noch mehr für die Medien und ebenso für Meinungsführer aus Politik und Wirtschaft.

Kommentierungen und Meinungsbeiträge offenbaren nicht nur den individuellen intellektuellen Horizont des Verfassers, sondern auch seine Intentionen. Die können gut oder schlecht sein, akzeptabel oder nicht hinnehmbar, sachlich oder verletzend. Meinungsbeiträge, die gegen gesellschaftliche Normen und Werte verstoßen, werden als Hasskommentare bezeichnet. Auch wenn angesichts der Sonderkonjunktur dieser Gattung in den fortgeschrittenen Wochen der Corona-Pandemie die Vermutung naheliegt, dass es sich hier um ein neueres Phänomen handelt, gibt es sie schon lange. Und das ist nun wirklich nicht verwunderlich: Warum auch sollte sich das virtuelle Leben von dem realen unterscheiden? Hasserfüllte Ausbrüche und Angriffe kennen wir zur Genüge auch in der analogen Welt.

Allerdings erscheint es nur logisch, dass die Hemmschwellen im Schatten der digitalen Anonymität, in der Extreme keinerlei Begrenzung erfahren, deutlich niedriger liegen. Offensichtlich ist eine Maßregelung durch die Community weniger wirkungsvoll, wenn sie nicht von konkreten Personen erfolgt und den Absender wiederum nicht „real" erreichen kann.

Ganz gleich allerdings, worin Hasskommentare ihre Ursachen haben – ob in nachvollziehbaren emotionalen Zuständen wie Frust, Unverständnis oder dem Gefühl der Benachteiligung oder in dem simplen Willen, andere zu verletzen –, überschreiten sie eine elementare Grenze. Sie missachten und negieren unverrückbare gesellschaftliche Werte oder sind nicht vereinbar mit demokratischen Prinzipien – bis hin zu strafrechtlicher Relevanz. In jedem dieser Fälle sind sie unentschuldbar, und in extremen Ausprägungen müssen sie geahndet werden.

Was eine entsprechende Bestandsaufnahme zum Status quo für die Zukunft bedeutet, wird eindringlich am Beispiel der derzeit bereits genutzten Künstlichen Intelligenz (KI) deutlich. Die *Wiener Zeitung* berichtete am 21. Mai 2020 unter der Überschrift „Juden sind schlechte Menschen" über eine Entwicklung, über die wir auch gern in einer deutschen Zeitung gelesen hätten. *Facebook* hat, wie auch *Google*, einen Chatbot entwickelt, der einen textbasierten Dialog mit einem technischen System möglich macht. „Blender" ist seit Kurzem im Einsatz und hatte eine intensive „Schulung" für seine künftige Aufgabe erhalten: Er wurde mit 9,4 Milliarden Parametern aus großen Textsammlungen von öffentlich verfügbaren Gesprächsdaten gefüttert und trainiert. So soll er „menschlicher wirken als andere Chatbots" und sogar Einfühlungsvermögen zeigen. „Blender" hat allerdings einen elementaren Haken: Als lernendes System ist seine Datenbasis der Mainstream, mit dem er gefüttert wurde. Und wie der gestrickt ist, offenbarte sich, als der größte englischsprachige Blog in Israel „Israellycool" ihm die Frage stellte: „Was denkst du über Juden?" „Blenders" Antwort war eindeutig: „Sie sind schlechte Menschen, und darum haben sie Probleme."

Was diese inakzeptable antisemitische Aussage besonders erschreckend macht, ist der Fakt, dass „Blender" in seiner Anlage so etwas wie ein Konzentrat vorherrschender Meinungen in der digitalen Welt ist. Die NGO *Campaign against Antisemitism* kommt zu dem einzig richtigen Schluss: „Diese KI-Modelle sind ein Spiegel des Diskurses, der von Social-Media-Plattformen ermöglicht wird." Und das offensichtlich in einer Breite und Intensität, die hochgradig besorgniserregend und inakzeptabel ist.

Dieser lernende Bot, der allerdings einer Volltextsuche ähnlicher ist als wirklicher „Künstlicher Intelligenz", gibt wieder, was er als Basis aus der größtmöglichen Datenmasse und damit des Mainstreams mitbekommen hat, und dann gibt er Meinungen als Aussagen weiter, die von Nutzern mit Fakten verwechselt werden. So entsteht im worst case ein opportunitätsgesteuertes Monster.

Wie also sollen wir damit umgehen? Wie finden wir den richtigen digitalen Kurs, wie die richtige Balance zwischen dem im Grundgesetz verbrieften Recht auf freie Meinungsäußerung einerseits und einer Unterbindung und Sanktionierung juristisch und moralisch nicht vertretbarer Ausprägungen der Wahrnehmung dieses Rechts? Damit bewegen wir uns auf einem denkbar schmalen Grat. Aber wir sind uns sicher, man kann dem begegnen, wenn man denn wirklich will.

Die Nutzung des Internets sollte nicht reguliert werden. Das wäre auch gar nicht wirksam möglich. Alle derartigen Versuche würden unweigerlich in ein weiteres Darknet münden. Ebenso wenig wirksam sind Inhaltskontrollen auf den Social-Media-Kanälen, wie beispielsweise bei *Facebook* praktiziert. Wer kontrolliert dort nach welchen Kriterien? Wer legt fest, welche Keywords tabu sind, und vor allem in welchem inhaltlichen Zusammenhang?

Die aktuelle, unbefriedigende Vorgehensweise beim Versuch, inakzeptable Netzinhalte einzudämmen oder wenigstens erkennbar zu machen, ist das Ergebnis einer aufgeheizten öffentlichen Diskussion. Der öffentliche Druck war groß, und es brauchte einen Verantwortlichen. Mark Zuckerbergs *Facebook* war da ein dankbares Bauernopfer im Rahmen eines aktionistischen Profilierungsversuchs des damals zuständigen deutschen Justizministers. Die Dinge zu Ende zu denken, hielt man für überflüssig.

Denn was bedeutet die aktuelle Verfahrensweise in der Konsequenz? Von *Facebook* beauftragte, namentlich unbekannte Mitarbeiter in anonymen Servicebüros entscheiden, was wir äußern dürfen und was nicht. Amtlich bestellte „Sprach-Sheriffs" sozusagen – allerdings ohne verbindliche, sondern mit quasi willkürlich festgelegten Richtlinien. Das kann und darf nicht die Lösung sein. Andernfalls steht eine solche Form staatlich verordneter Zensur tatsächlich in einem gefährlichen Konflikt mit unserem Recht auf freie Meinungsäußerung und erinnert fatal an *Citizen Kane* von Orson Welles.

Zudem ist diese Form der Kontrolle im Grunde auch wirkungslos. Denn wenn beanstandete Inhalte mit einer gewissen Zeitverzögerung gelöscht werden, nachdem ein Verstoß festgestellt wird, sind sie möglicherweise längst millionenfach geteilt worden – und haben damit ihre Wirkung erzielt. Und: Wird an einer Stelle ein Beitrag gelöscht, sind an anderer Stelle längst zwei neue verbreitet worden.

Das derzeitige Vorgehen stellt eine völlig unzureichende Form des juristischen Umgangs mit der Problematik dar. Wirkungsvoller und dem Recht auf freie Meinungsäußerung angemessener Rechnung tragend wäre eine andere Vorgehensweise: So wie man in der realen Welt stets einen Identitätsnachweis bei sich führen muss, so kann es auch in der digitalen gehandhabt werden. Ob bei Onlinebanking, Steuererklärung oder eCommerce – in vielen Bereichen ist eine Identifizierung für die Nutzung der jeweiligen Plattform schon selbstverständliche Praxis. Die Corona-App wäre ohne eine solche Identifizierung gar nicht sinnvoll einsetzbar. Warum also sollte bei Benutzung von Foren und anderen öffentlichen Kommunikationskanälen eine Identifizierung via digitaler Signatur, die auf begründete Anfrage anderer Nutzer offenzulegen ist, nicht denkbar sein?

Dass man in unserem analogen Alltag bei Kontrollen oder möglichen Verstößen gegen Verordnungen oder Gesetze auf Anforderung Personaldokumente offenlegen muss, wird keineswegs als Verletzung des Datenschutzes empfunden. Wo aber dem Datenschutz ein höherer Stellenwert zugesprochen wird als dem Schutz anderer Menschen vor Beleidigung, übler Nachrede oder Verleumdung – allesamt Straftatbestände –, muss man sich nicht wundern, wenn Hasskommentare unter Usernamen oder Pseudonymen Hochkonjunktur haben.

Ein digitaler Nutzerpass, der bei jedem Service oder Forum grundsätzlich hinterlegt werden muss und, deutlich einfacher als die IP-Adresse, den Inhaber zweifelsfrei identifizierbar macht, hätte eine weitreichende regulierende Wirkung. Wer damit rechnen muss, dass seine Identität umgehend offengelegt werden kann, hat eine höhere Hemmschwelle. Und dieses Prinzip gilt für jeden Server weltweit, der betrieben wird. Der Datenschutz lässt sich auch bei diesem Vorgehen mühelos sicherstellen und gilt, solange keine relevanten Verstöße gegen Normen oder Regularien vorliegen.

Als Fazit mag ein Bild die beiden Modelle verdeutlichen: Auf einer Autobahn wird nicht der Betreiber dafür zur Verantwortung gezogen, wenn ein Nutzer zu schnell fährt, drängelt oder sich in anderer Form rücksichtslos verhält. Der Autofahrer ist selbst verantwortlich und wird im Falle eines Verstoßes anhand von Kennzeichen, Autopapieren, Führerschein und/oder Personalausweis identifiziert und zur Verantwortung gezogen. Und das gilt international je nach Gesetzeslage.

Was analog möglich ist, wäre noch viel einfacher digital umzusetzen. Und vielleicht sollten wir auch über Folgendes nachdenken: So wie ein Führerschein bei Verstößen für einen begrenzten Zeitraum entzogen und dem Inhaber damit die Teilnahme am Straßenverkehr verwehrt werden kann, könnte man es bei entsprechenden Vergehen auch mit dem digitalen Nutzerpass handhaben und dem Betroffenen die Berechtigung entziehen, das Internet zu nutzen.

Die Wahrheit und nichts als die Wahrheit

Vor der digitalen Revolution lag die Informationshoheit zu wichtigen nationalen und internationalen Daten und Fakten quasi exklusiv bei der politischen Führung. Wissen und Expertise verlangten Respekt und stärkten Machtpositionen. Im digitalen Zeitalter hat sich das fundamental geändert: Wo Informationen sich in Sekundenschnelle global verbreiten, haben bereits Schulkinder Zugriff auf internationales Expertenwissen in allen Wissensbereichen. Und schon mancher Teenager diskutiert mit mehr Sachkenntnis über bestimmte Themen als viele durchschnittliche Politiker.

Der Eindruck, dass die Kanzlerin über Ursachen und Verlauf der Corona-Pandemie auch nicht mehr wusste als ein interessierter Internetnutzer, bestätigte sich in den Krisentagen fast täglich. Schlimmer noch – auch die Experten gaben kein gutes Bild ab. Wir erinnern uns an den Leiter des *Robert Koch-Instituts,* Professor Wieler, der sich mehrfach selbst korrigierte, nachdem offensichtlich wurde, dass nicht nur die täglichen amtlichen Meldungen im Vergleich zu anderen Quellen variierten, sondern dass sie auch noch falsch interpretiert wurden. Hiermit bemängeln wir auf keinen Fall seine fachliche Qualifikation, sondern die Tatsache, dass die von ihm zitierten Zahlen aufgrund der Datenübermittlung per Fax verspätet eintrafen. Informierte Internetnutzer erkannten das Dilemma umgehend. Als Wieler zu früh eine Trendwende bei der Verbreitung des Virus erkennen wollte, die sich bei bestem Willen noch nicht aus den Zahlen ableiten ließ, folgten Korrekturen von Experten, und es hagelte entsprechende Kommentare aus der Bevölkerung – und zwar auf der Stelle. So wurde der Versuch, mit Daten auch Politik zu machen, umgehend entlarvt.

Der politischen Führung bleibt im digitalen Zeitalter die Deutungshoheit von Entwicklungen. Wenn sich aber Fehleinschätzungen wiederholen, ist die Glaubwürdigkeit schnell verspielt. Und angesichts des Tempos, mit dem sich Informationen im Netz verbreiten, sogar sofort. US-Präsident Donald Trump mag da als Beispiel gelten: Mit wiederholten Fehleinschätzungen der Pandemie und ihrer Auswirkungen machte er seine Glaubwürdigkeit endgültig zunichte.

Die digitale Welt macht Wissen zugänglich und offenbart Unwissenheit. Sie macht vermeintliche Wahrheiten überprüfbar und entlarvt Unwahrheiten. Und sie legt politisches Kalkül offen. Informierte Internetnutzer erkennen Wert und Zweck der Kommunikation und bewerten sie kritisch. Für die nachwachsenden Generationen wird das Beschaffen und Überprüfen von Informationen zur Selbstverständlichkeit. Wer so sozialisiert wird, beugt sich staatlichen An- oder Verordnungen nicht mehr unkritisch. Die „Jawoll-Mentalität" weicht einem kritischen Nachfragen: „Ist das wirklich so?"

Von Bildern und Images

Bilder waren schon immer die besten Botschafter. Im digitalen Kosmos ist das nicht anders, wie der globale Siegeszug von *Instagram* zeigt. Und genau das ist das Problem. Denn Botschaften haben nicht nur einen Nachrichtenwert, sondern immer auch eine Absicht. Deshalb werden sie genutzt, um Inhalten die gewünschte Wirkung zu verleihen – und um Images zu kreieren.

Um Botschaften viral rund um den Globus zu verbreiten, eignen sich Bilder bestens. Sie vermögen Wahrnehmungen zu manipulieren, Meinungen zu beeinflussen oder Entscheidungsgrundlagen zu verändern. So kann eine Momentaufnahme, digital verbreitet und millionenfach geteilt, durchaus weitreichende Wirkung haben.

Zwei solcher Bilder eines einzelnen kurzen Moments erzeugten in jüngerer Vergangenheit weltweite Aufmerksamkeit und lösten in einem Fall fatale Reaktionen aus. Für beide Bilder zeichnet die Bundesregierung verantwortlich.

Im Juni 2018 twitterte Regierungssprecher Steffen Seibert ein Foto vom G7-Gipfel in Kanada. Das Bild zeigt Angela Merkel, wie sie sich stehend und mit ernster Miene auf den Verhandlungstisch stützt, der sie von ihrem sitzenden Gegenüber trennt: US-Präsident Donald Trump, ebenfalls mit ernstem Blick und mit über der Brust verschränkten Armen. Keine Frage – das hatte Symbolcharakter: die deutsche Regierungschefin, die dem amerikanischen Machthaber dominant deutlich macht, wo es langgeht. Das Foto fand sekundenschnell Verbreitung in aller Welt und sollte das Ansehen der Kanzlerin im Kreis der führenden Nationen dokumentieren.

Wie wenig solche Momentaufnahmen allerdings die ganze Realität wiedergeben, belegen weitere Aufnahmen derselben Szene, die von den offiziellen Stellen weiterer teilnehmender Nationen verbreitet wurden. Die amerikanische PR-Maschinerie hatte kurz vor Seibert ein eher unverfängliches Foto ihres Regierungschefs verbreitet, das ihn während einer Argumentation im Kreis anderer Teilnehmer zeigt. Nach der deutschen Darstellung veröffentlichte Paris ein Bild aus dem zeitlichen Umfeld der Merkel-Szene, auf dem Emmanuel Macron zentral auf Trump einredet – und die deutsche Kanzlerin quasi halb verdeckt im Abseits steht. Und schließlich steuerten auch die Italiener ihre Sicht der Dinge mit einer Aufnahme bei, die Ministerpräsident Conte beim Studieren des Verhandlungspapiers zeigt – Merkel wirkt aus dieser Perspektive eher müde als dominant.

Schließlich veröffentlichte Trump, wie die *ZEIT* berichtete[47] – erst in Reaktion auf die Veröffentlichung des Bildmaterials durch das Bundespresseamt – über seinen *Twitter*-Account gleich mehrere Aufnahmen derselben Szene: Eines zeigt den US-Präsidenten, wie er der lächelnden Kanzlerin onkelhaft die Hand tätschelt, Kanadas

Premierminister Justin Trudeau steht ebenfalls lächelnd dabei. Dieses Bild sieht wirklich nicht nach dem aus, was uns das Bundespresseamt glauben machen wollte.

Vor diesem Hintergrund könnte man auf die Idee kommen, dass das Bundespresseamt die Internetnutzer unterschätzt. Wer dies tut, wird umgehend abgestraft. Das wissen wir nicht erst, seit Plagiatsjäger dafür gesorgt haben, dass verschiedenen Politikern ihre Doktortitel aberkannt wurden. Aufgeklärte User haben heute alle Möglichkeiten und nutzen sie auch: Sie recherchieren und suchen selbst nach der Wahrheit, sie überprüfen und entlarven Manipulationsversuche, und sie wissen um die Macht von Photoshop.

Der Schaden, den also ein Bild verursachen kann, das zweckgerichtet ist und ein Image kreieren soll, aber leicht anfechtbar ist, kann irreparabel sein. Und in einer Welt, in der das so einfach möglich ist wie in der digitalen, kann verspieltes Vertrauen nur schwer zurückgewonnen werden.

Ganz unbekannt hätte der Wirkungsmechanismus dem Bundespresseamt nicht sein dürfen. Die Kanzlerin hatte schon zuvor mit einem Foto weltweit für Beachtung mit ungeahnten Folgen gesorgt. Ihr Selfie, das sie mit einem Flüchtling zeigte, transportierte eine Nachricht um den Globus, die sich wie ein Lauffeuer in den Krisengebieten der Welt verbreitete und bis heute Millionen nach Europa und in die Bundesrepublik lockte: „Bei mir seid ihr sicher und willkommen."

Es scheint, als brauche unsere politische Elite Nachhilfe in elementaren Grundkenntnissen der digitalen Realität. Mechanismen, die sich in der analogen medialen Welt über Jahrzehnte bewährt haben mögen – inklusive dem mehr oder weniger verlässlichen Geben und Nehmen der Protagonisten auf beiden Seiten –, sind in der digitalen Kommunikationsgesellschaft nicht nur wertlos, sondern bisweilen sogar kontraproduktiv. Halb- oder Unwahrheiten bis hin zu Verschwörungstheorien werden umgehend entlarvt und sanktioniert: durch öffentlichen Widerspruch, der bis hin zu einem „Shitstorm" reichen kann. Das spielt nicht zuletzt den falschen Personen mehr denn je in die Hände – es fördert in letzter Konsequenz auch Parteien an den äußeren rechten und linken Rändern.

DAS VIRUS SCHAFFTE, WAS GRETA NICHT ERREICHTE

Noch bis Anfang 2020 waren der Klimawandel und die Protestbewegung *Fridays for Future* eines der beherrschenden Themen der deutschen und europäischen Nachrichtenlandschaft und Greta Thunberg die Ikone der Bewegung, als moderne Jeanne d'Arc inszeniert. Beim jährlichen WEF in Davos war sie zu Gast und wurde dort so respektvoll und mit allen Ehren behandelt, als sei sie eine hohe Regierungsvertreterin. Medien stellten ernsthaft die Frage, wer mächtiger sei: Greta oder der Präsident der Vereinigten Staaten.

Mit Beginn und Fortschritt der Pandemie rückten sich die Realitäten und Prioritäten in deutschen Haushalten allerdings wieder zurecht. Das Überleben der Familie schien weniger durch die Klimaerwärmung als vielmehr durch einen möglichen Mangel an Toilettenpapier bedroht. Wir hätten da schon erwartet, dass Greta die CO_2-Belastung der Umwelt als Folge des erhöhten Toilettenpapier-Produktions- und Transportaufkommens zumindest in einem Nebensatz anprangert.

Doch Greta und ihr eigentlich doch für uns alle so bedeutsames Anliegen gerieten aus dem Zentrum allgemeiner Wahrnehmung. Ihre fehlende öffentliche Präsenz hinterließ allerdings erstaunlicherweise weder eine Lücke noch gar ein Vakuum. Es war geradezu so, als wäre die Corona-Pandemie über Greta und die Klimapolitik, über CO_2-Ausstoß und Nachhaltigkeit, über all die hitzigen Diskussionen und die *Fridays for Future*-Bewegung einfach hinweggerollt.

Tatsächlich verdanken wir aber der Pandemie eine andere Erkenntnis, die in unmittelbarem Zusammenhang mit der Digitalisierung steht und direkten Bezug zu unserer Umwelt hat. Am 20. Mai 2020 meldete die *Washington Post*, dass die globale Emission während der Corona-Krise um 17 Prozent zurückgegangen war. Das Bild vom sauberen Wasser in den Lagunen von Venedig ging ebenso um die Welt wie das der Qualle, die dort putzmunter nach Beute suchte. Das Foto vom Himalaya, der nach Jahrzehnten auf der indischen Seite erstmals wieder sichtbar wurde, weil die Luftverschmutzung in erheblichem Maß abgebaut war.

Nun war es nicht so, dass jegliche Produktion weltweit komplett eingestellt worden wäre. Sie wurde in Teilen reduziert, die Versorgung der Bevölkerung hingegen war auch weiterhin sichergestellt. Das weltweite Social Distancing hatte vielmehr positive Auswirkungen, die für eine erhebliche Entlastung der Umwelt sorgten. Offensichtlich sind wir in der Lage, unsere Verwaltungs-, Produktions- und Dienstleistungsaktivitäten so zu gestalten, dass es einen nachhaltig positiven Impact hat.

Und das war denkbar einfach: Der berufliche Pendelverkehr sank aufgrund deutlich verstärkter digitaler Prozesse auf ein minimales Niveau. Geschäftliche Flugreisen kamen fast vollständig zum Erliegen, Videokonferenzen ersetzten sie ohne nachhaltig spürbare Beeinträchtigungen der globalen Wirtschaftstätigkeit.

Zoom, ein Anbieter von digitalen Video-Konferenzen, meldete, dass während der Pandemie pro Tag 350 Millionen virtuelle Sitzungen nachgefragt wurden. Berücksichtigt man *Google Hangouts*, *WhatsApp*, *WeChat*, *Skype*, *Facetime* und weitere Anbieter, dann dürften während der Pandemie wahrscheinlich täglich zwischen 1,5 und 2,0 Milliarden digitaler Konferenzen abgehalten worden sein. Dass dies einen Impact auf den Reise- beziehungsweise Flugverkehr haben muss, bedarf nun wirklich keiner weiteren Begründung. Das Management der Lufthansa geht in seinen Planspielen von einer

Reduktion der Kapazität von mittelfristig bis zu 40 Prozent post Corona aus.[48] Autobahnen muteten streckenweise an wie Wanderwege – breit und leer. Und der Ausstoß großer industrieller Betriebe wurde reduziert, ohne dass Versorgungsengpässe auftraten.

Der *Club of Rome* diskutierte bereits in den 1980er-Jahren über die Grenzen des Wachstums. Jahre später waren diese Überlegungen aber nicht mehr en vogue. Sie wurden belächelt, und die bundesrepublikanische Wirtschaft setzte weiter auf Wachstum, ganz so, als gäbe es für die Produktion deutscher Autos keine Grenzen, jedenfalls nicht auf diesem Globus. Heute, nach Corona, wissen wir, dass wir zu viel mehr in der Lage sind. Offensichtlich ist es bei klugem Einsatz der Ressourcen unter intelligenter Nutzung der Digitalisierung in unserem täglichen Berufs- und Alltagsleben doch möglich, Wachstum umweltschonend und umweltverträglich zu gestalten.

Jeder einsichtige Manager sollte sein Flugverhalten in der Vergangenheit kritisch hinterfragen. Auch wir tun das. Gleichzeitig sollte aber auch grundsätzlich über die Geschäftsmodelle der Luftfahrtindustrie nachgedacht werden. Unmöglich? Das glauben wir nicht. Wenn die *Lufthansa* sich in ihrer finanziellen Notlage ohnehin in Teilen verstaatlichen lässt, macht das deutlich, dass sie auch ohne Corona mit ihrem bisherigen Geschäftsmodell niemals hätte nachhaltig rentabel sein können. Der ehemalige *Lufthansa*-Vorstand Hemjö Klein hat Thomas persönlich erläutert, dass die Luftfahrt die einzige Industrie sei, bei der seit ihrem Bestehen die Summe der weltweit angehäuften Verluste größer ist als die addierten Gewinne.

Michael O'Leary, der Gründer und CEO von *Ryanair*, fragte in einem Interview fassungslos, woher denn der immense Finanzbedarf der *Lufthansa* in Milliardenhöhe stamme, wenn doch der Konzern den Großteil seiner Beschäftigten in die – staatlich finanzierte! – Kurzarbeit geschickt habe. Später erkannte O'Leary zwar nicht die unternehmerische Leistung des *Lufthansa*-Chefs an, wohl aber dessen Fähigkeiten, für seinen Konzern ein Maximum an staatlicher

Unterstützung zu erhalten. Hierzu sagte er in einem Interview mit der ZEIT, in dem er den Umfang der deutschen Staatshilfen für die *Lufthansa* kritisierte: „Das erinnert mich an den betrunkenen Onkel bei der Hochzeit, der am Ende der Feier von Tisch zu Tisch geht und alle Gläser leer trinkt."

Wie fatal das Zusammenspiel von Staat und Konzern sein kann, bewies die Verschleppung der Digitalisierung durch die *Telekom*. Auch bei der *Lufthansa* sollten statt staatlicher Beteiligung und Mitsteuerung in den Gremien Flugpreise beispielsweise mit einem nennenswerten prozentualen Zuschlag belegt werden. Eine Erhöhung der Flugpreise, wie im Rahmen des Klimapaketes vorgesehen, ist nicht mehr als eine nutzlose Farce. Der stattdessen zu erhebende deutlich höhere Aufpreis sollte in einen Fonds fließen, der die Entwicklung alternativer klimafreundlicher Verkehrs- und Transportkonzepte finanziert und gegebenenfalls betreibt.

Und warum soll nicht auch bezogen auf die Automobilindustrie darüber nachgedacht werden, für Firmenflotten, aber auch für Haushalte eine Quote festzulegen, wonach etwa in fünf Jahren 50 Prozent der genutzten Fahrzeuge alternative, nicht fossile Antriebsformen haben sollten? Hierfür könnten staatliche Finanzierungsanteile übernommen werden, statt mit Prämien veraltete Modelle, die bei den Herstellern auf Halde stehen, auf Kosten des Steuerzahlers in den Markt zu drücken.

Warum nicht SUVs in urbanen Zentren verbieten? Wer der Meinung ist, dass solche Ungetüme für den städtischen Alltag unverzichtbar sind, sollte mit einer relevanten Sondersteuer belegt werden, zumindest in Großstädten.

Wir haben heute die Chance, unser Verständnis von Wachstum neu zu definieren. Wir müssen stärker als bisher die Frage nach qualitativem Wachstum stellen und nicht wie bisher blind der Volumenstrategie autarker Automobil-Manager folgen, von der doch jeder verständige Mensch genau wissen müsste, dass sie sehr bald an ihre Grenzen gerät: technisch, bedarfsmäßig und in Bezug auf den Nutzen.

Statt in einer bislang unvorstellbaren Größenordnung finanzielle Hilfen zu verteilen, als gäbe es kein Morgen, sollten wir innehalten und uns besinnen.

- Warum konzentrieren wir uns nicht auf jene Bereiche und Entwicklungen, die in Zukunft ganz maßgeblich die Qualität und Effizienz unseres Lebens bestimmen werden?
- Warum stärken wir nicht etwa den FinTech-Bereich mit dem Anspruch, hier zum Vorreiter zu werden?
- Warum setzen wir nicht endlich die digitale Gesundheitskarte für alle durch?
- Warum können wir als Bildungsnation nicht auch eine führende Rolle bei der Nutzung digitaler Bildungssysteme einnehmen?
- Warum werden in der schulischen Bildung neben Sprachen und Analytik nicht auch das kontextuelle Denken und die Kreativität stärker gefördert, die immer wichtiger werden?

Wir müssen jetzt die Chance nutzen und konzeptionell umlenken. Wer glaubt, nach Corona könne man den Wirtschaftsmotor einfach so wieder starten wie bei einem Oldtimer, der über die Wintermonate in der beheizten Garage stand, der unterliegt einem schwerwiegenden Irrglauben. Wir würden die Zukunft unseres Landes verspielen.

WARUM ES IN DEUTSCHLAND SO SCHWER IST, MIT DER REALITÄT UMZUGEHEN

Warum ist es in Deutschland offensichtlich so schwer, mit der Realität umzugehen? Wir erklären uns selbst zum Fußballweltmeister, bevor der Ball bei den Weltmeisterschaften überhaupt rollt. Wir sind überzeugt davon, dass unsere Produkte anderen überlegen und unser Bildungssystem besser ist als irgendwo sonst auf diesem Globus. Andererseits stellen wir beharrlich infrage, dass es Bereiche geben könnte, in denen andere Nationen uns voraus sind, zum Teil auch deutlich. Statt mit einer solchen Herausforderung offen umzugehen und die Bereitschaft zu entwickeln, von anderen zu lernen, unterstellt man in defensivem Verhaltensmuster gefälschte Statistiken oder argumentiert, die Datenbasis sei nicht vergleichbar.

Interessanterweise gilt das auch in die umgekehrte Richtung. Entwickeln sich Dinge aus Sicht der deutschen Öffentlichkeit nicht richtig, dann wandelt sich der Nationalstolz und das damit einhergehende Selbstbewusstsein in eine nationale Depression: Über Nacht erscheint die Lage der Nation in düsterstem Licht, und wir fühlen uns unisono als Versager auf der ganzen Linie. Deutschland leidet dann am neurotischen Elend, die „German Angst" greift wieder einmal um sich.

Da überrascht es nicht, dass eine internationale Studie des dänischen Unternehmens *Peakon* zu dem Ergebnis kommt, dass die deutschen Arbeitnehmer „Frust-Weltmeister" sind. Beinahe jeder vierte Angestellte geht in Deutschland unmotiviert ins Büro (23 Prozent).[49] Wenig erstaunlich, auch vor dem Hintergrund der positiven Erfahrungen mit der Arbeit im Homeoffice während des Corona-Lockdowns, ist das Ergebnis, dass insbesondere jüngere Arbeitnehmer flexibler arbeiten wollen.

Es gilt also gerade in diesem Land, einen Mittelweg zwischen den Extremen Überschwang und Depression zu finden. Offenheit für Fehlentwicklungen und Verbesserungsmöglichkeiten – beispielsweise bei der Digitalisierung – sollte ohne Arroganz Hand in Hand gehen mit dem gesunden Selbstbewusstsein, dass wir Dinge gestaltend verändern können, wenn wir dies wollen. Typischerweise fühlen wir uns in Deutschland in der Mitte geborgen, und vielleicht gehört das ja auch zu unserer nationalen DNA. Das kann zu einer Stärke werden, wenn man diese Haltung gerade in Krisenzeiten oder bei strukturellen Herausforderungen mit Augenmaß nutzt.

Im Hinblick auf die Digitalisierung lässt sich sachlich feststellen, dass wir weltweit viel Terrain verloren haben und es jetzt wirklich an der Zeit ist – sozusagen die sprichwörtliche Minute vor Zwölf –, auf allen Ebenen unserer Gesellschaft, in der Politik und in der Wirtschaft gegenzusteuern. Wenn wir wirklich aus Deutschland ein digitales Vorzeigeland machen *wollen*, wenn wir die entsprechenden Prioritäten setzen, dann können und werden wir dies mit unseren typischen nationalen Stärken erreichen. Davon sind wir zutiefst überzeugt.

Und wenn wir den Neuanfang dazu nutzen, der post-Corona für uns, aber auch weltweit ohnehin notwendig werden wird, dann haben wir in den nächsten Jahren ein unvorstellbar großes Feld an Gestaltungsmöglichkeiten vor uns.

Wir stehen – trotz aller dramatischen Entwicklungen in den zurückliegenden Jahren – auch nach einem Zeitraum von mehr als 20 Jahren der Digitalisierung noch immer erst am Anfang der digitalen Revolution. Wir haben in diesem Zeitraum nach unserer Schätzung nicht mehr als zehn Prozent des Weges zurückgelegt. Der Großteil der Entwicklung und der damit verbundenen Chancen liegt also noch vor uns.

Wir wissen, dass das weitere Fortschreiten der Digitalisierung alle Lebens- und Wirtschaftsbereiche umfassen wird. Wir wissen, dass Technologiefirmen in der Zukunft immer mehr an Bedeutung gewinnen werden. Und wir wissen, dass die Politik zukünftig entscheiden muss, wen und was sie unter Einsatz welcher Mittel fördert. Sie muss mit einem gesunden Verhältnis zwischen Bewahren und Entwickeln die richtigen Rahmenbedingungen für Banken und FinTechs, für Versicherungen und InsurTech, für Medienhäuser und Streamingdienste, für Einzelhandel und eCommerce schaffen.

Die Situation heute ist einfacher und schwieriger zugleich, als sie es im digitalen Bereich vor 20 Jahren war. Einerseits sind uns heute einige Wettbewerber und Länder weit voraus. Sie verfügen über bessere Infrastrukturen, besser entwickeltes digitales Know-how und weltweit dominante digitale Plattformen.

Andererseits haben wir heute in Deutschland eine besser fundierte Einschätzung davon, was mit der Digitalisierung machbar ist. Wir haben ein faktengestütztes, reales Verständnis unserer digitalen Welt. Und wenn es um die Analyse der Zukunftschancen der digitalen Wirtschaft geht, müssen wir nicht mehr im Konjunktiv sprechen.

Wir sollten die jetzige Situation 20 Jahre nach Beginn der Digitalisierung und auch nach Corona als einmalige Chance verstehen: eine Chance, tradierte Denk- und Verhaltensweisen zu überdenken, einen Plan und eine Vision zu entwickeln, wie wir dieses Land zum Vorreiter bei Entwicklung und Einsatz digitaler Prozesse machen, in der Wirtschaft, in der Verwaltung und in der Gesellschaft unseres Landes.

Wir sind uns sicher, dass Deutschland ein solches Ziel erreichen kann und erreichen wird, wenn wir alle es wollen. Wir müssen nur mutig und offen sein, wir müssen andere an die Hand nehmen und auch uns an die Hand nehmen lassen.

WIE EINE KRISE UNS ZUR DISRUPTION VERHELFEN KANN – UND WIR WIEDER IN DIE FALSCHE RICHTUNG MARSCHIEREN

Am 28. April 2020 veröffentlichte Elizabeth Dwoskin in der *Washington Post* einen lesenswerten Artikel mit dem Titel *Tech giants are profiting – and getting more powerful – even as the global economy tanks*. Dieser Artikel trägt den Untertitel: „The gobal pandemic gives Silicon Valley titans a once-in-a-lifetime opportunity to expand their power, crush rivals and change their political fortunes".

In diesem Beitrag werden verschiedene Sachverhalte aufgearbeitet, die wir zum Teil auch in Deutschland mit einiger Überraschung als Folge der Krise feststellen konnten. *Amazon*, *Netflix* oder *Facebook* partizipierten unmittelbar an neuen Möglichkeiten, die der durch Covid-19 bedingte Lockdown eröffnete. Zusätzlich konnten in den USA vor allen Dingen die „Tech Giants" *Apple* und *Google* und weitere Tech-Firmen von der Krise profitieren, weil sie beispielsweise für das US-Gesundheitsministerium wichtiges Know-how und Tools zur Verfügung stellten, unter anderem auch für die Entwicklung von Corona-Apps.

Während die weltweite Wirtschaft unter einer dramatisch wachsenden Arbeitslosigkeit leidet und einen bislang nicht gekannten konjunkturellen Schock verarbeiten muss, profitieren in Silicon Valley die Tech Giants und einige mittelgroße Tech-Firmen geradezu zwangsläufig von einem durch den Lockdown veränderten Konsumentenverhalten. Analysten sind fest davon überzeugt, dass dieses veränderte Konsumentenverhalten im Hinblick darauf, wie wir einkaufen, arbeiten oder Unterhaltungsangebote nutzen, genauso langfristig wie nachhaltig ist. Dies bedeutet für die Zukunft nichts anderes, als dass die Tech-Firmen weiter wachsen werden. Wie Dwoskin in ihrem Artikel völlig zu recht schreibt, ist die Krise für diese damit zu einer „once in a lifetime opportunity' geworden.

Die vorherige bedeutende Schwächephase der Weltwirtschaft im Rahmen der weltweiten Finanzkrise in den Jahren 2008 und 2009 traf damals auch amerikanische Tech-Firmen. Im Jahr 2008 betrug die Marktkapitalisierung der fünf wertvollsten amerikanischen Konzerne – *ExxonMobil*, *General Electric*, *Microsoft*, *AT&T* und *Procter&Gamble* – 1,6 Trillionen US-Dollar. Die Corona-Krise hingegen scheint nicht im selben Maße Techfirmen zu treffen, wie dies 2008 geschah. Der Grund hierfür ist denkbar einfach: Im Gegensatz zu 2008 profitiert gerade die Tech-Branche von der zunehmenden Digitalisierung in allen Geschäfts- und Lebensbereichen.

Heute, knapp 12 Jahre nach der letzten Finanzkrise, sind mit *Apple*, *Amazon*, *Facebook*, *Google* und *Microsoft* die fünf wertvollsten Firmen der USA ausschließlich Tech-Firmen, wobei *Facebook* 2008 noch nicht einmal börsennotiert war. *Microsoft* allein hat heute eine Marktkapitalisierung von 1,3 Trillionen US-Dollar. Das bedeutet nichts anderes, als dass sich in den USA in einem Zeitfenster von 12 Jahren nach einem dramatischen Schock der Wirtschaft ein ebenso dramatischer Wechsel vollzogen hat, was die Bedeutung der Technologiefirmen betrifft. Dieser Trend zeigt auch, wie schnell sich die Bedeutung von Industriesektoren ändern kann und wie mächtig und nachhaltig Technologieentwicklungen sind. Man könnte es eine „Revolution" oder einen „Paradigmenwechsel" nennen, vielleicht aber besser: Disruption – eine komplette Umstrukturierung oder gar Zerschlagung des bestehenden Modells. Und dies auf nationaler volkswirtschaftlicher Ebene. Die USA haben es seit der Krise von 2008 offensichtlich fertiggebracht, die Digitalisierung und die mit ihr einhergehenden Anwendungen weiter voranzutreiben, als uns das bis heute bewusst war.

Wir stimmen der Überzeugung der Analysten zu, dass die Fähigkeit der großen Tech-Firmen, selbst in einer Krise wie Covid-19 weiter Talente einzustellen und zu wachsen, nicht nur ihre Attraktivität auf dem Arbeitsmarkt in Silicon Valley stärkt, sondern auch ihre

Bedeutung für die amerikanische Wirtschaft insgesamt nochmals zunehmen lässt.

Dagegen werden in den USA aller Voraussicht nach mit dem stationären Einzelhandel, der Gastronomie und dem Medien- und Entertainmentbereich genau dieselben Branchen als Folge der Krise nochmals leiden müssen, die bereits nach 2008/2009 weit hinter die Tech-Firmen zurückgefallen waren.

Und noch etwas macht die Entwicklung der amerikanischen Tech-Firmen von 2008 bis heute deutlich: Unternehmen und ihre Manager tun gut daran, eine Krise als Chance zu begreifen, um ihre Technologie und ihre Marktstellung zu stärken – gepaart mit der Bereitschaft, ihr Geschäftsmodell infrage zu stellen und nötigenfalls zu verändern.

Damit bleiben aus unserer Sicht für eine Disruption nach einer Krise zwei Möglichkeiten: die Entwicklung und Förderung von Tech-Konzernen, die in der Lage sind, eine kritische Größe zu erreichen – falls notwendig und sinnvoll mit staatlicher Unterstützung. Oder die Entwicklung eines neuen, zukunftsfähigen Geschäftsmodells durch Disruption eines bestehenden Modells. Für die Finanzierung einer solchen Strategie zeichnen allerdings allein das jeweilige Unternehmen und seine Aktionäre verantwortlich, nicht der Staat!

Die tatsächliche Situation in Deutschland sieht zurzeit leider völlig anders aus und ergibt aus unserer Sicht ein ziemlich düsteres Bild.

1. Aufgrund von Versäumnissen in der Vergangenheit verfügen wir in Deutschland nicht über weltweit führende Tech-Konzerne, von der *SAP* einmal abgesehen.

2. Statt jetzt auf Disruption zu setzen und die Voraussetzungen für Innovation und Digitalisierung zu schaffen, werden vorhandene Strukturen, die offensichtlich schon lange nicht mehr

wettbewerbsfähig waren, mit staatlicher Hilfe gepflegt und subventioniert wie zu Zeiten der Planwirtschaft der DDR. Statt als „once in a lifetime opportunity" – so die Sichtweise in Silicon Valley – wird die Krise in unserem Land von Entscheidungsträgern völlig anders betrachtet. Die Politik versucht unter scheinbar unbegrenztem Einsatz von Steuergeldern, vorhandene Strukturen zu erhalten, statt Innovation, Technologie und Digitalisierung massiv zu fördern, wie es nach 2008 in den USA getan wurde.

3. Die deutschen Konzernführer versuchen, so viele staatliche Finanzhilfen wie nur eben möglich zu ergattern, um daraus auch Restrukturierungsmaßnahmen ihrer bestehenden Geschäftsmodelle zu finanzieren, für die die Finanzmittel in der Vergangenheit fehlten. Das zuvor zitierte Verhalten des Managements der *Lufthansa* ist hierfür nur eines von vielen Beispielen! Damit ist nichts anderes gemeint, als der Abbau von Personal oder die Kündigung anderer vertraglicher Verpflichtungen zulasten staatlicher Finanzierung, welcher Art auch immer. Im Fall der *Lufthansa* beispielsweise die Einstellung der *GermanWings*, die auch ohne Covid-19 keine Daseinsberechtigung mehr hatte, weil sie nach unserer Erfahrung als Kunden eine besonders üble Form eines uninspirierten, wirklich schlechten Serviceangebots darstellte.

4. Während unzählige Selbstständige ohne eigenes Verschulden ihre wirtschaftliche Existenz gefährdet sehen oder verloren haben, versuchen zugleich gewissenlose Trittbrettfahrer, sich mithilfe des Arguments „Auswirkungen der Corona-Pandemie" zulasten der Gemeinschaft finanziell zu sanieren: über staatliche Programme, die eigentlich dazu gedacht waren, die aus der Pandemie entstandenen Notlagen zu mildern. Zu diesen Trittbrettfahrern zählen sowohl einige in Berlin und NRW ansässige polizeibekannte Familienclans, aber auch bekannte und angesehene Konzernchefs

großer deutscher Unternehmen. Diese Programme waren nicht dafür entwickelt worden, den Lebensunterhalt bestimmter Großfamilien zu finanzieren, die sich zulasten der Allgemeinheit auf kriminelle Weise bedienen wollen. Und auch nicht dafür, Geschäftsmodelle von Konzernen anzupassen, die nicht mehr in die Zeit post Corona passen oder auch schon vor Corona nicht (mehr) in der Lage waren, nachhaltig Gewinn zu erzielen. Die Inanspruchnahme staatlicher Unterstützung ist in diesen Fällen eigentlich nichts anderes als ein Banküberfall auf unser aller Konten oder aber schlicht asoziales Verhalten – je nach Blickwinkel.

5. Viel zu viele Firmen wurden in unserem Land während der Corona-Pandemie mit staatlicher Finanzhilfe unterstützt, bei denen die wirklichen Gründe für die jeweiligen Notlagen äußerst diskussionswürdig sind. Es wirkte auf uns fast so, als seien plötzlich alle wirtschaftlichen Probleme in Deutschland „Corona-bedingt", und niemand scheint diese Aussagen kritisch zu überprüfen – weder die Politik noch die Medien. Ähnliches haben wir in der Vergangenheit schon häufiger erlebt, ob nach dem 11. September oder nach der Finanzkrise 2008. Damals waren allerdings Staatshilfen nicht erhältlich, weder für *Opel* noch für *Karstadt*. Hatte früher ein Konzern Probleme, so sprach die Politik von Managementfehlern als Ursache. Dafür müsse der Staat nicht einstehen, hieß es kühl aus Berlin.

6. Auch der Tourismuskonzern *TUI* beantragte Corona-bedingte Staatshilfe. Diese Hilfe wurde ihm vom Staat gewährt – im Umfang von unfassbaren fast zwei Milliarden Euro. Diese Summe entspricht ungefähr dem, was an Staatshilfen an die Summe aller Start-ups in Deutschland gewährt werden soll. Mit dem kleinen Unterschied allerdings, dass die Milliarden für die *TUI* nur wenige Tage nach der Beantragung zugesagt wurden, die Unterstützung

für die Start-ups, die aufgrund ihrer fragilen finanziellen Situation eigentlich viel dringender auf diese Hilfe angewiesen gewesen wären, aber erst nach Wochen oder gar Monaten. Am 13. Mai 2020 gab *TUI*-Chef Friedrich Joussen bekannt, dass der Konzern zehn Prozent seiner Mitarbeiter abbauen und sich komplett neu aufstellen müsse. Man werde, so verkündete er mit einem für den Inhalt seiner Botschaft überraschenden Stolz, den Konzern anschließend nicht mehr wiedererkennen. Das sei dann eine ganz neue *TUI*.

Lassen wir diese Aussage nur einmal eine Minute lang in Ruhe auf uns wirken: Ein Konzern wird während der Covid-19-Pandemie durch den Steuerzahler finanziert und gerettet. Anschließend saniert er sich mit Mitteln, die ihm der Steuerzahler zur Verfügung stellte, indem er ein neues Geschäftsmodell entwickelt und 8.000 Mitarbeiter in die Arbeitslosigkeit schickt, was ja in Teilen wieder durch den Steuerzahler finanziert wird. Genauso ist es, und leider haben wir nicht gekokst.

7. Während *TUI* Milliarden auch zur Restrukturierung seines Geschäftsmodells einstrich, entwickelten viele Start-ups auf der ganzen Welt in Windeseile Anpassungsprogramme und kamen sehr schnell und ohne staatliche Hilfe durch die Krise. Viele uns bekannte Start-ups leiden natürlich dennoch unter den wirtschaftlichen Folgen der Corona-Krise. Ihnen ist jedoch aus leidvoller Erfahrung bekannt, dass die KfW nur profitable Start-ups fördert. Uns mutet dieses Kriterium ein wenig wirklichkeitsfremd an, da das systemimmanente Wesen eines jeden Start-ups die fehlende Profitabilität in den Anfangsjahren ist. In China wurde übrigens eine andere Form der staatlichen Unterstützung für die Reisebranche praktiziert. „Chinesische Kultureinrichtungen und Tourismusunternehmen haben innovative Maßnahmen entwickelt, um Besucher auch in der Zeit der Ausgangsbeschränkungen

zu erreichen", heißt es in einer Pressemitteilung der *China Tourism* von Mai 2020. „Dabei machen sie sich vor allem die virtuelle Welt zunutze. Chinas große Investitionen der letzten Jahre in die Digitalisierung zahlen sich hierbei besonders aus. Besondere Beliebtheit hat *younyou* erlangt, was ‚Cloud-Reisen' bedeutet. Die nordchinesische Provinz Gansu beispielsweise nutzt die weltweit beliebte Videoplattform *TikTok* und präsentiert über 170 Reiseziele der Provinz … Die Landesbibliothek der Provinz Fujian konnte seit Februar 2020 mehr als 15 Millionen zusätzliche Besucher verzeichnen." Dem ist aus unserer Sicht, auch hinsichtlich des Anliegens dieses Buches, nichts hinzuzufügen.

8. Die große Frage wird sein, wie, wann und ob überhaupt die Konzerne die gewährten Darlehen zurückführen werden. Vielleicht hat auch *Adidas*, ähnlich wie *TUI*, bislang ein falsches Geschäftsmodell betrieben. Vielleicht war die Summe der weltweiten Ladenfläche zu groß geworden, vielleicht wurden zu viele Flagship Stores in teuren Lagen betrieben, die kein Mensch dort braucht? Vielleicht war das Cash-Management des Konzerns marode? Oder das Bestandsmanagement war verbesserungswürdig? Vielleicht traf ja auch alles gleichzeitig zu?

Es ist jedenfalls erstaunlich, dass Kasper Roerstedt, der im Januar 2020 in Deutschland zum Manager des Jahres gekrönt wurde, nur wenige Tage nach der Zusage der staatlichen Finanzhilfen bei dem Versuch einer Charmeoffensive gegenüber der deutschen Öffentlichkeit bekanntgeben ließ, *Adidas* habe ein starkes Onlinegeschäft, man werde versuchen, die Lagerbestände über digitale Vertriebswege abzubauen. Und momentan würden sich „Adiletten" und Yogamatten besonders gut verkaufen.[50] Damit habe sich sogar eine Umsatzsteigerung um 35 Prozent erzielen lassen. Kurz zuvor hatte er noch verkündet, dass bis auf Weiteres keine Mieten für die Ladengeschäfte gezahlt werden würden. Wir zumindest haben Schwierigkeiten, uns das Angebot von „Adiletten" und Yogamatten in dem Store an der 5th Avenue in New York vorzustellen oder im Megastore in Sanlintun, Peking. Und ebenso wenig sehen wir den typischen deutschen Steuerzahler übers Wochenende dorthin fliegen, um diese Artikel einzukaufen. Dennoch muss der deutsche Steuerzahler für die Konsequenzen dieses Unsinns geradestehen. Den Nachweis, inwiefern und warum *Adidas* die vielbeschworene Systemrelevanz für Deutschland hat, ist die deutsche Regierung uns schuldig geblieben, die über Nacht ohne erkennbares Konzept das Geld zu verprassen scheint, als würde es auf Bäumen wachsen. Es ist aus unserer Sicht höchst diskussionswürdig, dass der deutsche Staat bei der Kreditvergabe an Großunternehmen aufgrund der eigenen Bonität aus dem Vollen schöpfen kann. Im eigentlichen Verständnis betreibt er auf diese Weise eine aktive Industriepolitik zulasten unserer europäischen Nachbarn. Wenn man sich dies vor Augen hält, mutet es schon fast schizophren an, wenn von der deutschen Politik gleichzeitig das Interesse chinesischer Unternehmen an deutschen Firmen beklagt wird.

9. Eine Rettung von *Adidas* mit finanziellen Hilfen im Umfang von 3 Milliarden Euro steht in keinem volkswirtschaftlichen Kosten- und Nutzenverhältnis mehr; so viel ist jedem Bürger klar, der die digitalen Medien zu nutzen vermag. Nur zur Erinnerung: Als Soforthilfe für die gesamte deutsche Gastronomie haben die Berliner Politiker 10 Milliarden Euro „in Aussicht gestellt". Fast ein Drittel dieser Summe wird einem einzelnen Konzern bewilligt, nämlich *Adidas*. *Adidas* beschäftigt laut des Geschäftsberichts des Unternehmens 3.000 Menschen in Deutschland, während im gastronomischen Bereich im Jahr 2018 über eine Million Beschäftigte sozialversicherungspflichtig tätig waren. Nach Schätzung der *DEHOGA* kommen noch weit über eine Million

Teilzeitbeschäftigte oder aber indirekt betroffene Arbeitsplätze in der Zulieferindustrie hinzu.

Für eine Einordnung der politischen Diskussion noch so viel: *Adidas* ist nicht viel mehr als eine Modeerscheinung, die für Beschäftigung vor allen Dingen in asiatischen Fabriken sorgt – dort bevorzugt in Kambodscha,[51] was nach unserer Einschätzung als Niedriglohn-Land gilt –, und hat allenfalls noch eine Bedeutung als „Ausstatter" bei der Refinanzierung von Spitzensportlern, etwa Fußballspielern, die mithilfe von *Adidas* ohnehin viel zu viel Geld verdienen. Die Menschen, die in der Gastronomie beschäftigt sind, leben und arbeiten in unserem Einzugsgebiet. Wenn diese Menschen ihre Einkommensgrundlage verlieren, bedeutet das den sofortigen Verlust von Lebensqualität in unserem unmittelbaren persönlichen Umfeld und verursacht eine hohe Belastung unserer inländischen Sozialsysteme.

10. Der permanente Ruf deutscher Manager nach staatlicher Hilfe ist nach unserem Verständnis nichts anderes als die Kapitulationserklärung von Führungskräften, die keine Lösung für die Probleme haben, für die niemand anders als sie selbst zuständig sind – nicht die Politik, nicht der Steuerzahler und auch nicht der Staat. Deutsche Staatshilfen sollten – wie dies bereits 2008 hätte geschehen müssen – genutzt werden, um zukunftsfähige deutsche Tech-Unternehmen aufzubauen und nicht für Kaufprämien von veralteten Autos verschwendet, die auf Halde produziert wurden, auch um die Produktions- und die damit verbundenen Bonusziele des Managements zu erreichen. Es ist nicht fern jeglicher Lebenspraxis, wenn man in diesem Zusammenhang den Gedanken entwickelt, es könne für einen deutschen Politiker post Corona ein selten erlebtes erhebendes Gefühl sein, Geld in größerem Umfang verausgaben zu können und bei dieser Gelegenheit den besser bezahlten Konzernmanagern

vorzuschreiben, zu welchen Bedingungen sie Zugang zu diesen Finanzmitteln erhalten.

Anscheinend bedarf es erst einer wirtschaftlichen Notlage von beträchtlichem Ausmaß, damit Menschen bereit sind, lieb gewordene Sichtweisen zu verändern und zu erkennen, dass es zu bestimmten unternehmerischen Entscheidungen keine Alternativen gibt. Die angeführten Beispiele lassen uns allerdings befürchten, dass in Deutschland selbst eine massive Krise das notwendige Änderungspotenzial nicht zu aktivieren vermag. Allem Anschein nach verpasst man in Politik und Wirtschaft gerade die „once in a lifetime chance" und wurschtelt weiter wie in den letzten 20 Jahren.

ERMUTIGENDE UNTERNEHMERISCHE BEISPIELE IM ÜBERLEBENSKAMPF

Eine ermutigende Beobachtung im Zusammenhang mit einer Disruption, die wegen einer Notlage alternativlos ist und die in krassem Gegensatz zu den Beispielen *Adidas* und *TUI* steht, konnten wir unmittelbar nach Eintritt der Corona-Pandemie in unserem lokalen und regionalen Umfeld machen. Die Beschränkungen und die daraus resultierende notgedrungene Akzeptanz der Digitalisierung können zu kuriosen Entwicklungen führen, die aber alle eins gemeinsam haben: den unternehmerischen Willen, zu überleben und zu gestalten.

Durch die wirtschaftlichen Auswirkungen als Folge der behördlichen Auflagen zur Bekämpfung der Pandemie wurden Klein- und Mittelbetriebe ebenso über Nacht vor die Existenzfrage gestellt wie Handwerksbetriebe, Freiberufler, Künstler und Gastronomen oder Weltkonzerne. Andererseits wurden einige von ihnen, die wir als echte Unternehmer bezeichnen, durch die Not gezwungen, auf

Möglichkeiten der Digitalisierung zurückzugreifen, wie sie es ohne die Pandemie wohl niemals so schnell und so konsequent getan hätten.

So der spanische Gastwirt, der innerhalb eines Tages nach der Schließung seines Restaurants versuchte, seine Liquidität zu sichern, indem er seine Weinbestände per Internet zum Verkauf anbot – von der einzelnen Flasche bis hin zu mehreren Kartons, falls gewünscht einschließlich einer Platte mit Käse und handgeschnittenem Ibérico-Schinken, im lokalen Umfeld von seiner charmanten Gattin kostenfrei angeliefert.

Menschen wie diesen beiden gilt unsere Bewunderung. Sie kämpfen um ihr Lebenswerk und gestatten sich keine die Eigeninitiative lähmenden Dogmen wie: „Dafür sind wir uns zu schade", oder: „Mit diesem Geschäftsmodell kennen wir uns nicht aus", oder: „Wir gehen nach Berlin und lassen uns unterstützen."

Oder der Event-Manager, der die größte deutsche Messe im Internetbereich mit fast 100.000 Teilnehmern knapp sieben Wochen vor ihrem Beginn absagen musste und die verderblichen Lebensmittel, die er zur Bewirtung der Kongressteilnehmer bereits beschafft hatte, in Form von Mahlzeiten portionsweise (!) über einen Food-Truck an Endkunden verkaufte, die im Umfeld seiner Firma ansässig sind. In diesem Fall eine besonders interessante Form der Disruption in einer Notlage: von einem eigentlich digitalen Geschäftsmodell zu einem zeitlich begrenzten gastronomischen Konzept der besonderen analogen Art. Auch dies ist eine Rolle rückwärts, wenn auch nur der Not geschuldet.

Wer weiß, ob der spanische Gastronom nicht vielleicht in der Zukunft einen Online-Handel für hervorragende Rioja-Weine betreiben wird, möglicherweise ja auch regional oder national. Und vielleicht auch angereichert mit spanischen Spezialitäten. Es ist in diesem Beispiel wie im richtigen Leben: Vieles, was auf den ersten Blick negativ erscheint, kann sich zu einem späteren Zeitpunkt als „once in a lifetime opportunity" herausstellen.

Und ebenso weiß heute auch noch niemand, ob und wie sich das Konzept der Internetmesse verändern wird, ob nicht vielleicht sogar das gastronomische Notkonzept in irgendeiner Form der Kooperation weitergeführt werden kann.

Eines zeigen diese beiden kleinen Beispiele allerdings deutlich: Fern der staatlichen Hilfen gibt es in unserem Land Unternehmer, für die Covid-19 und die damit verbundenen Belastungen der deutschen Wirtschaft eine einmalige Chance darstellen, ihre Geschäftsmodelle auf den Prüfstand zu stellen und einen Masterplan für notwendige Anpassungen zu entwickeln – oder sogar den bisher praktizierten Geschäftsansatz komplett neu zu erfinden. Für sie wird die Krise vielleicht zu einer „once in a lifetime opportunity". Nichts anderes bedeutet in diesem Verständnis Disruption.

DEUTSCHLAND ALS DIGITALES TOLLHAUS: DIE CORONA-APP

Nicht alles, was im Bemühen um eine funktionale Corona-App an digitalen Produkten in den USA und China unter Hochdruck entwickelt wird und zum praktischen Einsatz kommt, müssen wir in Deutschland zwangsläufig wollen oder für gut befinden. Auch wir haben beim Einsatz einer solchen App große Bedenken im Hinblick auf den Schutz der Persönlichkeitsrechte des Individuums. Und wir vertreten hierzu liberale Positionen.

Eines sollten wir in diesem Zusammenhang allerdings sehr sachlich feststellen: In Deutschland nahmen die Entwicklung und die Einführung der Corona-App einen ernüchternden Verlauf!

In Deutschland wurde die Corona-App, für die man sich schließlich entschieden hatte, am 16. Juni 2020 freigeschaltet. In Liechtenstein hingegen, einem Land mit knapp 40.000 Einwohnern, wurde eine vergleichbare App bereits seit Mitte Mai genutzt. Der Grund für diese Zeitlücke liegt in diesem Fall nicht im überlegenen Können der Liechtensteiner Softwareentwickler, sondern wieder einmal an dem durch die Politik bedingten Wirrwarr, der in Deutschland regelmäßig mit großen Projekten verbunden ist.

Einige leistungsfähige deutsche Tech-Firmen (*Wefox* und Co.) hatten bereits eine weitestgehend funktionsfähige App in zeitgemäßem Design entwickelt, als die Bundesregierung entschied, der Zuschlag für dieses Projekt solle an die *Telekom* (sic!) und SAP gehen. Diese Entscheidung kommentierte der Vorsitzende des Digitalausschusses des Deutschen Bundestag Manuel Höferlin mit folgendem Statement: „*Telekom* und SAP haben allerdings wenig Erfahrung bei der Entwicklung von Apps für End-User."[52] Der Vorsitzende störte sich auch am fehlenden Tempo bei digitalen Projekten und verortete das Problem im Kanzleramt. Dort hätte dieses Projekt besser koordiniert werden müssen. Und er fügte hinzu: „Das Chaos um die App zeigt auch, dass Deutschland eben doch ein Digitalministerium fehlt."

Großkonzerne sind nun einmal weder für schnelle Entscheidungen noch für schnelle Entwicklungen bekannt. Die Bundesregierung zeigte mit dieser Beauftragung, dass sie kein Vertrauen in deutsche Start-ups hat, selbst wenn diese bereits groß und erfolgreich sind. Nach unserer langjährigen Beobachtung des Politikgeschehens in Berlin ist die Gefahr, dass der zuständige Minister einen Untersuchungsausschuss riskiert, wenn er der *Telekom* ein Mandat erteilt, deutlich geringer, als wenn er dieses an eine Gruppe kleiner, innovativer Tech-Start-ups vergibt. Die Lobbyismus-Maschine der Konzerne hat auch hier wieder das gewünschte Ergebnis erbracht.

Offensichtlich sind wir in Deutschland selbst angesichts einer Notlage wie Corona nicht oder vielleicht *nicht mehr* in der Lage, digitale Infrastrukturprojekte, Produkte oder Apps zeitnah zu entwickeln und zu einem sinnvollen Einsatz zu bringen.

Und jetzt wollen wir zu dem zweiten Aspekt kommen, warum aus unserer Sicht der Kampf zwischen den USA und China um die wirtschaftliche Vormachtstellung Konsequenzen für die Digitalisierung unseres Landes haben sollte.

CHINA UND DIE USA IM KAMPF GEGEN COVID-19

Die Diskussionen über die Ursachen der Corona-Pandemie füllen Zeitungen, Talkshows und Meinungsforen im Internet. Häufig wird hierbei Faktenwissen durch Meinung ersetzt. Dieses Phänomen kennen wir aus der Politik zur Genüge. Selbst vor den wildesten Verschwörungstheorien wird nicht zurückgeschreckt. Zudem werden diese Diskussionen von interessierter politischer Seite befeuert, ob aus östlicher oder westlicher Richtung. In anderen Kontexten nennt man so etwas Desinformation.

So behauptete ein chinesischer Politiker bereits Anfang Januar 2020, ein Team von US-Sportlern habe das Virus nach Wuhan gebracht. Der amerikanische Präsident höchstpersönlich warf China vor, die Welt belogen zu haben, indem das Land (angeblich) falsch über die Gefahr von Covid-19 informiert habe. Schlachtenlärm, viel Getöse auf allen medialen Kanälen, weltweit. Wir wissen aus Erfahrung, dass auch in diesem Fall der Satz gilt: Wo viel Rauch, da ist auch Feuer. Sozusagen zur Abrundung des undurchsichtigen Gesamtbildes gab es Mitte Mai 2020 on top das Statement des WHO-Präsidenten, das Virus sei gar nicht so gefährlich, sondern werde überschätzt.

Offensichtlich geht es bei dieser medialen Schlacht zwischen den USA und China nur vordergründig um Covid-19 und die damit verbundenen Belastungen der Weltwirtschaft, eigentlich aber um die weltweite Vorherrschaft in wirtschaftlicher Hinsicht. Um viel mehr kann es zu diesem Zeitpunkt nicht wirklich gehen. Auch China kennt natürlich das unfassbare militärische Potenzial der USA.

Was hat die Rivalität zweier Großmächte mit dem Thema „Digitalisierung in Deutschland" zu tun? Wir sehen einen zweifachen Zusammenhang, der für die Zukunft unseres Landes entscheidend ist.

Ein erster unmittelbarer Bezug ergibt sich aus dem unterschiedlichen Einsatz der Digitalisierung der USA und Chinas im Kampf gegen die Pandemie.

Bei aller denkbaren Kritik an den chinesischen Verhältnissen und bei allen – aus unserer persönlichen Sicht nicht zutreffenden – Vorwürfen bezüglich der Ursachen für den Ausbruch der Pandemie muss man der chinesischen Regierung doch Folgendes zugutehalten: Verglichen mit der westlichen Welt war sie in der Lage, eine Nation mit mehr als 1,4 Milliarden Menschen vergleichsweise gut durch die Krise zu führen. Die Sterberate liegt deutlich niedriger als in anderen Ländern, zumindest, wenn man den offiziellen Zahlen glaubt. Im einwohnerreichsten Land der Erde sind auch in absoluten Zahlen weniger Menschen an Covid-19 gestorben als im vergleichsweise kleinen Deutschland. Auch die Infektionsrate insgesamt liegt dort niedriger als in den westlichen Ländern. Diese Bewertung wird auch von kritischen amerikanischen Medien vertreten. Die sachliche Berichterstattung von *CNN*, der *New York Times* und der *Washington Post* stehen stellvertretend hierfür.

Zur Bekämpfung des Virus war die chinesische Regierung nicht vor schnellen und harten Entscheidungen zurückgeschreckt, wie die Isolierung der Metropole Wuhan mit mehr als 11 Millionen Menschen deutlich unter Beweis stellt.

Die chinesische Schriftstellerin Fang Fang hat die Erfahrungen und Beobachtungen, die sie über einen Zeitraum vom 25. Januar 2020 bis zum 24. März 2020 in Wuhan während des dortigen Lockdowns machte, unter dem Titel *Wuhan Diary – Tagebuch aus einer gesperrten Stadt*[53] veröffentlicht. Ihre Aufzeichnungen, die sie zunächst als Blog veröffentlichte, fanden in China mehr als 100 Millionen Leser. Sie schildert nicht nur die Bedingungen, die herrschten, als die Behörden

Wuhan mit seinen 11 Millionen Einwohnern komplett abriegelten. Vielmehr versuchte sie auch eine kritische Wertung des Umgangs der chinesischen Regierung mit dem Ausbruch des Corona-Virus. Für diese Form der Kritik ist Fang Fang in China angegriffen worden. Dies zeigt aber auch, dass die chinesische Bevölkerung durchaus zur eigenständigen Kritik fähig ist und über ein reflektiertes Verständnis darüber verfügt, was sinnvolle Maßnahmen zur Bekämpfung eines Virus sind und welche Grenzen dabei nicht überschritten werden sollten. Unabhängig davon kritisiert Fang Fang die „verspätete Reaktion" der chinesischen Regierung nach dem Auftreten der ersten Infektionsfälle und bemängelt insbesondere die „Versäumnisse während der ersten 20 Tage". Nur am Rande angemerkt: Die Reaktionszeit in Deutschland betrug nicht 20, sondern 79 Tage! Es bedarf wohl kaum der Belehrungsversuche deutscher Politiker und Journalisten zu der Vorgehensweise der chinesischen Regierung während Covid-19, wenn man das Fang Fang-Buch gelesen hat. Wir sollten zumindest in Erwägung ziehen, ob wir uns vielleicht etwas engagierter auf die Fehlersuche in unserem eigenen Land konzentrieren.

Noch bevor die Pandemie in China ihren Scheitelpunkt erreichen konnte, beeindruckte, oder besser gesagt „schockierte" das Land die Weltöffentlichkeit mit dem Bau einer Spezialklinik für die Behandlung von Covid-19-Infizierten. Innerhalb des unfassbar kurzen Zeitraums von zehn (!) Tagen[54] wurde diese Klinik fertiggestellt und sofort mit voller Belastung in Betrieb genommen.

Wochen später lief in New York unter großer internationaler Anteilnahme ein gigantisches, optisch in die Jahre gekommenes Lazarettschiff ein, um dort auf diesem Wege die Zahl an dringend benötigten Intensivbetten zu erhöhen!

Vielleicht ist es eben dieses Bild, das am besten das heutige Spannungsverhältnis zwischen den beiden führenden Wirtschaftsnationen der Welt beschreibt. Ein modernes und großes Spezialkrankenhaus, das innerhalb von 10 Tagen errichtet wird und funktioniert, scheint fast symbolhaft zu stehen für das heutige wirtschaftliche Leistungsvermögen Chinas. Und ein Schiff, das – bei allem Respekt vor dem, wozu Amerika in Notlagen fähig ist – aus der Zeit des Korea-Kriegs zu stammen scheint, steht für das, was die USA militärisch darstellen. Fast schon Hollywood-mäßig symbolisiert es die Bereitschaft der Vereinigten Staaten, gegen das Virus notfalls auch in den Krieg zu ziehen.

Übrigens benötigte das Schiff allein für die Bereitstellung und die Bewältigung der nicht einmal 400 Meilen von Norfolk in Virginia bis zu seinem Einsatzort in New York länger, als der Bau des neuen Krankenhauses in China dauerte.

Sowohl die chinesische als auch die amerikanische Regierung ließen unter Hochdruck Covid-Tracking-Apps entwickeln. Sollte ein Nutzer in China an Covid-19 erkrankt sein, lässt die chinesische App die Nutzung von öffentlichen Nahverkehrsmitteln nicht mehr zu. Während wir dieses Buch verfassen, arbeiten in den USA die Tech-Konzerne *Apple* und *Google* fieberhaft an der Entwicklung und dem Einsatz weiterer digitaler Technologien, damit die USA in Zukunft besser auf die mit einer Pandemie verbundenen Herausforderungen vorbereitet sind und die Bürger des Landes besser schützen können, als dies beim Ausbruch der Corona-Pandemie der Fall war. Hier sind *Apple* und *Google* auch alle Mittel recht, dem möglichen Wettbewerb in diesem Segment das Leben so schwer wie möglich zu machen.

EIN BÜNDNIS MIT CHINA ODER DEN USA – GIBT ES EINEN DRITTEN WEG?

Nur knapp fünf Monate nach unserem Treffen mit Vincent Pang, dem Vice-Chairman von *Huawei*, lasen wir in der WELT vom 3. Mai 2020 einige grundsätzliche und, wie wir finden, kluge Überlegungen von Mathias Döpfner, dem Vorstandsvorsitzenden der *Axel Springer SE*.[55] Er nimmt in seinem Meinungsbeitrag zu eben der Frage Stellung, die von unserem chinesischen Gesprächspartner bereits während unseres Treffens im November 2019 in Peking mit großer Offenheit ins Gespräch gebracht wurde: Deutschland stehe vor einer wichtigen Entscheidung, nachdem die erste Welle der Corona-Pandemie und die ersten wirtschaftlichen Belastungen und unmittelbaren Folgen überstanden seien, so die Meinung von Mathias Döpfner. Wir müssten wählen, welches Bündnis wir für die Zukunft anstreben: Wollen wir als Partner an der Seite der USA stehen oder an der von China?

Döpfner bewertet die Vor- und Nachteile der beiden politischen Systeme – Demokratie in den USA und Staatspartei in China. Wenig überraschend kommt er aus westlicher Sicht zu dem Schluss, dass eine Demokratie – auch wenn diese natürlich nur unvollkommen sein kann – besser und lebenswerter ist als ein von einer Staatspartei gelenktes System mit totalitären Ausprägungen und deren negativen Auswirkungen auf das gesellschaftliche Leben. Er nennt Begriffe wie „Polizeistaat", „Überwachung" und „individuelle Kontrollen".

Eine Studie im Auftrag der *Bertelsmann* Stiftung aus dem Jahr 2020 lieferte interessante Erkenntnisse darüber, wie europäische Bürger den Konflikt zwischen den USA und China einschätzen.[56] Insgesamt blickt die gesamte EU mit Sorge auf den amerikanisch-chinesischen Konflikt. In Deutschland ist der Grad der Besorgnis stärker als in allen anderen europäischen Ländern, für uns wenig überraschend. Vor allen Dingen die Befragten in Großbritannien gaben an, die politischen Interessen und Werte der USA zu teilen. Eine entsprechende Nähe zu China sahen dagegen nur wenige Teilnehmer der Studie als gegeben.

Manchmal erscheint das chinesische System effizienter als unsere westlichen Demokratien. Diese „Effizienz" wird erkauft durch eine

Einschränkung der Meinungs-, Presse- und Redefreiheit sowie der Menschenrechte nach unserem westlichen Werteverständnis. Andererseits ist es aber auch eine gewaltige Herausforderung, ein Volk von 1,4 Milliarden Menschen zu regieren und dessen Versorgung zu gewährleisten. Und ob vielleicht die Vertreter dieses politischen Systems aus ihrer eindrucksvoll langen Geschichte heraus die Klugheit besitzen, andere politische und wirtschaftliche Systeme zu respektieren, bleibt im Döpfner-Beitrag unklar. Die Zukunft wird zeigen, wie sich dieses systemimmanente Spannungsverhältnis zwischen demokratischen und autoritären Systemen entwickeln wird. Nur am Rande bemerkt: Wir möchten uns lieber nicht die führenden Köpfe unserer GroKo vorstellen, wie sie die Corona-Pandemie in China managen: Julia Klöckner zusammen mit Herrn Lafer am TV-Herd vor den Augen Hunderter Millionen Chinesen, während von ihr aus dem Ausland gerufene Erntehelfer in dem Riesenreich unterwegs sind.

Interessanterweise scheint für Mathias Döpfner die Alternative zu „USA oder China", nämlich eine dritte Macht mit Namen Europa, nicht von vergleichbarem Gewicht zu sein. Damit nähert er sich der *Huawei*-Sichtweise an, die langfristig nur noch die Existenz zweier Wirtschaftsmächte unterstellt und einen Zweikampf zwischen den USA und China um die Vorherrschaft in den vor uns liegenden Jahren für wahrscheinlich hält.

Gemessen am geringen Kenntnisstand über die wirtschaftliche Entwicklung von China wird das Land laut Ergebnissen der bereits zitierten Studie der *Bertelsmann Stiftung* von den Europäern vor allem als Wettbewerber gesehen und weniger als möglicher Partner. 17 Prozent der Befragten sehen die USA als wichtigsten Partner, nur fünf Prozent China. Dies scheint für die These von Mathias Döpfner zu sprechen, dass wir keine Alternative haben: Wir müssen uns zur Partnerschaft mit den USA entschließen. Und wir sind überzeugt, dass die Mehrheit der Deutschen genauso fühlt und denkt, trotz aller Ressentiments, die gegenüber dem derzeitigen amerikanischen Präsidenten Donald Trump bestehen.

Nur ein geringer Teil der Befragten befürchtet hingegen einen direkten Einfluss von China auf ihr persönliches Arbeitsumfeld. Dieses Ergebnis lässt nur zwei Schlüsse zu: Erstens scheint den Europäern, vor allen Dingen aber vielen Deutschen, nicht klar zu sein, dass wir uns volkswirtschaftlich bereits in einer zunehmenden Abhängigkeit von China befinden. Deutschland droht von der Leistungskraft der chinesischen Wirtschaft und deren Steuerung durch die dortige Regierung vereinnahmt zu werden. Denken wir nur an den Schachzug der chinesischen Regierung, uns während der Finanzkrise große Tranchen von Eurobonds abzunehmen. Auch das kann Abhängigkeiten schaffen.

Während wir Arbeiten mit niedrigen Lohnkosten nach China auslagern, exportieren wir teure Autos dorthin. Dieses Modell lässt sich aus verschiedenen Gründen auf Dauer nicht aufrechterhalten. Die zunehmende Qualifizierung chinesischer Arbeitskräfte und der Aufbau einer eigenen Automobilproduktion in China sind nur zwei davon.

Das Durchschnittswissen in Deutschland über die Entwicklung Chinas hat deutliches Verbesserungspotenzial. Unabhängig davon stellen wir uns die Frage, ob wir nicht bereits heute die Vorboten eines sich ankündigenden Wirtschaftskrieges erkennen können.

Wir können und wollen im Rahmen dieses Buches nicht die Diskussion um mögliche zukünftige Wirtschaftsallianzen führen. Aber so viel muss uns allen klar sein: Beide Nationen, die USA ebenso wie China, werden ihre wirtschaftlichen Interessen mit allen Mitteln verfolgen und durchsetzen. Wer zur Frage nach der Motivation westlicher Demokratien, für ihre wirtschaftlichen Interessen auch Kriege zu führen, noch überzeugende Informationen braucht, dem sei die Lektüre des Buches von Jürgen Todenhöfer *Die große Heuchelei – Wie Politik und Medien unsere Werte verraten*[57] dringend ans Herz gelegt.

Wir glauben an Europa und an das Potenzial, das innerhalb der Europäischen Union schlummert. Aber ob nun mit oder ohne Europa als Partner, wir haben nur eine Möglichkeit, um in der Zukunft unser heutiges Wohlstandsniveau aus eigener Kraft zu halten: Wir müssen auch in den nächsten Generationen zu den führenden Wissensnationen dieser Welt zählen. Ansonsten werden wir in Bündnisse gezwungen und zu Vasallen des einen oder anderen Systems, ob wir dies wollen oder nicht. Denn wenn es uns nicht gelingt, uns diesen Platz zu erarbeiten, haben wir tatsächlich keine freie Wahl, wie es Mathias Döpfner in seinem Meinungsbeitrag schon für heute als gesichert unterstellt. Vielleicht ist aber ja auch er der Realist und wir sind die unverbesserlichen Optimisten, die noch immer an die Veränderungsbereitschaft der Deutschen glauben?

„Unser Verständnis über den richtigen Weg" gilt völlig unabhängig davon, ob sich in der Zukunft das Bild realisiert, das *Huawei* von der zukünftigen Rolle Deutschlands hat: als ein Scharnier zwischen den beiden Giganten USA und China. Dies war im Übrigen innerhalb Europas vor gut 30 Jahren noch die Rolle der Benelux-Staaten: Scharnier zu sein zwischen den (europäischen) „Giganten" Deutschland und Frankreich. So schnell können sich Machtverhältnisse auch auf globaler Ebene ändern oder relativieren.

Um das Ziel erreichen zu können, eine weltweit führende Wissensnation zu werden, kommen wir an einem umfassenden Einsatz der Digitalisierung in Deutschland nicht vorbei. Das ist die eigentliche Chance für die wirtschaftliche Zukunft unseres Landes, die uns geblieben ist. Ob wir endlich die Einsicht entwickeln und den Willen und die Kraft besitzen, die erforderlichen Maßnahmen einzuleiten, um dieses Ziel zu erreichen, werden bereits die kommenden Monate zeigen.

Denn Europa und insbesondere Deutschland müssen sich auf ihre Stärken besinnen. Wir haben ein hervorragendes Bildungssystem, erstklassige Forschungseinrichtungen, eine gute Arbeitsmoral, motivierte Menschen und eine demokratische Rechtsstaatlichkeit. Aus unserer Sicht ist dies die einzige eigenbestimmte Option, die uns zumindest noch für einige Zeit wirtschaftliche Unabhängigkeit sichern könnte.

DIE SICHERUNG UNSERER DIGITALEN ZUKUNFT: DAS 10-PUNKTE-PROGRAMM

In den zurückliegenden Wochen und Monaten haben wir uns intensiv Gedanken darüber gemacht, was notwendig ist, um Deutschland in der digitalen Welt wieder Anschluss finden zu lassen.

Natürlich ist es sehr viel einfacher, Ursachen für eine Fehlentwicklung aufzuzeigen, als ein Konzept zu erarbeiten, wie man sie zielgerichtet korrigieren kann.

Der damalige Bundespräsident Herzog hat 1997 in seiner großartigen „Ruck-Rede" angesichts einer vergleichbaren Problemlage die Herausforderung für Deutschland wie folgt beschrieben: „Durch Deutschland muss ein Ruck gehen. Wir müssen Abschied nehmen von liebgewordenen Besitzständen. Alle sind angesprochen, alle müssen Opfer bringen, alle müssen mitmachen."

Diese Herausforderung ist heute umso dringlicher. Wir brauchen diesen Ruck. Wie könnte er konkret aussehen?

Nach unserer Auffassung bedarf es der Umsetzung eines klar definierten Maßnahmenprogramms, um Deutschland schnell wieder dahin zu führen, wo es nach unserem Verständnis eigentlich hingehört: in die Gruppe der digital führenden Wirtschaftsnationen.

Ausgangspunkt hierfür ist die Bildung eines „Deutschen Digitalen Entwicklungsfonds" (DDE), der mit 100 Milliarden Euro dotiert wird und nach unserer Vorstellung ab 2021 bis 2026 aus dem

Solidaritätszuschlag zu finanzieren ist. Die jährlichen Einnahmen aus dem Soli lagen 2019 bei knapp 20 Milliarden Euro. Er sollte für diese nach der Wiedervereinigung neue nationale Aufgabe umgewidmet werden. Im Gegensatz zur bisherigen Verwendung des Soli kommt er in seiner neuen Bestimmung der gesamten Nation in Ost und West gleichermaßen zugute. Er schafft Gerechtigkeit im Sinne von Chancengleichheit. Und er sichert vor allen Dingen die Wettbewerbskraft dieses Landes und damit Arbeitsplätze und Wohlstand der kommenden Generationen.

Dieser Digitale Entwicklungsfonds bildet die Grundlage für die einzelnen Maßnahmen, die nachstehend beschrieben sind. Sie adressieren die Themen und Problembereiche, die Politik, Wirtschaft und Justiz konsequent in den nächsten Jahren umsetzen müssen. Die Zusammenfassung dieser Maßnahmen könnte eine Art Masterplan der nächsten Jahre sein, wenn nicht in dieser Form, dann mit den notwendigen Ergänzungen und Anpassungen.

„Alle sind angesprochen, alle müssen Opfer bringen, alle müssen mitmachen." Dem ist aus unserer Sicht für die Sicherung der digitalen Zukunft Deutschlands nichts hinzuzufügen.

10 PUNKTE FÜR EIN DIGITALES DURCHSTARTEN IN DEUTSCHLAND

1.) Einrichtung des „Deutschen Digitalen Entwicklungsfonds" (DDE) in einem Umfang von 100 Milliarden Euro, der aus dem Solidaritätszuschlag finanziert wird, mit der Zielsetzung, Deutschland durch Sicherstellung der Finanzierung des nachfolgenden Maßnahmenprogramms zu einer führenden Position in der digitalen Welt neben den USA und China zu verhelfen.

Aufteilung: Vorab zehn Milliarden Euro für spezialisierte Technologien (Blockchain, KI), 30 Milliarden für die Internationalisierung von digitalen Start-up-Geschäftsmodellen in Schwellenländern sowie in China und den USA. Ausnutzung einer Bewertungs-Geo-Arbitrage (Ausnutzung relativ niedriger Marktkapitalisierung europäischer Start-ups und die Internationalisierung ihres Geschäftsmodells in Länder mit größeren Wachstumsraten und höheren Multiplikatoren resultierend in größerer Marktkapitalisierung). Die niedrigen Start-up-Bewertungen in Europa können uns hier zugutekommen.

(Anmerkung: Wir geben 800 Milliarden Euro nach Corona für die Subventionierung alter Technologien und Geschäftsmodelle aus, wollen aber keine 100 Milliarden für die wichtigsten digitalen Technologien investieren, die die wirtschaftliche Zukunft unserer Gesellschaft sichern?)

2.) Schaffung eines „Ministeriums für Digitales, Verkehr, Netze, Wissenschaft, Bildung, Forschung und Technologie", unter dessen Dach die für die Sicherstellung unserer digitalen Zukunft notwendigen Bereiche gebündelt werden durch:

- Verzahnung von Digitalisierung, Wissenschaft, Forschung und Technologie an den Universitäten
- Aufbau von Inkubatorenzentren an den führenden Universitäten
- Programme und Initiativen zur Förderung von Flexibilität und Effizienz durch Digitalisierung in den administrativen Abläufen öffentlicher Verwaltungen
- internationales Benchmarking für die Zeitdauer von Genehmigungsprozessen bei Unternehmensgründungen
- Prüfung und Einleitung kartellrechtlicher Schritte auf europäischer Ebene gegen *Amazon*, *Google* und *Facebook*
- Einführung einer Digitalsteuer auf europäischer Ebene für amerikanische Tech-Konzerne
- Entwicklung und Einführung eines „digitalen Nutzerpasses" und eines „digitalen Gesundheitspasses"
- Sicherstellung des IP-Schutzes durch Ausrichtung des Ministeriums auf Support von Tech-Firmen bei internationalen IP-Verletzungen
- Aufgabe der staatlichen Beteiligung an der *Telekom* (Bund) und an *VW* (Land Niedersachsen)

3.) Entwicklung neuer Bildungsleitlinien für Schulen, berufliche Ausbildung und Universitäten

- Fokussierung auf Know-how im KI-Bereich in den Lehrplänen
- Förderung des kontextualen und kreativen Denkens an den Grundschulen
- Größere Konzentration auf die Arbeit mit Case Studies an den Business Schools
- Gründung eines eigenen Unternehmens als Voraussetzung für einen Masterabschluss (Beispiel: Cornell Tech)
- Beherrschung von mindestens drei Sprachen als Voraussetzung für einen Bachelor- oder Masterabschluss (gezielte Förderung von Mandarin)

- Internationale Praktika als Voraussetzung für die Erlangung eines Bachelor-/Master-Abschlusses
- Auslandsaufenthalt als verpflichtender Bestandteil eines Lehrabschlusses; ggfs. über das ERASMUS-Programm (Reformation/Internationalisierung des dualen Bildungssystems)
- Entwicklung von Lernprogrammen für Gymnasien und Universitäten zur Förderung einer Kultur des Unternehmertums, das auch den gesunden Umgang mit möglichem Scheitern umfasst
- Entwicklung von Vergütungskonzepten für Lehrer und Dozenten in Abhängigkeit von deren digitaler Kompetenz
- Gezielte Förderung der Interdisziplinarität
- Gezielte Ausbildung von Business Angels
- Unternehmensgründungen durch Akademiker (Professoren) ermöglichen und fördern durch Wiedereinstiegsgarantie in den Beruf bei möglichem Scheitern
- Schaffung der erforderlichen Rahmenbedingungen, damit Deutschland neben China und den USA zur bevorzugten Anlaufstelle von Top-Talenten wird (Studium/Berufseinstieg)

4.) Zielgerichtete Steuerreform
- Abschreibungsmöglichkeit für Investitionen in Start-ups
- Reduzierung der Steuersätze bei Kapital-, Gewerbe- und Kapitalertragssteuern für Start-up-Investments
- Vereinfachung der Nutzbarkeit von Verlustvorträgen bei Start-ups
- Steuerbegünstigte Möglichkeit der Beteiligung von Privatpersonen an Start-ups
- Steuerliche Begünstigung für disruptive Investitionen eines Unternehmens
- Gesetz auf europäischer Ebene gegen Passive Foreign Investment Companies (PFIC). Europa muss als Gemeinschaft auftreten, damit die USA oder China uns nicht ausspielen können.

- Immobilieninvestoren über Abschreibungsmöglichkeiten Anreize bieten, in Inkubationszentren zu investieren statt in Corporate Offices

5.) *Bereitstellung besserer Finanzierungsinstrumente für Start-ups und Technologieunternehmen*
- Öffnung der Investitionsmöglichkeit für Pensionsfonds und anderer institutioneller Investoren in Start-ups
- Vereinfachung und Beschleunigung der KfW-Finanzierungsverfahren bei Neugründungen auf den internationalen Benchmark erreichen mit dem Ziel, dass Deutschland im *Doing Business Ranking* (Messung der Rahmenbedingungen für unternehmerische Aktivitäten im globalen Vergleich) bis 2030 unter die Top 5 kommt[58]
- Verbot von Wucherzinsen bei (Wandel-)Darlehen an Start-ups
- De-Regulierung des Handels mit Unternehmensanteilen an Start-ups pre-IPO
- Förderung von Hightech-Gründerfonds
- Schaffung einer Börse für Start-ups im Technologiebereich, ähnlich wie in China und den USA (NASDAQ), um Exit-Kanäle entwickeln zu können
- Matching-Programm auf der Basis 1:1 bei Start-up-Investitionen durch den DDE. Die Beteiligungen, die der Staat auf diese Weise an den Start-ups erwirbt, werden im „DDE-Fonds" gesammelt und verwaltet. Auf diese Weise leisten die Start-ups durch ihre Performance in Abhängigkeit von ihrem Erfolg einen Beitrag dazu, das gesamte 100-Milliarden-Euro-Paket zu refinanzieren. Einen vergleichbaren Ansatz gab es hierzulande noch nicht.
- Neudefinition der Terminologie „Systemrelevanz": Nur zukunftsträchtige Unternehmen sind, unabhängig von ihrer Größe, systemrelevant. Auch kleine digitale Firmen können innerhalb von drei Jahren von wenigen auf mehrere tausend Arbeitsplätze

wachsen, ein Vielfaches von dem, was beispielsweise *Adidas* zurzeit in Deutschland bietet
- Abschaffung aller Subventionen für nicht systemrelevante – das heißt, nicht zukunftsträchtige – Unternehmen

6.) Förderung der Zusammenarbeit zwischen Start-ups und Konzernen sowie Aufbau weiterer Inkubationszentren
- Bündelung des Know-hows und der Patente an den deutschen Universitäten
- Entwicklung von Campus-Konzepten zusammen mit führenden deutschen Technologiefirmen als Verpflichtung für jede Universität
- Vernetzung mit international führenden Inkubationsplattformen; mindestens je eine chinesische, amerikanische und israelische Partneruniversität als Pflichtprogramm für jede deutsche Universität
- Einbindung von führenden Venture Capital-Unternehmen
- Einbindung von erfahrenen Managern (digitale Kompetenz)
- Übernahme von Garantien und Verpflichtungen aus Mietverträgen von Start-ups durch den DDE
- Neuordnung der Industrie- und Handelskammern (IHKs): Tech-Firmen und Start-ups werden auch im Ausland unterstützt. Das Ziel muss sein, dass alle deutschen Start-ups nach x Jahren internationalisiert werden

7.) Aufbau einer Initiative „Digitale Zukunft für Deutschland" unter Einbeziehung aller Teile der Gesellschaft
- Entwicklung eines bundesweiten Initiativprogramms „Digitale Zukunft für Deutschland" ähnlich der Kampagne „Wir für Deutschland" unter Einbeziehung der Tech-Leuchttürme (Personen, Firmen) im digitalen Bereich
- Kampagne gegen anonyme Hasskommentare und Fake News, zum Beispiel durch ein schulisches Pflichtfach „Anwendung

interaktiver Medien in der persönlichen Kommunikation" (Ethik und Digitalisierung)
- Internationale Positionierung von Deutschland als führendem Land in der digitalen Welt. Transformation der Images „Made in Germany" und „Autoland Deutschland" in Richtung „Deutschland Digital"
- Schaffung einer positiven Kultur des Scheiterns. Die Medien müssen sich hier ihrer Verantwortung bewusst werden; die Schulen müssen dies mit ihren Lehrplänen umsetzen
- Förderung einer breiten Diskussion in der Gesellschaft: „Womit wollen wir in Zukunft in Deutschland unser Geld verdienen und in welchen Branchen sollen zukünftig unsere Arbeitsplätze entstehen?"
- Die strategische Planung einer Volkswirtschaft ist zwingend notwendig. China hat solche Programme, zum Beispiel das 2015 beschlossene Pilotprojekt *Made in China 2025*, das nach unserem Eindruck in der deutschen Öffentlichkeit weitestgehend unbekannt ist

8.) Vergütungssysteme und Steuerung über Kennziffern
- Entwicklung von Zielgrößen für das Einkaufsvolumen, das Konzerne und öffentliche Haushalte bei Start-ups pro Jahr sourcen müssen
- Entwicklung des Digitalisierungsgrads eines Unternehmens gemessen in Prozent vom Umsatz als Zielwert für jede Branche
- Mindestquote der Mitglieder unter 40 Jahren in Prozent (ähnlich der Frauenquote) für Aufsichtsräte und generell Diversität
- Empfehlungen zur Ergänzung/Umstellung der erfolgsabhängigen Vergütung von Managern durch neue Zielwerte wie: Anteil der digitalen Umsätze über einen rollierenden Drei-Jahres-Zeitraum, Anteil der Investitionen für Forschung und Entwicklung
- Langfristige Bonusprogramme für Topmanager: Vesting von Bonusprogrammen über zehn Jahre, da erst dann erkennbar wird, ob

Managerhandeln erfolgreich, digital und somit zukunftsträchtig war

9.) Europaweit koordinierte Abstimmung und Zusammenarbeit bei Internationalisierung und Technologieentwicklung
- Besteuerung von US-Tech-Konzernen auf europäischer Ebene
- Unterstützung bei der europaweiten Internationalisierung von Start-ups durch den Aufbau eines „German Accelerators' in verschiedenen Ländern
- Verpflichtende Start-up-Vereinigung, in der alle Tech-Firmen in Europa Mitglied sein müssen, mit den Zielen Kooperation, Wissenstransfer und Nutzung von Synergien
- Europaweite Harmonisierung von Förderprogrammen
- Harmonisierung der Markt- und Investitionsbedingungen
- Verpflichtende Quote von x Prozent Start-ups und Mittelständlern bei Delegationsreisen der deutschen Regierung im Ausland und gezielte Unterstützung derselben
- Unterstützung von Start-ups und digitalem Mittelstand auch über die Botschaften

10.) Forderungen an die Politik
- Begrenzung der Legislaturperioden für alle politischen Ämter auf zwei Amtszeiten
- Frauenquoten und Diversität müssen nicht nur in der Wirtschaft, sondern auch für politische Ämter gelten. Es sollte in Wirtschaft und Politik einen vorgeschriebenen Altersschnitt geben
- Die Politik muss quartalsmäßig einen ausführlichen Digitalisierungsreport veröffentlichen und sich daran durch Experten messen lassen
- Voraussetzung für die Ausübung eines Parteiamtes ist ein Mindestmaß an digitaler Kompetenz, fundierte Sprachkenntnisse in drei Sprachen und nachgewiesene wirtschaftliche Kenntnisse

- Reduktion von Bürokratie für Start-ups, besonders in der Frühphase
- Gesetze für die Regulierung innovativer Technologien beschleunigen (Blockchain, KI, Biotech). Bei besonderer Dringlichkeit eines baldigen Markteintritts: Schaffung der erforderlichen gesetzlichen Voraussetzungen innerhalb eines definierten maximalen Zeitraums (Beispiel: Impfstoff gegen COVID-19). Ansonsten verpassen wir auf nationaler Ebene den internationalen Wettbewerb beim „Time to Market" aufgrund administrativer Beschränkungen
- Bessere Bezahlung der politischen Spitzenämter in der Regierung, damit die besten Köpfe in die Politik gehen
- Abschaffung sämtlicher Lobbyisten und „runder Tische", die nur eine Funktion als „Beruhigungspillen" der Öffentlichkeit erfüllen

EPILOG – GUT STEINBACH: ZURÜCK IN DIE ZUKUNFT

20. Juli 2041, 8:30 p.m, Reit im Winkl, Bayern

Es war eine denkbar einfache und entspannte Anreise nach Reit im Winkl. Verglichen mit den früheren Verkehrsbedingungen geradezu ein Katzensprung. Keine Staus im Großraum München, kein Stop-and-go am Autobahnkreuz München Ost und auch keine Beeinträchtigungen vor dem Dreieck Inntal.

Conny und Thomas haben ganz einfach den Hochgeschwindigkeitszug genommen, der die Ballungszentren Hamburg, Frankfurt, München und Mailand innerhalb von dreieinhalb Stunden miteinander verbindet. Thomas ist in Hamburg zugestiegen und Conny in München, wo er noch eines seiner Start-ups besucht hat, das im Bereich Life Science tätig ist. Auch heute noch begeistert er sich für neue Entwicklungen und Innovationen, während der letzten Jahre zunehmend im Bereich der Medizin. Dies ist eine der Leidenschaften, die Thomas und er immer noch teilen. Die beiden „Dinos der digitalen Welt" eint vieles, unter anderem der feste Glaube an die Bedeutung des lebenslangen Lernens. Schon Connys Vater hatte noch im Alter von fast 90 Jahren im Rahmen eines *Studium Generale* Vorlesungen an der Universität Bielefeld besucht.

Bei einem kurzen Zwischenstopp in Salzburg sind die beiden ausgestiegen, ohne dass man ihnen ihr Alter angemerkt hätte. Sie werden am Bahnsteig von einem autonom gesteuerten Flugtaxi der

Marke *Polestar-Lilium-Lifter* abgeholt, das sie zuvor über ihr Smartphone mithilfe des virtuellen Concierge-Services gebucht hatten. Der Rechnungsbetrag wird ihnen direkt von einem ihrer Google-Konten abgebucht. Wie praktisch es doch ist, dass über *Google* all die kleinen Annehmlichkeiten des täglichen Lebens geliefert werden, ohne dass man sich mit solch nebensächlichen Details überhaupt bewusst befassen müsste. Die beiden wissen es zu schätzen, dass dies zwar Kleinigkeiten sind, diese in ihrer Summe allerdings die besonders entspannte Qualität ihres heutigen Lebens bestimmen.

Im *Lifter* liegen zwei Flaschen Wasser, eine mit Kohlensäure für Thomas und eine ohne für Conny. *Google* weiß genau, wer was bevorzugt. Der Flugbetrieb des *Polestar-Lilium-Lifters* ist auf „Komfort" eingestellt, schließlich sind die beiden in den zurückliegenden 20 Jahren nicht jünger geworden und der Sportbetrieb entspricht nicht mehr ihrem Wunsch nach Genuss, Ruhe und Nachdenklichkeit. Die beiden scheinen in zunehmendem Alter vernünftiger geworden zu sein, ein wenig zumindest. Sie wissen zudem nur zu gut, dass sie über ihre Bewegungs-Apps jederzeit auf Geschwindigkeitsübertretungen kontrolliert werden können.

Die Ankunft auf Gut Steinbach ist denkbar komfortabel. Der Rezeptionist, der dort früher beschäftigt war, wurde von Klaus von Moltke, dem Eigentümer von Gut Steinbach, durch einen Roboter ersetzt. Dieser begrüßt seine Gäste in deren jeweiliger Landessprache, die in den Gästeprofilen hinterlegt ist. An Conny wendet er sich heute auf Schweizerdeutsch, weil irgendein digitaler Spaßvogel wohl den Schweizer Pass hinterlegt hat. Die beiden lachen herzhaft darüber; Thomas wird vom Roboter hingegen mit einem hanseatisch fröhlichen „Moin, Moin" willkommen geheißen, weil für ihn der Wohnort Hamburg hinterlegt ist.

Das Einchecken verläuft hier wie immer denkbar einfach und auf eine besondere Weise auch persönlich: Da ist einerseits das warme alpenländische Ambiente mit viel Holz, Stoffen und Kerzenlicht.

Im Kontrast hierzu der kurze Blick in die „Iriskontrolle", und alle notwendigen Details sind geklärt. Zuordnung des Zimmers, Zugang ebenfalls über Iriskontrolle, Querkontakt zur Zahlungsfunktion über *PayPal*. Alle persönlichen Wünsche sind dank der Kundendatenbank bereits berücksichtigt, in der die Wünsche und Besonderheiten aus den Aufenthalten der letzten Jahre digital vermerkt sind ebenso wie ihr gesamtes Reise- und Konsumverhalten, das von *Google* erfasst und ausgewertet wird. Der Kühlschrank ihres Chalets wird individuell befüllt sein, die Raumtemperaturen voreingestellt. Der persönliche Musikgeschmack von Conny ist in Form seiner unzähligen Playlists über die Cloud im gesamten Chalet verfügbar, die Wärme des Innenlichts verändert sich entsprechend der gespeicherten und ausgewerteten Gewohnheiten in der Vergangenheit und in Abhängigkeit von den Lichtverhältnissen draußen.

Thomas und Conny sitzen entspannt in breiten Sesseln vor dem Kaminfeuer und genießen den Blick durch Sprossenfenster auf die Bergwelt des Kaiserwinkls. Langsam schwenken sie ihre Rotweingläser. Heute Abend testen die beiden einen Chateau Mouton Rothschild, Jahrgang 2020, gegen seinen Namensvetter aus China, der allerdings aus dem Jahr 2025 stammt – dem Jahr, in dem Rothschild nach der Übernahme durch einen Hongkong-Chinesen erstmals seinen chinesischen Cabernet Sauvignon weltweit anbot. Heute Abend sind Conny und Thomas, zumal beim Genuss der ersten Flasche, nicht ganz sicher, welcher Wein denn nun der bessere ist.

Ehrlich gesagt befinden sie sich in einer etwas melancholischen Stimmung. Das Alter spüren sie trotz aller medizinischen Möglichkeiten nun doch ein wenig, auch wenn ihnen bewusst ist, dass sie – die normale statistische Entwicklung unterstellt –, gute Aussichten haben, die Altersgrenze „100 Jahre" locker zu überschreiten. Sie wissen auch, dass die ihnen nachfolgende Generation eine Lebenserwartung von über 150 Jahren haben wird und es für die Lebenserwartung der

Generation ihrer Enkel aktuell Theorien gibt, die schier unglaublich sind. Allerdings sind sie sich gar nicht so sicher, ob solche Entwicklungen wirklich sinnvoll und lebenswert sind.

Es klopft leise an der Tür. „Das wird das Abendessen sein", sagt Thomas und bedient den Türöffner über Augenkontakt. Ein in traditionell bayrische Tracht gekleideter Roboter rollt in den Raum, in seinen Greifarmen zwei doppelstöckige Tabletts, die er auf dem Tisch vor dem Kamin abstellt, ohne dass dabei ein Glas verrutscht. Er wünscht auf Schweizerdeutsch ein „gutes Nachtmahl" und ist genauso schnell wieder aus dem Chalet verschwunden, wie er hineingerollt war.

„Wie angenehm, dass diese niedlichen Roboter vorprogrammiert sind und wissen, dass wir beide keinen Small Talk mögen. Aber diese Sache mit dem Schweizerdeutsch werde ich ihm morgen abgewöhnen", sagt Conny und greift zu seinem Weinglas. „Zum Wohl, Thomas. Schön, dass wir uns wieder hier treffen können."

Thomas prostet ihm zu und nimmt einen tiefen Schluck aus seinem Glas. „Nicht schlecht, dieser chinesische Rothschild. Sag mal, Conny, ist dir auch aufgefallen, wie viele junge Menschen wir auf dem Weg von Salzburg nach Reit im Winkl gesehen haben? Ganz besonders in Reit wurde mir das deutlich. Ich denke, das ist eine Auswirkung der *Home Office Policy*, die damals nach der Covid-19-Seuche zuerst in Amerika und ab 2027 nach der großen Rezession auch bei uns eingeführt wurde."

Conny nickt nachdenklich. „Nicht nur das, Thomas. Mein Eindruck ist, dass ein Großteil der Passanten aus Ländern wie Indien, China oder Südamerika stammen. Und das hier in Reit. Kannst du dich noch erinnern, das war doch früher ein Paradies für Pensionäre. Lebst du eigentlich wirklich immer noch von deiner *Bertelsmann-Pension*?"

„Meine Güte, Conny. Auch im zunehmenden Alter noch immer diese Witze." Thomas blickt nachdenklich in sein Rotweinglas.

„Vielleicht bin ich ja sentimental, aber ist der französische Rothschild nicht doch besser als der chinesische?"

Beide zucken unentschieden mit den Schultern.

„Wenn ich an die Diskussionen denke, die wir noch vor gut zwanzig Jahren in Deutschland hatten: Diversity, Homeoffice, Gleichberechtigung … aus heutiger Sicht alles so selbstverständlich, dass es gar keiner Diskussionen mehr bedarf."

Thomas räuspert sich. „Stimmt, und was das alles für die Umweltentlastung und für die Mietpegel bedeutet hat! Früher war Wohnraum in München ja fast unbezahlbar und heute gibt es dort ganze Viertel, die menschenleer sind. Ganz ehrlich, die Lebensqualität ist doch hier um ein Vielfaches besser oder auch in einem österreichischen oder italienischen Seitental. Alles im Umkreis von 100 Kilometern problemlos mit einem *Polestar-Lilium-Lifter* zu erreichen. Die Menschen arbeiten unter Einsatz modernster digitaler Technologien und sind zugleich so verbunden mit der Umwelt und integriert in sie, wie wir uns dies früher doch niemals hätten vorstellen können."

Conny nickt ihm zu. „Recht hast du, Thomas. Wenn man dann auch noch bedenkt, dass es in Europa heute keine Landesgrenzen mehr gibt, sondern wir nur noch über Ballungsräume sprechen … was für eine Entwicklung. Ich bin jetzt fast achtzig und manchmal – unterstelle mir jetzt bitte nicht, dass ich sentimental werde –, erinnere ich mich daran, wie alles begann."

Thomas prostet ihm lächelnd zu. „Ich bin dankbar, dass wir die Chance hatten, alles von Anfang an zu erleben und in Teilbereichen zu gestalten. Viele Dinge haben wir rückblickend falsch eingeschätzt, vieles ist aber auch ganz genauso gekommen, wie wir es vorhersahen. Und einiges hat sich noch viel dramatischer entwickelt. Kannst du dich noch daran erinnern, wie in den Anfangsjahren über die Zwei-Klassen-Gesellschaft als Folge der Digitalisierung diskutiert wurde? Und was ist tatsächlich passiert? Mehr Flexibilität, mehr Chancengleichheit, freie Ortswahl, wo man arbeiten will, und wenn wir es richtig betrachten: Haben wir nicht heute eine Aufhebung aller sozialen Klassen oder Schichten durch die Digitalisierung? Kann heute nicht jeder junge Mensch online Mandarin lernen, wenn er es wirklich will?"

Conny nickt nachdenklich. „Wenn ich mich allein an meine Vorträge vor Bankern vor vierzig Jahren erinnere." Er lacht laut und nimmt einen tiefen Schluck. „Wie hießen die denn damals noch alle? Heute kann sich doch niemand mehr an die Namen all der wichtigen Typen erinnern, genauso wenig wie an den Namen der Banken. Mein Enkel hat mich neulich sogar gefragt, was eine ‚Bank' ist, weil es die ja heute nicht mehr so gibt, wie wir sie einen Großteil unseres Lebens kannten ... oder manchmal auch ertragen mussten." Conny kneift ein Auge zu und grinst Thomas frech an. „Du weißt, was ich meine, mein Freund?"

Thomas schaut ihn belustigt an. „Alle Dinge ändern sich und werden digitalisiert. Gott sei Dank aber nicht deine besondere Form von Humor." Er nimmt ein Häppchen von den Platten, die der Roboter serviert hat. Es ist ein köstlicher roter, mit Insekten-Proteinen angereicherter Algen-Snack, der unter Berücksichtigung von Connys Blutwerten hergestellt wurde.

„Es gibt keine Banken mehr, die Finanzwelt befindet sich heute unter der Kontrolle der großen Tech-Konzerne. Wahnsinn, was für ein Chaos das Kreditgeschäft früher war! Die Margen sind heute viel transparenter, und die Kunden werden nicht mehr von Wegelagerern mit dem Namen ‚Bank' abkassiert. Und im *Global Index 100* der wertvollsten Unternehmen der Welt befinden sich seit dem Ende der großen Rezession 2027 nur noch Tech-Konzerne."

Thomas blickt Conny an. „Tja, und die Welt ist nicht nur digitaler, sondern relativ gesehen kleiner geworden. Videokonferenzen ersetzen unsere früheren Flüge. Der Hyperloop zwischen San Francisco und New York funktioniert – was für eine Zeitersparnis und was für eine Erleichterung für die Umwelt."

Conny nascht von dem köstlichen Kaviar. Dieser wird in einem chinesischen, von *Neusoft* betriebenen Labor auf Basis von Connys biometrischen Daten, die dort zeitpunktbezogen über seinen Gesundheitschip erfasst werden, künstlich erzeugt. Er versucht nochmals ein Glas von dem chinesischen Mouton. „Das sehe ich wie du. Heute sind unsere großen Aktienindizes größtenteils in den Händen von chinesischen, amerikanischen und indischen Investoren. Wenn ich da an die Wirtschaftspolitik des damaligen Ministers denke…" – Conny stockt kurz – „… mir fällt gerade sein Name nicht mehr ein, irgendetwas mit Maier jedenfalls, dann kann man sehen, wie schnell Technologien und Trends solche kurzsichtigen politischen Programme obsolet machen. Heute gibt es keinen deutschen Stahlhersteller mehr."

Conny macht eine Pause und nimmt einen Schluck Rotwein. „Aber was viel schlimmer ist, und vor zwanzig Jahren war das ja eigentlich unvorstellbar: Es gibt keinen deutschen Automobilproduzenten mehr und kein deutsches Unternehmen, das im Bereich Mobilität führend ist. Dieser indische Start-up-Fuzzi hat vor fünf Jahren *Porsche*, den letzten verbliebenen deutschen Automobilhersteller, wie man die früher nannte, zu einem Spottpreis übernommen. Angeblich, weil er 750 Porsche-Oldtimer in einer riesigen Lagerhalle in der Nähe von Delhi stehen hat und den Nachschub von Ersatzteilen sichern will. Gar nicht dumm, dieser Mann, denn in zwanzig Jahren sind die 750 Autos mehr wert, als er für das Unternehmen bezahlt hat, und dann hält er noch die Markenrechte, die ihn so nichts gekostet haben. Na, wie dem auch sei – das Image, das wir Deutschen früher bei Autos hatten, haben heute die Chinesen bei Drohnen und jeglicher Form der E-Mobilität."

„Eigentlich unfassbar in der Rückschau, wie tief und fest wir in Deutschland während der entscheidenden Jahrzehnte geschlafen haben", seufzt Thomas. „Wenigstens nach Corona 2020 und der schweren Rezession sieben Jahre später hätten wir doch mal wach werden müssen. Dennoch haben wir alle damals kollektiv zum zweiten Mal versagt."

Thomas schiebt sich genüsslich ein weiteres Algenhäppchen in den Mund. Zwischenzeitlich hat der virtuelle Gastgeber auf Basis der bei Thomas gemessenen Körpertemperatur die Zimmertemperatur um zwei Grad erhöht. Trotz aller medizinischen Fortschritte leidet Thomas immer noch unter seiner Autoimmunerkrankung. Wie gut, dass alle Vitaldaten permanent gemessen werden und in Interaktion mit den Systemen von Gut Steinbach stehen.

Conny nimmt einen Schluck Wasser. „Wenn ich an meine Anfangsjahre zurückdenke, als ich mit dem Gründer der METRO zu ‚Internetthemen', wie das damals noch hieß, zusammenarbeiten durfte. Damals dachten wir, die METRO sei der Nabel der Handelswelt, und heute gibt es keine METRO mehr. Und auch kein Carrefour. Und Walmart geht es von Jahr zu Jahr schlechter. Amazon wächst immer weiter, auch nach der Zerschlagung in drei Bereiche durch die US-Kartellbehörden im Rahmen der bilateralen Absprachen zwischen den USA und China, genau wie Alibaba von den Chinesen. Damals haben die Amerikaner und Chinesen wirtschaftlich gesehen die Welt unter sich aufgeteilt."

Thomas steht aus seinem Sessel auf und geht im Raum auf und ab. „Es macht mich ganz melancholisch, wenn ich daran denke, wie es der Medienbranche gerade im Zeitraum der letzten zehn Jahre ergangen ist! Kein funktionierendes Free-TV-Geschäftsmodell mehr. Kein deutsches Medienunternehmen ist mehr im Bereich der führenden Streaming-Plattformen vertreten. Nun gut, es gibt in der Nische Buch noch Bertelsmann, aber die Umsätze befinden sich ja schon seit vierzig Jahren so im Sinkflug, die kratzen schon fast am Boden." Er seufzt tief. „Dabei habe ich als junger Mann in einer Druckerei begonnen zu arbeiten. Good old memories."

Conny wird bei dem Thema ebenfalls emotional. „So viele Dinge erscheinen im Rückblick plausibel, und man versteht nicht, dass man sie nicht von Anfang an hat richtig einordnen können. Die

Bedeutung der Einwanderung als Sicherung unserer Zukunft zum Beispiel. Wenn man bedenkt, dass heute 15 Millionen Menschen weniger in Deutschland arbeiten als noch 2020 – Einwanderung ist kein strittiges Thema mehr in unserer Gesellschaft."

Thomas schaut in die Flammen im Kamin und dann wieder zu Conny. „Kannst du dich noch erinnern, dass wir uns 2020 Gedanken machten über die Rollen von China, den USA und Europa und dass wir von einem dritten Weg für Deutschland träumten?"

Jetzt steht auch Conny auf. Politik, das ist sein Thema. „Klar erinnere ich mich. Da war doch dieser Typ in Peking, der uns erstmals mit der Ansicht konfrontierte, Deutschland sei aus chinesischer Sicht ohne Bedeutung; allenfalls als Scharnier hat er uns gesehen zwischen den USA und China. Das war ja eigentlich der Startschuss für unser erstes gemeinsames Buch vor 21 Jahren, das einen dritten Weg beschrieb."

In diesem Moment hellt sich der 1,50 mal 1,50 Meter große Bildschirm auf, der so in die Wand gegenüber dem Kamin eingearbeitet ist, dass man ihn nur bemerkt, wenn er sich einstellt. Das Gesicht des virtuellen Gastgebers wird sichtbar.

„Ja, bitte, was gibt's?", fragt Conny ein wenig verstimmt, weil er seinen Gedanken aus dem Jahr 2020 nicht fortsetzen kann.

„Graf von Moltke lässt fragen, ob er die Herren auf eine Zigarre besuchen darf", erklingt die angenehme Stimme des virtuellen Gastgebers.

„Super, darauf freue ich mich schon die ganze Zeit", ruft Thomas. „Graf von Moltke soll bitte die kubanischen Zigarren mitbringen und nicht dieses neumodische Zeugs, das er neuerdings hier in Reit anbaut." Er wendet sich Conny zu. „Was sagtest du gerade?"

Bevor Conny antworten kann, erscheint das Bild von Graf von Moltke auf dem Schirm. Man sieht ihn mit drei Zigarren in der Hand vor der Tür stehen. Über ihm schwebt sein kleiner *Polestar-Lilium-Lifter*, den er hier bevorzugt nutzt, und neben ihm steht schwanzwedelnd sein Jagdhund Coco, der diesen *Lifter* über alles liebt.

ANHANG

TEIL 1: STUDIEN

Wir begrüßen an dieser Stelle unsere *wirklich* interessierten Leser. Wie immer ist es auch in diesem speziellen Fall der Digitalisierung in Deutschland hilfreich, sich mit Daten und Fakten detailliert auseinanderzusetzen. Die Links zu den jeweiligen Studien finden Sie in der Linkliste (siehe Seite 319).

1. Wirtschaftsindex DIGITAL

Beginnen wir mit dem Wirtschaftsindex DIGITAL. Dieser misst mit einem Wert zwischen 0 und 100 Punkten, wie weit die Digitalisierung in deutschen Unternehmen fortgeschritten ist (den Digitalisierungsgrad), und in welchem Maße sich dieser Digitalisierungsgrad über einen Zeitraum von fünf Jahren verändern soll. 100 Punkte bedeuten dabei, dass alle unternehmensinternen Prozesse und Abläufe digitalisiert sind. Dies wäre also das „digitale Maximum". In der Verwaltung eines Unternehmens würde dieser Wert dem „papierlosen Büro" entsprechen.

Die Ergebnisse der Studie bestätigen unsere Vermutungen, was den heutigen Stellenwert einer Digitalisierung für die Wirtschaft aus Sicht der deutschen Unternehmen betrifft. Bei einem gemessenen Digital-Index in Höhe von – für uns enttäuschenden – 54 Punkten erreicht die Wirtschaft (= Mittelwert der einzelnen Indizes) nur einen Durchschnittswert. Für uns bemerkenswert schneidet die Industrie mit 45 Punkten nicht nur unterdurchschnittlich, sondern sogar am schlechtesten von allen untersuchten Branchen ab.

Der Digitalisierungsgrad soll bis 2023 nur leicht um 2 Punkte auf dann noch immer unbefriedigende 56 Punkte wachsen. Diese niedrige Steigerungsrate entspricht nicht dem, was öffentlich gefordert wird, und schon gar nicht dem, was notwendig wäre, um international bei der digitalen Entwicklung mithalten zu können, vom Aufholen ganz zu schweigen.

Von einem erschreckend niedrigen Anteil, nämlich von nur 19,8 Prozent der befragten Unternehmen, werden mehr als 10 Prozent des Gesamtumsatzes in die Digitalisierung investiert, und bei nur 27,7 Prozent werden Überlegungen zur Digitalisierung sehr stark in die Unternehmensstrategie eingebunden.

Der Ausbau des Breitbandnetzes ist auch heute noch die Hauptanforderung der Unternehmen an die Politik, der 61 Prozent der Befragten zustimmen. Dies ist ein Armutszeugnis für alle Entscheidungsträger in der Politik und bei der *Telekom AG*, die während der letzten 30 Jahre für den Ausbau leistungsfähiger Netze zuständig waren. Bereits in den ersten Arbeitspapieren zur Entwicklung der „Neuen Medien", wie die Digitalisierung Anfang der 80er-Jahre noch umschrieben wurde, forderten Wissenschaft und Wirtschaft einen schnellen Ausbau der Breitbandnetze.

2. Der Digital Economy and Society Index

Der *Digital Economy and Society Index* (DESI) ist eine Messgröße der Europäischen Kommission, der verschiedene Dimensionen der Digitalisierung in den EU-Mitgliedsstaaten misst. Diese Dimensionen sind: Connectivity, Human Capital, Use of Internet Services, Integration of Digital Technology und Digital Public Services.

Über alle Kategorien gesehen schneiden Finnland, Schweden und die Niederlande am besten ab, auf Platz 4 liegt Dänemark, Estland auf Platz 8, Belgien auf Platz 9 und Spanien auf Platz 11. Die Bundesrepublik liegt weit abgeschlagen auf Platz 12 – wohlgemerkt ist dies „nur" ein europäischer Vergleich.

Was sind die Ursachen dafür, dass wir im Jahr 2020 eine an der Wirtschaftskraft Deutschlands gemessen erschreckend niedrige Wahrnehmung für die Bedeutung der Digitalisierung feststellen müssen? Ist es vielleicht ein schizophrenes Verhalten, wenn Unternehmer – übrigens ebenso wie die Politik – zwar die große zukünftige Bedeutung der Digitalisierung anerkennen, aber nur unterproportional in ihren Einsatz investieren wollen? Oder fehlt das notwendige Know-how für die Gestaltung von Veränderungsprozessen?

Deutschland liegt auch im Bereich „IT-Wissen der Bevölkerung" (der sich aus dem allgemeinen Wissen der breiten Bevölkerung sowie der Anzahl an IT-Spezialisten bzw. Absolventen eines IT-Studiengangs zusammensetzt) im europäischen Vergleich auf Platz 10. Immerhin haben 68 Prozent der Bevölkerung zumindest grundlegende IT-Fähigkeiten, was leicht über dem EU-Schnitt liegt. Über fortgeschrittene IT-Kenntnisse verfügen 37 Prozent der Bevölkerung. Dieser Wert liegt allerdings deutlich niedriger als in Finnland, Schweden oder Estland.

In einem Ranking der europäischen Länder nach den digitalen Fähigkeiten der Bevölkerung liegen wir auf Platz 7. Auch bei den digitalen Fähigkeiten der Arbeitskräfte reicht es für uns nur zu Platz 7 im europäischen Vergleich. Selbst bei der Internetnutzung belegt Deutschland im europäischen Vergleich nur Platz 6.

3. Broadband Coverage in Europe-Report

In dem Report *Broadband Coverage in Europe*[59] wird der Fortschritt bei der Erreichung der Konnektivitätsziele gemessen und die tatsächliche Verfügbarkeit von breitbandigem Internet in allen EU-Ländern erfasst. Die interessantesten Ergebnisse aus dieser Studie sind zugleich weitere Alarmsignale für uns. Bei der Verfügbarkeit von LTE liegt Deutschland gemeinsam mit Ländern wie Griechenland, der Slowakei oder Zypern unter dem EU-Schnitt von 90,8 Prozent.

Und auch bei der Verfügbarkeit von festen Breitbandtechnologien in ländlichen Gegenden befindet sich Deutschland (89,1 Prozent) klar unter dem EU-Schnitt (92,4 Prozent).

Aufgrund der relativ hohen Lohnkosten am Produktionsstandort Deutschland wäre dies aber aus unserer Sicht eine notwendige Voraussetzung, um die zukünftige Wettbewerbskraft zu erhalten. Der im Vergleich zu anderen Ländern zu befürchtende verspätete Einsatz der 5G-Technologie in Deutschland wird diesen Wettbewerbsnachteil nach unserer Einschätzung nochmals verstärken.

Angesichts der alarmierenden Zahlen stellen sich uns folgende Fragen:

- Warum werden diese Ergebnisse, die doch eine wesentliche Bedeutung für die wirtschaftliche Zukunftssicherung unseres Landes haben, nicht zur Kenntnis genommen?
- Warum werden sie nicht kritisch in der Öffentlichkeit diskutiert?
- Warum werden keine Handlungskonzepte daraus abgeleitet? Sind wir Deutschen nach einer Veröffentlichung von Studienergebnissen nur noch blutleere „Ankündigungsweltmeister" und organisieren dann aus reinem strategielosem Aktionismus ein weiteres „rundes Tischchen" im Kanzleramt?
- Oder werden diese Studien vielleicht nur zum Zeitvertreib produziert und verschwinden sofort nach ihrer Veröffentlichung in tiefen, verstaubten Schreibtischschubladen von Bürokraten?
- Warum wollen die Öffentlichkeit, aber auch die Medien sich mit diesen besorgniserregenden Ergebnissen nicht kritisch auseinandersetzen?

4. Der Technikradar

Wie ist es um die „Technikfeindlichkeit" der deutschen Gesellschaft bestellt?

Welche Einstellung haben die Deutschen gegenüber der Technologie und ihrem Einsatz?

Wie stehen sie zur Digitalisierung und der zwangsläufig mit ihr einhergehenden Globalisierung?

Haben sich die Einstellungen der Deutschen seit dem verlorenen Jahrzehnt wesentlich verändert?

Der Technikradar[60] ist eine Studie der *acatech* (Deutsche Akademie der Technikwissenschaften) und der *Körber-Stiftung*, die untersucht, was die Deutschen über Technik denken. Alle zwei Jahre wird eine repräsentative Umfrage mit wechselnden Schwerpunkten durchgeführt. Die Analyse aus dem Jahr 2019 basiert auf der Umfrage aus dem Jahr 2018. Um die Daten aus Deutschland mit Resteuropa und der Welt vergleichen zu können, wurden von uns andere internationale Studien zum Vergleich herangezogen. Die interessantesten Aussagen der Studie führen für Deutschland wiederum leider zu einem Gesamtbild, das enttäuschend oder alarmierend ist, je nach Sichtweise des Betrachters.

Nur 47 Prozent der Deutschen sehen ihr Land als technisch fortgeschritten. In Schweden (80 Prozent), den USA (70 Prozent), China (68 Prozent) und Indien (68 Prozent) können wir zu dieser Frage deutlich höhere Werte feststellen.

Die skandinavischen Länder sind besonders zuversichtlich, dass die Digitalisierung das gesellschaftliche Zusammenleben verbessern wird (77 Prozent Zustimmung). In unserem Land denken das nur 54 Prozent der Befragten. Besonders positiv ist die Einstellung zur Digitalisierung insgesamt in Indien (89 Prozent), China (83 Prozent) und Bulgarien (74 Prozent). Deutschland (48 Prozent) bildet erneut das Schlusslicht dieses Rankings.

5. Vodafone Institute for Society and Communications

Das *Vodafone Institute for Society and Communications* hat im Jahr 2018 eine Studie mit 9.000 Befragten in neun Ländern durchgeführt, um zu analysieren, wie sich die Einstellungen zur Digitalisierung im internationalen Vergleich unterscheiden.[61]

In der *Vodafone*-Studie wird zwischen „early adopters" und „late adopters" unterschieden. Diese Vorgehensweise entspricht dem, was als Grundlage aller Diffusionsmodelle verstanden wird.

In China bezeichnen sich 44 Prozent der Befragten selbst als „early adopters" und nur 6 Prozent als „late adopters". Auch in Spanien und Italien sehen sich mehr als 40 Prozent als „early adopters". Deutschland ist in Europa das Land, der „late adopters". Hier betrachten sich nur 30 Prozent der Befragten als „early adopters", dafür aber 24 Prozent als „late adopters". Viel schwerer aber wiegt doch, dass bei einem Land mit einem hohen Anteil von „late adopters" neue Technologien, die einen Effizienzvorsprung ermöglichen, erst vergleichsweise spät eingesetzt oder angewendet werden. Dass dies auf Dauer zulasten der Wettbewerbskraft eines Landes geht, ist eigentlich selbsterklärend. Wenn ein Land zu viele „late adopters" hat, die erst dadurch von neuen Technologien überzeugt werden müssen, dass jeder im persönlichen Umfeld diese bereits erfolgreich nutzt, dann kann schnell eine Entwicklung in Richtung der „non adopters" einsetzen.

Auch die Einschätzung des eigenen Enthusiasmus bezogen auf digitale Technologien im Vergleich zur Gesellschaft zeigt ein ähnliches Bild: In China finden 86 Prozent der Befragten, dass sie eine enthusiastischere Einstellung zur Digitalisierung haben als die Gesellschaft insgesamt. In Indien sind es 83 Prozent, in Italien 56 Prozent, in den USA 47 Prozent und im Vereinigten Königreich 43 Prozent. Die am wenigsten positive Einstellung zur Digitalisierung – gemessen mit dieser Befragungsmethode – findet man bei uns, wo nur 34 Prozent der Befragten dies glauben.

Natürlich kann man über Statistiken streiten. So viel ist aber für uns klar: Wenn bei fast 100 Studien, die wir analysiert haben, immer das gleiche Ergebnis widergespiegelt wird, dann sollten wir unsere Zeit nicht mit Methodenkritik verschwenden.

Stellen wir uns angesichts dieser Ergebnisse nur für einen Moment vor, die deutsche Fußballnationalmannschaft käme nach ihrem frühzeitigen Ausscheiden bei der Weltmeisterschaft 2018 auch bei dem anstehenden Turnier 2022 nicht über die Vorrunde hinaus: Die Boulevardpresse würde schäumen, der nationale Stolz läge am Boden.

6. IMD World Digital Competitiveness Report

Die bisherigen Feststellungen werfen drängende Fragen auf:

- Kann Deutschland in der Zukunft noch mit den großen Wirtschaftsnationen der Welt mithalten?
- Wie ist unsere zukünftige Wettbewerbskraft im Vergleich mit China und den USA einzuschätzen?
- Besitzen wir auch zukünftig in einer Welt, die immer stärker digitalisiert ist, ausreichend Innovations- und Wettbewerbskraft, um sicherzustellen, dass – wie derzeit – etwa ein Drittel der inländischen Arbeitsplätze durch Exportaufträge gesichert bleiben?

Erste Antworten auf diese Fragen liefern die Ergebnisse des *IMD World Digital Competitivness* Report aus dem Jahr 2019.

Hiernach stehen die USA seit dem Beginn dieser Erhebung im Jahr 2015 auf den Spitzenplätzen des Rankings in den Kategorien „Digital" (Platz 1) und „Competitiveness" (Platz 3). Während Deutschland sich im Bereich „Digital" seit 2015 unverändert auf Platz 17 befindet, hat es sich im Zeitraum von 2015 bis 2019 bei der „Competitiveness" von Platz 10 auf Platz 17 verschlechtert.

Diese Werte sind auch in der Hinsicht erstaunlich, weil nach unserer Erfahrung viele deutsche Ingenieure und Manager fest davon überzeugt sind, dass deutsche Produkte, Technologien und Produktionsprozesse den amerikanischen überlegen sind. Dies ist schon allein im Verhältnis zu den USA eine durchaus beunruhigende Entwicklung. Bezieht man in dieses Bild China mit ein, verändert sich das Ergebnis nochmals zulasten Deutschlands. China verbesserte sich seit 2015 im Bereich „Digital" kontinuierlich vom Rang 33 auf Rang 22 – in Sichtweite zu Deutschland sozusagen – und zog in diesem Zeitraum bei der „Competitiveness" an Deutschland vorbei von Rang 22 (2015) auf Rang 14 (2019).

Bedenkt man zudem, dass die chinesische wirtschaftliche Entwicklung erst in der 1980er-Jahren mit Deng Xiaopings „Opening Up Policy" beginnt, und auf welch wirtschaftlichem Niveau China nach der „kulturellen Revolution" stand, wirkt es fast unglaublich, dass China nach knapp 40 Jahren wirtschaftlicher Entwicklung heute bei dem Kriterium „Competitiveness" vor uns steht.

Ein ähnliches Bild ergibt sich anhand der Daten des *WEF Global Competitiveness Report 2019*. Werden bei dieser Studie die Kriterien zugrunde gelegt, auf denen die digitale Wettbewerbsfähigkeit eines Landes beruht, bestätigen auch diese Zahlen das für Deutschland beunruhigende Bild des *IMD*-Reports. 2019 rangieren die USA bei den digitalen Kompetenzkriterien auf Rang 1, China auf Platz 2, Russland auf Platz 3, und Deutschland erreicht nur den vierten Platz.

Die heutige internationale Wettbewerbskraft der deutschen Wirtschaft beruht signifikant auf Produkten der Automobilindustrie und des Maschinenbaus. Das Know-how hierfür wurde in den zurückliegenden 40 Jahren von deutschen Ingenieuren entwickelt, optimiert und letztlich perfektioniert. Der Anteil dieser Produkte an der gesamten weltweiten Wertschöpfung nimmt allerdings lebenszyklusbedingt von Jahr zu Jahr weiter ab. Die Produkte und das mit ihnen einhergehende Know-how werden relativ gesehen immer älter und befinden sich in ihrem Lebenszyklus in einer Reifephase. Höhere Wachstumsraten haben neue – digitale – Produkte und Services, bei deren Herstellung und Entwicklung deutsche Unternehmen aber vergleichsweise weniger wettbewerbsfähig sind.

Erschwerend kommt hinzu, dass China in den vor uns liegenden 20 Jahren seine wirtschaftliche und wissenschaftliche Kraft auf Transfer von Technologie und Wissen konzentrieren wird. Die Politik in unserem Land ist nach unserer Erfahrung dagegen national ausgerichtet.

Die Auswirkungen des verlorenen Jahrzehnts zeigen sich im direkten Vergleich mit den USA und China bereits heute deutlich. Während die USA ihre Pole-Position bei den Kriterien „Wettbewerbskraft" und „Digitalisierung" gegenüber Deutschland weiter ausbauen konnten, hat China Deutschland zwischenzeitlich bei der Wettbewerbskraft überholt und liegt im Bereich der Digitalisierung fast gleichauf. Ein Land, das Ende der 1980er-Jahre gemeinhin noch als ein Entwicklungsland galt und seit 2015 konsequent die Agenda abarbeitet, um bis 2025 das führende digitale Land der Welt zu werden.

7. Sustainability Aspects of a digitalized industry

Für die vergleichende Studie zum Thema Industrie 4.0 *Sustainability aspects of a digitalized industry – A comparative study from China and Germany* (2017) wurden in beiden Ländern empirische Umfragen in Produktionsunternehmen aus verschiedenen Branchen durchgeführt. Dabei erhielten alle Befragten vorab eine Definition des Begriffs „Industrie 4.0", um sicherzustellen, dass ihre jeweilige Wertung vom gleichen Begriffsverständnis ausgeht.

Die Ergebnisse dieser Studie sind in zweifacher Hinsicht spannend. Der Grad der Automatisierung lag im Jahr 2017 in Deutschland mit 292 Robotern pro 10.000 Arbeitsplätze zwar relativ gesehen noch deutlich höher als in China (36 Roboter pro 10.000 Arbeitsplätze). Allerdings sollten wir uns erinnern, wo China vor 20 Jahren noch stand.

Vor der durch Deng Xiaoping verfolgten Öffnungs- und Reformpolitik in den späten 1980er-Jahren war China noch von Mao

Zedongs Kulturrevolution geprägt, in der nahezu alle fortschrittlichen „elitären" Strukturen und das Bildungssystem zerschlagen wurden, um China in ein kommunistisches, von Agrarwirtschaft und Selbstversorgung geprägtes „Paradies" zu entwickeln. Aus dem wirtschaftsgeschichtlichen Blickwinkel betrachtet erscheint uns der heutige Automatisierungsgrad für China – zu Beginn der 4. Phase – bereits vergleichsweise hoch, wenn man zudem bedenkt, dass die Robotik eine relativ junge und teure Technologie ist und die Lohnkosten in China noch immer deutlich unter den deutschen liegen.

Dies lässt nur einen Schluss zu: Auch mittelfristig wird China aller Voraussicht nach größere Produktivitätsfortschritte realisieren können als die deutsche Wirtschaft. Dass China mit der *Belt and Road Initiative* seit 2013 eine globale Strategie verfolgt, wird Chinas Einfluss und Produktivität nur weiter verstärken. Gerade vor dem Hintergrund dieser Initiative müssen auch Chinas Bemühungen um die Digitalisierung der Wirtschaft durch die Internationalisierung ihrer erfolgreichsten Technologiefirmen gesehen werden.

Die *Bertelsmann-Stiftung* hat in der Studie *Von Trump und Xi lernen?* (2020)[62] die Innovation als industriepolitisches Handlungsfeld beleuchtet. In dieser Studie wird eine vergleichende Analyse der politischen Ansätze vorgenommen, die im Bereich der Innovation in Deutschland und in der EU, in den USA und in China zum Einsatz gelangen. Diese Studie kommt zu interessanten Ergebnissen, was den Stellenwert der Innovation und der Innovationsförderung für die Politik in China und in Deutschland anbetrifft.

Zwar erzielte die EU beim Wachstum des BIP noch leichte Steigerungsraten. Die Ursachen hierfür sind allerdings nicht innovationsbedingt, sondern können beispielsweise auf die vermehrte Erwerbstätigkeit von Frauen zurückgeführt werden.

Der Innovationsgrad einer Volkswirtschaft lässt sich auch anhand der Anzahl der jährlich eingereichten Patentanträge ablesen. Beim

European Patent Office (EPO) enthält das Ranking der bedeutendsten Unternehmen, gemessen nach dem Umfang der Patentanmeldungen pro Jahr, nur noch vier Unternehmen, die ihren Sitz im EU-Raum haben: *Siemens*, *Royal Philips*, *Ericsson* und *Robert Bosch*. Die meisten, der beim EPO pro Jahr eingereichten Patente kommen aus dem Bereich „IKT" (Information/Kommunikation/Telekommunikation). Leider ist kein einziges deutsches oder europäisches Unternehmen in diesem Bereich bei Patentanmeldungen vertreten gewesen!

Im Juni 2020 hat die *Telekom* darüber informiert, dass sie mit Mehrkosten von drei Milliarden Euro für die Umrüstung ihres Netzwerks kalkulieren müsse, falls *Huawei* bei der 5G-Technologie politisch gewollt ausgeschlossen werden sollte. Während in China das 5G-Netz in den Ballungszentren bereits seit zwei bis drei Jahren eingesetzt wird, gab es Anfang Juni 2020 zum anstehenden Ausbau des 5G-Netzes in Deutschland eine *dpa*-Meldung, die sinngemäß folgenden Inhalt hatte: Knapp ein Jahr nach der Frequenz-Auktion haben die Mobilfunkprovider etliche Sendemasten für 5G vorbereitet und unter anderem mit Glasfaser-Leitungen ausgestattet. Erschwert wird der Ausbau durch die Unsicherheit, ob Provider die Technik von *Huawei* nutzen dürfen.

Wenn der deutsche Vorstand eines Unternehmens, das eng vom Staat kontrolliert wird, einen solch eigenmächtigen Vorstoß wagt wie der der *Telekom*, kann das eigentlich nur zweierlei bedeuten: Entweder bettelt er um einen Aufhebungsvertrag seiner Vorstandstätigkeit, oder aber die technologische Abhängigkeit von *Huawei* ist so groß, dass es hierzu keine vernünftige Alternative gibt. Wir sind persönlich von Letzterem überzeugt.

Mehr als ein Drittel der gesamten Ausgaben für Forschung und Entwicklung, jährlich über 100 Milliarden Euro, werden bei uns von der Automobilindustrie getätigt, was etwa drei Prozent des BIP ausmacht.

Wir sollten diese Zahl nachhaltig auf uns wirken lassen.

Manager der Automobilbranche schätzen das Disruptionspotenzial auf einen Wert von fast unvorstellbaren 90 Prozent. Die vielleicht letzte Industriebastion, in der Deutschland heute weltweit (noch) wettbewerbsfähig ist, sieht sich nach Einschätzung des eigenen Managements mit großer Wahrscheinlichkeit einer „Disruptionsgefahr" ausgesetzt.

TEIL 2: CONNYS KEY-LEARNINGS FÜR START-UP-INVESTOREN

1. „Das große Missverständnis": Traditionelles Venture Capital funktioniert nicht.
Bei Venture Capital bindet man Kapital in einem klassischen Fonds-Vehikel für zehn bis 15 Jahre, ohne weiter involviert zu sein. Ein solcher Fonds ist eine Black Box für den Investor, der nicht weiß, was mit seinem Geld wirklich passiert und wohin es fließt – trotz hübscher Strategie-Präsentation des Managements. Den Managern geht es vor allem darum, möglichst viele „Assets under Management" (AUM)zu haben, um ihre eigene Zwei-Prozent-Vergütung zu vergrößern. Dieses „Quantität über Qualität"-Denken ist auch der Grund dafür, warum die Fonds immer größer werden, die Renditen für Investoren aber immer niedriger.

Insgesamt bedeutet Venture Capital zu viel Risiko über einen zu langen Zeitraum für verhältnismäßig zu wenig Return. Meistens entscheidet ein einziges „Homerun"-Investment darüber, ob der Fonds erfolgreich ist. Wenn dieses ausbleibt, sieht es für den Investor düster aus.

2. „Das Salz in der Suppe": Special Deals
Es gibt gute und schlechte Investoren. Der eine hilft dem Start-up aktiv mit Beratung, Netzwerk und strategischen Partnern, der andere bringt eben nur Geld. Wir sind überzeugt, dass Investoren mehr als

Geld einbringen sollten, um überhaupt die Möglichkeit zu haben, in die besten Start-ups zu investieren. Die Realität ist, dass sich hervorragende Start-ups die Investoren aussuchen können und dabei vor allem auf sehr aktive Investoren setzen, weshalb Banken und Großkonzerne mit langen Entscheidungsketten oftmals außen vor bleiben.

Wenn man besonders viel zum Erfolg eines Start-ups beiträgt, ist es oft möglich, zu besonders guten Konditionen (ggf. mit Discounts) zu investieren. Dies ist dann eine Win-win-Situation. Einer der Gründe für schlechte Renditen der traditionellen Venture-Capitalisten sind oftmals zu hohe Einstiegsbewertungen der Investoren.

3. „Die Lebensversicherung": Optionen im Venture Capital

Aufgrund des hohen Risikos jeder Start-up-Investition seitens des Investors ist es vorteilhaft, Optionen mit den Start-ups auszuhandeln, um bei einer erfolgreichen Entwicklung des Unternehmens weiteres Kapital zu vorab festgelegten Bewertungen zu allokieren. Dies sorgt neben hoher Profitabilität für absolute Interessengleichheit zwischen Investoren und Gründern, die mit großer Wahrscheinlichkeit Folgefinanzierungen erwarten können.

4. „Die Suche nach der Nadel im Heuhaufen": Der Dealflow

Um erfolgreich in gute Start-ups investieren zu können, muss man diese überhaupt erst „sehen" können. Immer wieder hört Conny überall auf der Welt von Family Offices, Banken und Co.: „Wir haben einen guten Dealflow". Tatsache ist aber, dass nur absolute Insider der globalen Venture Capital-Szene wirklich an die guten Deals herankommen und diese auch ausschließlich in einem engen Kreis untereinander teilen. Wenn ein Start-up von einem Kapitalvermittler oder einer Bank vorgeschlagen wird, handelt es sich meist um uninteressante Investments; sonst hätten sie den Deal ja selbst gemacht.

Ein globaler Dealflow von mindestens 1.000 Firmen pro Jahr ist notwendig, um in etwa zehn absolute Topfirmen pro Jahr investieren zu können. Der Aufbau und das Unterhalten eines solchen globalen Netzwerks, das einem Investor dann regelmäßig diese Deals bringt, dauern Jahrzehnte und ist ebenso kostspielig wie mühsam. So ist es für jeden Investor wichtig, sich einen engen Kreis guter Co-Investoren aufzubauen. Am Ende sind es immer dieselben Investoren, die gute Deals bringen, und immer dieselben, die schlechte Deals vorstellen.

5. *„Wer zu spät kommt": Back the winners.*
Die Wahl der richtigen Firma für ein Investment ist nicht leicht und hängt von verschiedenen Faktoren ab. Diese hier alle aufzulisten, würde den Rahmen dieses Buches sprengen, sodass wir nur zwei Punkte skizzieren wollen: Es ist wichtig, dass Venture Capital-Investoren global aufgestellt sind und phasenweise ihre Investmentaktivität so anpassen können, dass sie sich auf einen boomenden Markt fokussieren können. Aktuell sehen wir dies im Digitalbereich in Mexiko, wo *Mountain* große Erfolge verzeichnet.

Außerdem sollten Investoren vor allem in der Frühphase das Gründerteam besonders genau anschauen. Oft ist es erfolgreicher, auf einen vielversprechenden Gründer mit einer schwierig umsetzbaren Idee zu setzen, als auf einen durchschnittlichen Gründer mit einer leicht umsetzbaren Idee. „Bet on the jockey, not the horse!" Man muss sich immer wieder bewusst machen, dass die besten Gründer hervorragend ausgebildete internationale Toptalente sind, die bewusst auf exorbitant hohe Jahresgehälter in großen Anwaltskanzleien, Investmentbanken oder Beratungsgesellschaften verzichten und über Jahre für einen Bruchteil des für sie erreichbaren Einkommens arbeiten, um ihre Firma kostengünstig zum Unicorn aufzubauen.

Für uns hat es sich bewährt, möglichst früh in aussichtsreiche Firmen zu investieren und sich ein breites Portfolio aufzubauen. Mit diesem diversen Ansatz ist es zu verkraften, wenn eine Firma scheitert, was zwangsläufig passiert. Essenziell für einen hohen Return ist es aber, die nötige Liquidität zu haben, um in den folgenden Finanzierungsrunden der Topfirmen im Portfolio jeweils weiter investieren zu können, da frühe Investoren sonst immer mehr „verwässert" werden und ihre Beteiligung prozentual sinkt.

6. „Die gefälschte Mona Lisa": Investieren in bewiesene Geschäftsmodelle

Lange Zeit haben wir Copycats stark bekämpft, weil wir davon ausgingen, dass wir als Unternehmer etwas neu kreieren und nicht nur ein bestehendes Geschäftsmodell nachahmen müssen. Aber das Risiko, ein erfolgreiches Geschäftsmodell aus Land A in Land B zu bringen, ist deutlich geringer, als eine wirkliche Innovation umzusetzen. Besonders im Digitalbereich folgen Emerging Markets denselben Trends wie die sogenannten „entwickelten Märkte". *Rocket Internet* hat beispielsweise dieses Modell sehr erfolgreich verfolgt.

7. „Der goldene Schuss": Vom Timing und Glück

Es ist extrem schwierig, den richtigen Moment für ein Start-up-Investment zu erwischen. Hierfür müssen sehr viele Faktoren zusammenkommen, und am Ende braucht es auch immer eine Portion Glück. Dennoch kann man lernen, bestimmte Mechanismen in verschiedenen Ländern früh zu erkennen. Das geht allein durch Erfahrung. Wenn ein bestimmtes Land schlagartig in einen Boom übergeht, werden sich dort auf einmal auch alle anderen Investoren tummeln. Um dann für Start-ups relevant zu sein, ist es wichtig, dass man bereits vorher Präsenz im Markt gezeigt hat. Auch dies ist nur möglich, wenn man sich langfristig, meist über Jahrzehnte, entsprechend engagiert.

TEIL 3: TABELLEN

1: (Selbst)Einschätzung der Bevölkerung zur Technologie-Affinität und -Wichtigkeit nach dem „Digital Economy and Society Index" (DESI)

EU	BE	DK	DE	EE	ES	FR	IT	LV	LT	LU	NL	PL	FI	SE	UK
Technologien haben einen positiven Einfluss auf die Wirtschaft															
5%	73%	76%	82%	82%	70%	62%	68%	74%	88%	80%	85%	88%	76%	79%	77%
Technologien haben einen positiven Einfluss auf die Lebensqualität															
67%	63%	1%	63%	74%	68%	58%	62%	67%	76%	71%	78%	79%	74%	76%	74%
Technologien haben einen positiven Einfluss auf die Gesellschaft															
64%	61%	77%	54%	75%	66%	53%	65%	61%	79%	65%	67%	78%	76%	76%	68%
Halten sich für qualifiziert, digitale Technologien im Alltag anzuwenden															
71%	72%	88%	73%	75%	68%	70%	68%	75%	65%	79%	90%	73%	78%	89%	79%
Halten sich für qualifiziert, digitale Technologien im Job anzuwenden															
80%	80%	94%	78%	86%	80%	74%	79%	85%	78%	84%	93%	78%	87%	96%	89%
Stimmen voll zu: kennen sich mit digitalen Technologien genug aus, um Online-Lernmöglichkeiten zu nutzen															
29%	31%	54%	29%	33%	30%	26%	21%	32%	32%	34%	49%	23%	41%	60%	44%
Stimmen eher zu: kennen sich mit digitalen Technologien genug aus, um Online-Lernmöglichkeiten zu nutzen															
35%	36%	27%	37%	30%	31%	32%	39%	30%	28%	37%	34%	44%	31%	26%	33%
Sehr positive Einstellung zu Robotern und künstlicher Intelligenz															
10%	8%	21%	7%	13%	8%	6%	10%	10%	10%	6%	15%	9%	14%	19%	14%
Eher positive Einstellung zu Robotern und künstlicher Intelligenz															
51%	54%	61%	50%	60%	48%	49%	51%	55%	58%	50%	66%	60%	57%	61%	46%
Roboter und KI sind gut für die Gesellschaft, da sie bei Jobs und Hausarbeit helfen															
68%	68%	86%	67%	78%	69%	59%	69%	82%	75%	65%	79%	78%	73%	78%	64%
Stimmen voll zu: Roboter sind notwendig, um schwere und gefährliche Arbeiten auszuführen															
41%	37%	60%	48%	58%	40%	41%	33%	61%	59%	40%	48%	37%	36%	66%	36%
Stimmen eher zu: Roboter sind notwendig, um schwere und gefährliche Arbeiten auszuführen															
43%	47%	32%	41%	35%	42%	42%	44%	32%	31%	45%	42%	48%	46%	27%	47%
Roboter und KI vernichten Jobs															
72%	65%	53%	74%	82%	90%	72%	72%	82%	85%	74%	46%	73%	59%	60%	63%
Stimmen voll zu: EU ist anderen Regionen im Bereich digitale Transformation der Industrie voraus															
11%	9%	7%	8%	8%	13%	4%	15%	10%	14%	5%	5%	17%	8%	7%	7%
Stimmen eher zu: EU ist anderen Regionen im Bereich digitale Transformation der Industrie voraus															
30%	30%	25%	32%	28%	30%	21%	36%	23%	31%	24%	23%	40%	37%	28%	25%

2: Die Einstellungen der Bevölkerung zur Digitalisierung im Vergleich aus der Studie des *Vodafone Institute for Society and Communications*

	BG	CN	D	ES	SE	UK	IN	USA	IT
Early adopters: nehmen neue Technologien gerne auf, Technikbegeisterte (% der Befragten)	55%	44%	30%	40%	30%	36%	31%	34%	41%
Late adopters: verunsichert durch neue Technologien, nutzen sie normalerweise später als ihr Umfeld	11%	6%	24%	17%	25%	13%	3%	20%	15%
Prozent der Befragten, die in Bezug auf die Digitalisierung sehr viel enthusiastischer sind als die Gesellschaft, in der sie leben	66%	86%	34%	53%	36%	43%	83%	47%	56%
(Sehr) positive Einstellung zur Digitalisierung	74%	83%	48%	70%	55%	47%	89%	54%	62%
(Sehr) negative Einstellung zur Digitalisierung	4%	1%	12%	7%	11%	14%	1%	12%	5%
Prozent der Befragten, die zustimmen, dass es in ihrem Land nicht überall gutes Internet gibt	52%	69%	64%	60%	43%	60%	57%	52%	64%
Prozent der Befragten, die das eigene Land als technisch fortgeschritten sehen	55%	68%	47%	50%	80%	61%	68%	70%	28%
Bewertung des Fortschritts der Digitalisierung im Bereich Bildung (je mehr Punkte, desto besser der Fortschritt)	-12	9	-20	-13	23	-5	35	12	-35
Bewertung des Fortschritts der Digitalisierung im Bereich Verwaltungsprozesse der Regierung (je mehr Punkte, desto besser der Fortschritt)	-26	n.a.	-28	-7	11	-8	18	6	-36
Bewertung des Fortschritts der Digitalisierung im Bereich Sicherheit und Verteidigung (je mehr Punkte, desto besser der Fortschritt)	-31	n.a.	-22	9	16	33	45	40	-15
Bewertung des Fortschritts der Digitalisierung im Bereich Gesundheit (je mehr Punkte, desto besser der Fortschritt)	-28	12	-2	6	24	2	38	33	-21

	BG	CN	D	ES	SE	UK	IN	USA	IT
Bewertung des Fortschritts der Digitalisierung im Bereich Mobilität (je mehr Punkte, desto besser der Fortschritt)	0d	51	-4	0	33	-7	38	24	-35
Prozent der Befragten, die zustimmen, dass die Digitalisierung die ältere Bevölkerung mehr am sozialen Leben teilnehmen lässt	35%	69%	31%	42%	39%	33%	62%	46%	33%

3: Vergleich der Rankings zwischen China, Deutschland und den USA bei den für Digitalisierung relevanten Kriterien aus dem *World Economic Forum Competitiveness report*

	Deutschland	USA	China
1.15 Intellectual property protection	29	12	53
1.21 Government's responsiveness to change	20	11	50
1.23 Government long-term vision	32	17	37
3.01 Mobile-cellular telephone subscriptions per 100 pop	46	57	78
3.02 Mobile-broadband subscriptions per 100 pop	58	7	36
3.03 Fixed-broadband Internet subscriptions per 100 pop	8	18	32
3.04 Fibre internet subscriptions per 100 pop	72	45	6
3.05 Internet users % of adult population	18	24	93
6.05 Digital skills among active population	21	12	45
9.03 Venture capital availability	7	1	13
11.01 Cost of starting a business % of GNI per capita	72	24	9
11.02 Time to start a business days	47	31	56
11.03 Insolvency recovery rate	21	18	72
11.04 Insolvency regulatory framework	1	1	38

4: Aus dem *IMD-World Competetiveness Ranking*

	Deutschland	USA	China
	2015–2019	2015–2019	2015–2019
Digital	17–17	2–1	33–22
Competitiveness	10–17	1–3	22–14

TEIL 4: LINKS

European Social Survey:
https://www.europeansocialsurvey.org/data/themes.html?t=values
Relevante Themengebiete:
- Human values (jährlich)
- Media and social trust (jährlich)

Wovon hängt die Nutzung technischer Assistenzsysteme ab? Expertise zum Siebten Altenbericht der Bundesregierung
https://www.ssoar.info/ssoar/bitstream/handle/document/49994/ssoar-2016-kunemund-wo-von_hangt_die_Nutzung_technischer.pdf?sequence=1&isAllowed=y&lnkname=ssoar-2016-kunemund-Wovon_hangt_die_Nutzung_technischer.pdf

Technikradar
https://www.koerber-stiftung.de/fileadmin/user_upload/koerber-stiftung/redaktion/technikradar/pdf/2019/Technikradar-2019_Langfassung.pdf

Vodafone Institute of Technology and Communication: The Tech Divide
https://www.vodafone-institut.de/studies/60-of-europeans-dont-believe-their-government-has-the-will-to-advance-digitisation/

Vodafone Institute of Technology and Communication: Survey on the acceptance of new technologies

https://www.vodafone-institut.de/studies/survey-on-the-acceptance-of-new-technologies/

https://www.vodafone-institut.de/digitising-europe/digitisation-india-and-china-see-enormous-potential/

https://www.faz.net/aktuell/politik/inland/digitalisierung-darum-liegt-deutschland-im-eu-vergleich-hinten-15480625-p2.html

https://www.welt.de/wirtschaft/article201036036/Deutschland-nur-Mittelmass-im-Wettkampf-um-digitale-Zukunft.html

https://www.cable.co.uk/broadband/pricing/worldwide-comparison/

https://www.bmvi.de/SharedDocs/DE/Publikationen/DG/breitband-verfueg-barkeit-mitte-2019.pdf?__blob=publicationFile

https://www.bertelsmann-stiftung.de/fileadmin/files/Projekte/Smart_Country/Breitband_2017_final.pdf

https://ec.europa.eu/digital-single-market/en/connectivity

https://www.pwc.de/de/digitale-transformation/studie-digitalisierung-in-deutschland.html

https://www.bmwi.de/Redaktion/DE/Publikationen/Digitale-Welt/monitoring-report-wirtschaft-digital-2018-langfassung.pdf?__blob=publicationFile&v=14

https://www.zew.de/de/forschung/digitale-oekonomie/publikationen/?tx_zewpublicationtool_publications%5B%40widget_1%5D%5BcurrentPage%5D=2&cHash=c6e933999951283444186f722f0ce3e2

https://downloads.studie-digitalisierung.de/2019/de/Trendstudie_TCS_2019_Bericht_DE.pdf

Technology transfer in a global economy

Commerce, Communication, and Empire: Economy, Technology and Cultural Encounters

Determinants of China's Technology Availability and Utilization 2006–2009: A Spatial Analysis

https://www.chip.de/news/Mobile-Datendrosselung-Telekom-und-Vodafone-Kunden-werden-enttaeuscht_100358066.html

https://www.handelsblatt.com/unternehmen/it-medien/telekom-kritisiert-entscheidung-telekom-muss-portemonnaie-oeffnen-seite-2/2291318-2.html

https://cogentco.com/files/docs/news/press_releases/Cogent_Sues_Deutsche_Telekom_for_Congesting_Internet_Connections.pdf

https://www.it-zoom.de/mobile-business/e/bundesnetzagentur-in-der-kritik-21385/

https://www.demo-online.de/artikel/kritik-entwurf-bundesnetzagentur

https://www.swr.de/swraktuell/bundesnetzagentur-kritisiert-mobilfunkanbieter-100.html

https://www.bmvi.de/SharedDocs/DE/Artikel/DG/Frequenzauktion-faq.html

https://www.areamobile.de/Deutsche-Telekom-Firma-17562/Specials/Drosselkom-Alles-zur-Datendrosselung-der-Deutschen-Telekom-1326812/

https://www.heise.de/newsticker/meldung/Deutsche-Telekom-Netzneutralitaet-ist-in-Wahrheit-die-Privilegierung-grosser-US-Internetkonzerne-2392253.html

https://www.computerbase.de/2003-11/telekom-muss-preise-fuer-netzzusammenschaltung-senken/

https://www.chip.de/news/Mobil-Schnecke-Deutschland-Warum-das-Datenvolumen-bis-zu-zwoelf-Mal-teurer-als-im-Ausland-ist_100066451.html

https://netzpolitik.org/2014/netzneutralitaet-zwischen-den-grossen-level-3-beschuldigt-andere-isps-der-absichtlichen-drosselung/

https://www.faz.net/aktuell/wirtschaft/20-jahre-bundesnetzagentur-gemischte-zwischenbilanz-15610372.html

Sustainability aspects of a digitalized industry – A comparative study from China and Germany (2017)
https://link.springer.com/article/10.1007/s40684-017-0028-8

Bertelsmann-Stiftung: China 2030 – Szenarien und Strategien für Deutschland (2016)
https://www.bertelsmann-stiftung.de/fileadmin/files/BSt/Publikationen/Graue-Publikationen/Studie_DA_China_2030_Szenarien_und_Strategien_fuer_Deutschland.pdf

Bertelsmann-Stiftung: Einstellung zum globalen Handeln und TTIP in Deutschland und den USA (2016)
https://www.bertelsmann-stiftung.de/fileadmin/files/BSt/Publikationen/Graue-Publikationen/NW_Einstellungen_globaler_Handel_und_TTIP.pdf

Bertelsmann-Stiftung: Europas Blick auf China und den amerikanisch-chinesischen Konflikt (2020)
https://www.bertelsmann-stiftung.de/fileadmin/files/BSt/Publikationen/Graue-Publikationen/eupinions_China_DA_DE.pdf

Bertelsmann-Stiftung: Frayed Partnerships – German public opinion on Russia (2016)
https://www.bertelsmann-stiftung.de/fileadmin/files/user_upload/EZ_Frayed_Partnership_2016_ENG.pdf

DANKSAGUNG

Die intensive Arbeit an „unserem Buch" hat uns viel Freude bereitet und uns sowohl wertvolle Erkenntnisse als auch Einsichten vermittelt. Wir haben viele Stunden gemeinsam verbracht: bei intensiven Diskussionen, bei Analysen und Wertungen in der Rückschau, bei der Auswertung unzähliger Studien und Daten und bei der Bewertung der nachhaltigen Auswirkungen der Corona-Pandemie auf die Digitalisierung in Deutschland. Ohne die Hilfe des Teams bei *Mountain Partners* und den Rat zahlreicher Freunde und Experten hätten wir das Buch in der vorliegenden Form nicht fertigstellen können.

Unser Dank gilt zu allererst Alexander Hornung, der mit unerschöpflichen Energiereserven und ebenso großer Geduld mit uns den Fortschritt des Buches stets unterstützte und mit zahlreichen Gedanken förderte. Er war in der Phase der Bucherstellung durch die Covid-19-bedingten Reisebeschränkungen ganz besonders hart betroffen, da seine Verlobte Caroline an der Harvard-Universität Jura studiert.

Daneben wurden von Philipp Behrends wichtige Gedanken beigesteuert und mit großem Geschick zahlreiche quantitative Analysen erstellt. Tine Schmitz-Riol hat mit der ihr eigenen Ruhe und Übersicht die Verfasser des Buches diszipliniert und koordiniert.

Lisa Waltle und Ivana Vlahusic von der Universität Innsbruck gaben uns wichtige Unterstützung bei den vielfältigen Recherchearbeiten und Professor Dr. Andreas Altmann hat uns den Kontakt zu seinen Studierenden vermitteln können.

Unser besonderer Dank gilt Professor Dr. Rainer Elschen und Professor Dr. Jan Hensmann für die kritische Durchsicht des Manuskripts und für zahlreiche wertvolle Verbesserungsvorschläge, ebenso wie Manfred Boersch, von dem das Manuskript ebenfalls kritisch durchgearbeitet wurde.

Wie immer hat das Team vom adeo-Verlag die Arbeiten an diesem Buch in vorbildlicher Weise unterstützt. Wir danken Annette Friese, Renate Hübsch, Karoline Kuhn und Ilka Walter, unserem „Dream-Team" dort, von ganzem Herzen.

ÜBER DIE AUTOREN

Dr. Conny Boersch

geboren 1968, ist Unternehmer und Gründer der ACG sowie zahlreicher weiterer Technologieunternehmen. Der „Unternehmer des Jahres 2000" und „Europäischer Business Angel des Jahres 2009" investiert seit mehr als 25 Jahren weltweit in digitale Start-ups und gilt heute mit über 350 Investments als einer der erfolgreichsten Investoren der Technologie- und Start-upWelt. Cornelius Boersch ist Gründer der globalen Investmentgesellschaften *Mountain Partners* (2005) und *Conny & Co.* (2019) und war zwischen 2005 und 2012 als Berater von Guido Westerwelle tätig.
   www.conny-boersch.com

Dr. Thomas Middelhoff

geboren 1953, war ab 1994 als Strategievorstand der Bertelsmann AG für die Internetstrategie des Konzerns verantwortlich und wurde später Vorstandsvorsitzender. Bei seinem Ausscheiden zählte Bertelsmann in der digitalen Welt zu den weltweit führenden Medienunternehmen mit Internet-Aktivitäten wie *AOL*, *Lycos*, der *Bertelsmann eCommerce Group* und *Napster*. Er war Board Member von *AOL* und begleitete in dieser Funktion die Übernahme von *Time Warner*. Daneben überwachte er als Board Member der *New York Times* bis 2014 die erfolgreiche Digitalisierung der weltweit führenden Zeitung. www.thomas-middelhoff.com

Anmerkungen

1. https://www.cnbc.com/2019/11/07/microsoft-apple-and-alphabet-are-sitting-on-more-than-100-billion-in-cash.html
2. https://de.wikipedia.org/wiki/Seagram
3. https://de.statista.com/infografik/20620/anteil-der-investoren-am-aktienbestand-von-dax-unternehmen-nach-herkunft/
https://www.tagesspiegel.de/wirtschaft/aktienmarkt-mehrheit-der-dax-aktien-gehoeren-auslaendischen-investoren/24495332.html
4. Largest M&A transactions worldwide as of January 2020: https://www.statista.com/statistics/277430/largest-global-mergers-and-aquisitions-based-on-transaction-volume/
5. https://de.statista.com/statistik/daten/studie/416077/umfrage/mitarbeiter-der-metro-group-weltweit/
6. SPIEGEL; 21, Februar, 2020
7. Wikipedia & Statista
8. Quelle: https://paymentandbanking.com/alipay-wechat-unionpay-chinas-big-three/ Umfrage durchgeführt durch FT Confidential Research, Teil der Financial Times.
9. Quelle: https://paymentandbanking.com/alipay-wechat-unionpay-chinas-big-three/
10. https://www.handelsblatt.com/auto/nachrichten/ranking-vw-vor-toyota-das-sind-die-groessten-autohersteller-der-welt/25560670.html
11. https://de.wikipedia.org/wiki/Geely
12. https://ec.europa.eu/digital-single-market/desi
13. https://ec.europa.eu/digital-single-market/en/news/study-broadband-coverage-europe-2019-2021
14. https://www.koerber-stiftung.de/technikradar
15. https://www.vodafone-institut.de/studies/survey-on-the-acceptance-of-new-technologies/
16. https://www.statista.com/statistics/1071105/value-of-investments-by-venture-capital-worldwide-by-key-market/
17. Hans Rosling, Factfulness, Ullstein 2019, S. 94
18. https://www.handelszeitung.ch/unternehmen/die-majors-hielten-spotify-anteile-milliardenhohe
19. https://www.handelsblatt.com/technik/thespark/trotz-coronakrise-tesla-liefert-deutlich-mehr-fahrzeuge-aus-als-erwartet-aktie-im-hoehenflug/25970958.html
20. https://www.bundestag.de/resource/blob/272474/4a216913aff5f5c25c41572257a57e4a/Kapitel_03_02_Durchschnittsalter-pdf-data.pdf
21. https://www.odgersberndtson.com/media/6963/7-dax-vorstands-report-2018.pdf „Profile von DAX-Vorständen 2005 bis 2018" von Odgers Brendtson

22 https://www.russellreynolds.com/en/Insights/thought-leadership/Documents/20190528%20DAX%2030%20AR%20Studie%20download.pdf
Russel Reynold Associates: „Auszüge aus der DAX 30-Aufsichtsratsstudie 2019"
23 https://www.dw.com/de/sechs-fakten-zum-neuen-bundeskabinett/a-42954872
24 https://de.statista.com/statistik/daten/studie/37220/umfrage/altersmedian-der-bevoelkerung-in-ausgewaehlten-laendern/#:~:text=Die%20Statistik%20zeigt%20das%20Durchschnittsalter,2020%20bei%2028%2C4%20Jahren
25 https://de.statista.com/statistik/daten/studie/159834/umfrage/altersmedian-der-weltbevoelkerung/
26 https://www.next-gamer.de/us-wahlkampf-obama-schaltet-werbung-in-video-spielen-fur-wiederwahl/
https://www.reuters.com/article/us-usa-politics-videogames/obama-buys-first-video-game-campaign-ads-idUSTRE49EAGL20081017
27 https://www.handelsblatt.com/politik/deutschland/telekommunikationsgesetz-bundesregierung-will-recht-auf-schnelles-internet-fuer-alle/25887822.html?ticket=ST-4405361-sQyhscrZvu09ojcxlyFl-ap3#:~:text=Telekommunikationsgesetz%20Bundesregierung%20will%20Recht%20auf,bringer%2C%20ihre%20Netze%20fl%C3%A4chendeckend%20auszubauen.&text=Das%20geht%20aus%20dem%20Entwurf,hervor%2C%20der%20dem%20Handelsblatt%20vorliegt
28 https://www.faz.net/aktuell/wirtschaft/unternehmen/telekom-chef-hoettges-muss-in-maut-untersuchungsausschuss-16845934.html
29 https://www.wochenblatt.de/news-stream/deutschland-welt/artikel/329884/mobilfunkgipfel-verabschiedet-eckpunkte-fuer-bessere-mobilfunkversorgung
30 Marc Witmann, Gefühlte Zeit, Beck, 2014)
31 Pero Micic, Wie wir uns täglich die Zukunft versauen Econ 2014
32 Wer sich zum Thema „Reaktanz" informieren möchte, dem sei das Buch von Carmen Thomas zu diesem Thema ans Herz gelegt („Reaktanz – Blindwiderstand erkennen und umnutzen". adeo Verlag 2019). Sie beschreibt in klarer Form, wie man den als Reaktanz bezeichneten inneren „Blindwiderstand" erkennen und „umnutzen" kann.
33 https://www.spiegel.de/spiegel/print/d-8778294.html
34 https://www.wiwo.de/unternehmen/handel/niedergang-des-medienriesen-thielen-hat-bertelsmann-jede-dynamik-ausgetrieben/11208216-3.html
35 https://www.reuters.com/article/investment-lakestar/venture-capital-investor-lakestar-raises-735-mln-for-europe-bets-idUSL5N2AO2XJ#:~:text=Venture%20capital%20investor%20Lakestar%20raises%20%24735%20mln%20for%20Europe%20bets,-2%20Min%20Read&text=BERLIN%2C%20Feb%2025%20(Reuters),to%20its%20top%20leadership%20team
36 https://www.fes.de/umfrage-digitalisierung-in-deutschland
37 https://www.sueddeutsche.de/politik/kolumne-von-heribert-prantl-gewerk-

schaften-1.4607810-2#:~:text=Aber%20Solidarit%C3%A4t%20ist%20kein%20 nachwachsender,gemeinsamen%20Arbeitsort%20immer%20weniger%20gibt

38 Prantl, 2019
39 https://www.handelsblatt.com/unternehmen/management/finanzinvestor-cornelius-boersch-der-firmen-sammler/19617174.html#:~:text=Finanzinvestor%20 Cornelius%20Boersch%20Der%20Firmen,Strategie%3A%20%E2%80%9Eindustrial%20farming%E2%80%9C
40 https://de.statista.com/statistik/daten/studie/172462/umfrage/transaktionsvolumen-investmentmarkt-fuer-immobilien-seit-2004/
41 https://www.capital.de/geld-versicherungen/die-10-wertvollsten-unternehmen-der-welt#:~:text=%231%20Saudi%20Aramco&text=Dollar%20den%20Rekord%20von%20Alibaba,an%20der%20Spitze%20des%20Rankings
42 https://www.bloomberg.com/news/articles/2019-11-18/most-of-softbank-s-vision-fund-unicorns-will-be-flops
43 https://www.handelsblatt.com/unternehmen/mittelstand/hochschul-ausgruendungen-start-up-kultur-wie-unis-zur-keimzelle-fuer-unternehmen-werden/24378324.html?ticket=ST-1551014-JZTKemDbzpjkzViZ7vBm-ap6
44 „#NextLevelDigital", The Nuntak Group, 2020.
45 https://www.welt.de/wirtschaft/article207541717/Digitalisierung-Mit-Corona-schafft-Deutschland-das-bisher-Unmoegliche.html
46 https://www.sfchronicle.com/business/article/Coronavirus-Facebook-tells-most-Bay-Area-15110818.php
47 https://www.zeit.de/zustimmung?url=https%3A%2F%2Fwww.zeit.de%2Fpolitik%2Fausland%2F2018-06%2Fdonald-trump-angela-merkel-fotos-g7-gipfel
48 https://www.cockpit.aero/rubriken/detailseite/news/lufthansa-minus-12-milliarden-euro-im-ersten-quartal/?no_cache=1
49 Manager Magazin, 10. März 2020.
50 https://www.zeit.de/zustimmung?url=https%3A%2F%2Fwww.zeit.de%2Fnews%2F2020-04%2F27%2Fadidas-buesst-wegen-corona-fast-gesamtem-quartalsgewinn-ein
51 https://www.zeit.de/zustimmung?url=https%3A%2F%2Fwww.zeit.de%2Fwirtschaft%2F2020-01%2Fadidas-kambodscha-produktion-textilindustrie-menschenrechte-eu-kommission
52 https://www.zdf.de/nachrichten/politik/corona-app-erst-im-juni-100.html
53 Hoffman und Campe, 2020
54 https://edition.cnn.com/2020/02/07/asia/wuhan-coronavirus-hospital-design-intl-hnk/index.html
55 https://www.welt.de/debatte/kommentare/plus207687477/Mathias-Doepfner-Wir-muessen-uns-zwischen-Amerika-und-China-entscheiden.html

56 https://www.bertelsmann-stiftung.de/de/themen/aktuelle-meldungen/2020/januar/konflikt-zwischen-usa-und-china-eu-buerger-wollen-staerkeres-europa
57 Propyläen 2019
58 https://www.doingbusiness.org/content/dam/doingBusiness/media/Annual-Reports/English/DB2019-report_web-version.pdf
59 https://ec.europa.eu/digital-single-market/en/news/study-broadband-coverage-europe-2019-2021
60 https://www.koerber-stiftung.de/technikradar
61 https://www.vodafone-institut.de/studies/survey-on-the-acceptance-of-new-technologies/
62 Bertelsmann-Stiftung: Von Trump und Xi lernen? (2020) https://www.bertelsmann-stiftung.de/fileadmin/files/user_upload/MT_Von_Trump_und_Xi_lernen_2020_DT.pdf

Scheitern als Chance.

Thomas Middelhoff
Schuldig.
Vom Scheitern und Wiederaufstehen
Nr. 835240, € 22,–
Gebunden · Schutzumschlag
13,5 x 21,5 cm · 208 Seiten
ISBN 978-3-86334-240-1

Thomas Middelhoff war der Topmanager Deutschlands. Bis 2014 ein Absturz von epischer Dimension folgte: Er wurde zu einer Haftstrafe verurteilt, verlor seinen Ruf, sein Vermögen und seine Gesundheit. Reflektiert und schonungslos ehrlich berichtet Thomas Middelhoff, wie die bittere Erfahrung des Scheiterns zu seiner größten Chance wurde, Stolz, Gier und Machthunger loszulassen und inneren Frieden zu finden. Und was andere aus seinen Erfahrungen lernen können.

Leseprobe unter www.adeo-verlag.de

Erhältlich im Buchhandel oder unter www.adeo-verlag.de

Teams stressfreier und effektiver führen.

Carmen Thomas
Reaktanz – Blindwiderstand erkennen und umnutzen
7 Schlüssel für ein besseres Miteinander
Nr. 835249, € 22,–
Flexobroschur · durchgehend farbig
13,5 x 21,5 cm · 224 Seiten
ISBN 978-3-86334-249-4

Reaktanz – sie entsteht, wenn Menschen sich in ihrer Freiheit eingeschränkt oder bevormundet fühlen. Schon schwillt der Hals und man ist instinktiv „dagegen". Doch wer diesen inneren Blindwiderstand als Frühwarnsystem und Gerechtigkeitssensor erkennt, kann das Miteinander stressfreier, effektiver und gerechter gestalten und die Klugheit von Gruppen nutzen. Die bekannte Moderatorin Carmen Thomas zeigt unterhaltsam und humorvoll, welche Tools dabei helfen.

Leseprobe unter www.adeo-verlag.de

Erhältlich im Buchhandel oder unter www.adeo-verlag.de

Der Verlag weist ausdrücklich darauf hin,
dass im Text enthaltene externe Links vom Verlag nur bis zum Zeitpunkt
der Buchveröffentlichung eingesehen werden konnten.
Auf spätere Veränderungen hat der Verlag keinerlei Einfluss.
Eine Haftung des Verlags ist daher ausgeschlossen.

© 2020 adeo Verlag in der SCM-Verlagsgruppe GmbH
Dillerberg 1, 35614 Asslar

Best.-Nr. 835284
ISBN 978-3863342845
Umschlagfoto: Darius Ramazani, www.ramazani.de
Innenfotos: privat/Annie Leibovitz, Vanity Fair
Grafiken: Mountain Partners/Bloomberg
Umschlaggestaltung: Andreas Sonnhüter, www.grafikbuero-sonnhueter.de
Satz: Uhl + Massopust, Aalen
Druck und Verarbeitung: GGP Media GmbH, Pößneck
Printed in Germany.

www.adeo-verlag.de